丛书主编 张景中院士
执行主编 王继新

教育研究中定量数据的统计与分析
基于SPSS的应用案例解析

张 屹 周平红 编著
范福兰 周会萍 王攀花 马静思 参编

图书在版编目(CIP)数据

教育研究中定量数据的统计与分析:基于 SPSS 的应用案例解析/张屹,周平红编著. —北京:北京大学出版社,2015.6
（21 世纪教育技术学精品教材）
ISBN 978-7-301-25777-7

Ⅰ.①教… Ⅱ.①张… ②周… Ⅲ.①教育统计—统计分析—软件包—高等学校—教材 Ⅳ.①G40-051

中国版本图书馆 CIP 数据核字(2015)第 089599 号

书　　　　名	教育研究中定量数据的统计与分析——基于 SPSS 的应用案例解析
著作责任者	张　屹　周平红　编著
丛 书 主 持	唐知涵
责 任 编 辑	李奕奕　唐知涵
标 准 书 号	ISBN 978-7-301-25777-7
出 版 发 行	北京大学出版社
地　　　址	北京市海淀区成府路 205 号　100871
网　　　址	http://www.pup.cn　　　新浪微博:@北京大学出版社
微信公众号	通识书苑（微信号：sartspku）　科学元典（微信号：kexueyuandian）
电 子 邮 箱	编辑部 jyzx@pup.cn　　　总编室 zpup@pup.cn
电　　　话	邮购部 62752015　发行部 62750672　编辑部 62767346
印 刷 者	北京宏伟双华印刷有限公司
经 销 者	新华书店
	787 毫米×1092 毫米　16 开本　19.5 印张　440 千字
	2015 年 6 月第 1 版　2023 年 12 月第 7 次印刷
定　　　价	48.00 元（含光盘）

未经许可，不得以任何方式复制或抄袭本书之部分或全部内容。
版权所有，侵权必究
举报电话: 010-62752024　电子邮箱: fd@pup.cn
图书如有印装质量问题，请与出版部联系，电话: 010-62756370

前　　言

随着大数据时代的到来,教育研究中定量数据的分析显得尤为重要。在教育技术学领域中,定量数据分析与质的研究是教育技术研究的两个主要范畴。随着信息科学的发展,定量数据分析逐步受到研究者的重视。从大量的研究论文中不难发现,在教育科学研究中学者们开始采用量化方法,注重对研究对象进行定量的观察与测量,注重用数学工具处理所得的资料和工具。

本书结合本人编写的《教育技术学研究方法》教材,在此基础上,面向教育研究者及一线教师在开展教育、教学研究时对定量数据分析的需求,精选教育研究案例,由浅入深地阐述不同情境中定量数据的统计分析方法。为此,本教材既可作为教育技术学本科生教材,也可作为专业研究生的选用教材。由于书中涉及大量丰富的教育和教育信息化领域的数据分析案例,因此,本书也可作为教育专业的学生、一线教师在进行数据统计分析时的参考教材。

本人作为华中师范大学教育信息技术学院的一名教师,长期从事教育技术学专业本科生和研究生的"教育技术学研究方法""学与教的理论与方法""信息技术环境下的教育研究理论与实践"等课程的教学。近10年来,我们的研究团队承担了20多项国家级、省部级纵向科研项目和20多项横向的科研项目,产生了有一定应用价值的研究成果,这些鲜活的、富有生命力的研究经验与研究成果,成为该教材编写极其宝贵的研究案例。

本书以我们研究团队的真实研究项目和研究课题为基础,遵循科学研究的规范研究过程与流程、数据统计分析的基本原理及操作流程,形成了如图1所示的内容知识导图。

全书基于SPSS软件的应用案例解析分为三大部分:第一部分,研究数据文件的建立及初级统计分析方法,介绍SPSS数据文件的建立及初级统计分析方法;第二部分,研究数据的高级统计分析方法,介绍了参数检验、非参数检验、方差分析、相关分析、因子分析、聚类分析、回归分析、结构方程模型等高级统计方法;第三部分,介绍教育测量与评价的质量特性分析方法,包括信度、效度、难度和区分度等质量特性指标。

本教材在章节体例的设计上,充分运用教学系统设计思想,力图有所创新。每一章按照如图2的体例编排,涵盖学习目标、关键术语、知识导图、内容简介、方法解读、课程学习、知识拓展、活动任务、参考文献等元素,在每一节的课程学习模块,包含问题导入、数据统计要求、理论讲解、案例解析等元素。

由于定量数据统计分析的方法比较多,且每种方法的适用条件也不同,为便于大家的学习,我们特别在课程学习模块设置了数据统计要求模块,在理论讲解和案例解析模块设置了丰富多彩的教学形式和学习方法,如理论讲解模块设置了核心概念、分析方法辨析、基本操作、知识卡片,案例解析模块设置了案例呈现、操作步骤、结果分

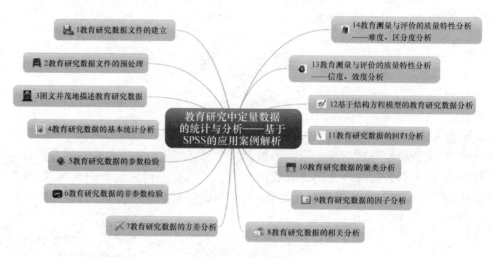

图 1　内容知识导图

析、小贴士等,读者可以按照个人的需求进行选择。

本书的特色之处在于:

1. 内容框架的完整性与实用性

本书内容体系的设计以满足教育研究者和一线教师们的需求为目标,全面考虑教育研究者们在进行研究时会用到的各种定量统计分析方法,设计了一个由低级到高级数据统计分析的框架体系,由浅入深地介绍如何对教育研究中的数据进行分析,并通过遴选具有典型代表性的案例来展现数据统计分析方法的应用,具有较强的实用性。

2. 研究案例的丰富性和可操作性

本书每一个知识点的讲授都会以案例的形式呈现,共提供了将近 50 个案例,内容非常丰富。此外,本书还非常注重内容的可操作性,通篇都使用来源于真实教育情境中的丰富研究案例来讲述教育研究中定量数据的统计与分析。每一章都以问题的提出进行情境导入,以便读者能够在较快的时间内掌握基本的数据统计分析技巧和技能,并能将这些技能用于解决实际研究中的问题。

3. 知识讲解的生动性与翔实性

为了兼顾不同起点的读者,本书注重对每种统计方法的基本原理、适用条件以及统计分析结果的讲解,并对统计分析方法进行辨析,既有初级统计方法的介绍,又有高级统计方法的深入讲解。本书没有太多深奥繁琐的数学证明,但会有一些公式推导、操作流程来揭示统计指标之间的内在联系,以供读者理解每种方法作参考。

我们的研究团队在开展研究活动中,始终得到华中师范大学杨宗凯校长的大力支持,得到我校科技部曹青林部长的关心与支持,得到我院赵呈领教授、院长杨浩教授、常务副院长刘清堂教授、副院长杨九民教授和左明章教授、郭春娥书记的关心与帮助,在此我代表研究团队对各位的关心与支持表示深深的谢意!

在本书的编撰过程中,尤其感谢我们研究团队所有成员的辛劳付出,正是有大家毫不保留的付出,才有今天的书稿面世,正是有大家的精诚合作,才有今天的智慧结

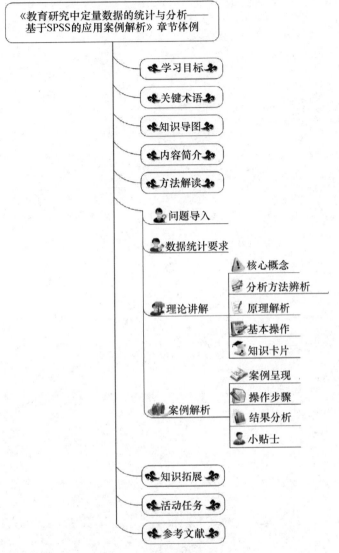

图 2　章节的体例安排

晶,正是有大家的齐心协力,才有今天为之骄傲的成果。

本书从策划到出版,始终得到北京大学出版社的理解与支持,从当初我们与出版社的一拍即合,到如今书稿的出版,我们深感北京大学出版社的高效率工作。特别是唐知涵编辑,在本书的出版过程中,虽然她正孕育着一个小生命,但丝毫不减她对本书编辑工作的满腔热情,正是有她辛勤而卓有成效的工作,本书才得以迅速与读者见面。

科学研究永无止境,我们的研究团队在教育研究过程中,不断提升我们的教育研究水平,充分享受着科学研究带给我们的无穷魅力和乐趣!

张　屹　周平红
2014 年 6 月于桂子山理科楼

目 录

第1章 教育研究数据文件的建立 ········· 001
    1.1 引言 ········· 002
    1.2 SPSS 数据的结构与定义 ········· 002
    1.3 教育研究中单项选择题的录入 ········· 008
    1.4 教育研究中多项选择题的录入 ········· 013
    1.5 教育研究中非选择题的录入 ········· 024

第2章 教育研究数据文件的预处理 ········· 028
    2.1 引言 ········· 029
    2.2 插补数据文件中的缺失数据——数据的缺失值处理 ········· 029
    2.3 按照一定的规则选择所需数据——数据的选取 ········· 034
    2.4 重新排列变量数据的顺序——数据的排序 ········· 038
    2.5 重新划分数据的组别——数据的分组 ········· 041

第3章 图文并茂地描述教育研究数据 ········· 046
    3.1 引言 ········· 047
    3.2 绘制变量的分布比例——饼图 ········· 047
    3.3 绘制多变量的分布情况——条形图 ········· 051
    3.4 绘制变量的正态分布情况——直方图 ········· 055
    3.5 绘制变量的发展趋势——线图 ········· 058
    3.6 绘制变量间的相关情况——散点图 ········· 061

第4章 教育研究数据的基本统计分析 ········· 067
    4.1 引言 ········· 068
    4.2 测算单变量的数据分布比例——频数分析 ········· 068
    4.3 分析多变量的联合分布情况——交叉分组下的频数分析 ········· 071
    4.4 测算多变量的数据分布比例——多选项分析 ········· 076
    4.5 测算变量数据的中心发展趋势——集中趋势分析 ········· 081
    4.6 测算变量数据的分散程度——离散趋势分析 ········· 085
    4.7 测算变量数据的分布情况——分布形态 ········· 088

第5章 教育研究数据的参数检验 ········· 093
    5.1 引言 ········· 093
    5.2 推断样本来自的总体的均值是否与指定的检验值之间存在显著差异
        ——单样本 T 检验 ········· 094

5.3 推断两个独立样本总体的均值是否存在显著差异——两独立样本 T 检验 ········· 099
5.4 推断两个配对样本总体的均值是否存在显著差异——两配对样本 T 检验 ········· 104

第 6 章 教育研究数据的非参数检验 ········· 109
6.1 引言 ········· 110
6.2 推断样本来自的总体的分布是否与已知的理论分布相吻合
——单样本非参数检验 ········· 110
6.3 推断两独立样本来自的两个总体的分布是否存在显著差异
——两独立样本非参数检验 ········· 115
6.4 推断两配对样本来自的两个总体的分布是否存在显著差异
——两配对样本非参数检验 ········· 120

第 7 章 教育研究数据的方差分析 ········· 125
7.1 引言 ········· 126
7.2 单个因素对观测变量的影响——单因素方差分析 ········· 126
7.3 多个因素对观测变量的影响——多因素方差分析 ········· 132
7.4 调节协变量对因变量的影响效应——协方差分析 ········· 137

第 8 章 教育研究数据的相关分析 ········· 143
8.1 引言 ········· 143
8.2 测量事物间线性相关程度强弱——线性相关分析 ········· 144
8.3 控制其他变量的影响下分析两变量间的线性相关性——偏相关分析 ········· 153

第 9 章 教育研究数据的因子分析 ········· 158
9.1 引言 ········· 159
9.2 实测变量转化为少数几个不相关的综合指标——因子分析 ········· 159

第 10 章 教育研究数据的聚类分析 ········· 182
10.1 引言 ········· 183
10.2 按照一定层次对样本数据进行分类——层次聚类分析 ········· 186
10.3 通过反复迭代对样本数据进行分析——K-Means 聚类分析 ········· 195

第 11 章 教育研究数据的回归分析 ········· 202
11.1 引言 ········· 203
11.2 分析单个解释变量对被解释变量的影响——一元线性回归分析 ········· 203
11.3 分析多个解释变量对被解释变量的影响——多元线性回归分析 ········· 211

第 12 章 基于结构方程模型的教育研究数据分析 ········· 224
12.1 引言 ········· 225
12.2 验证某一因子模型是否与数据吻合——验证性因子分析 ········· 226
12.3 研究多个变量之间多层因果关系及其相关强度——路径分析 ········· 250

第 13 章 教育测量与评价的质量特性分析——信度和效度分析 ········· 263
13.1 引言 ········· 264

13.2 测度综合评价体系的稳定性和可靠性——信度分析 …………………… 264
13.3 测量工具能测出其所要测量特质的程度——效度分析 …………………… 279

第14章 教育测量与评价的质量特性分析——难度、区分度分析 …………… 290
14.1 引言 …………………………………………………………………………… 291
14.2 测算测验项目的难度系数——难度分析 …………………………………… 291
14.3 测算测验题目的区分度——区分度分析 …………………………………… 296

第 1 章

教育研究数据文件的建立

学习目标

1. 阐述教育研究数据文件建立的基本思路。
2. 掌握在 SPSS 中教育数据单项选择题、多项选择题和非选择题录入的方法。
3. 能够结合正在做的调查研究,熟练地应用 SPSS 软件进行教育研究数据文件的建立,并对已回收的问卷数据进行录入。
4. 归纳总结教育研究数据文件建立的基本知识。
5. 总结在进行教育研究数据文件的建立时遇到的困难和采取的解决措施。

关键术语

数据文件　SPSS 数据的结构　数据类型　变量名　变量名标签　变量值标签　单项选择题　多项选择题　非选择题

知识导图

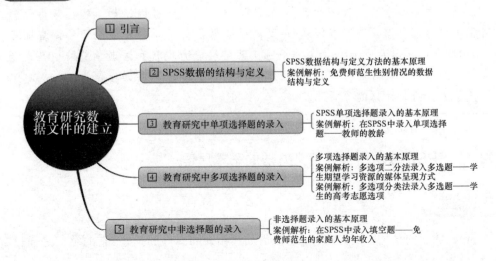

1.1 引　言

内容简介

通过对调查问卷的发放和回收,我们已经收集到了大量的第一手数据资料,例如免费师范生远程可视化学习平台需求的调查问卷、中国高校信息化应用质量与效果评价调查问卷(华中师范大学学生问卷)、湖北省农远工程学员能力现状和培训学员培训需求调查问卷等教育数据,那么怎样将回收到的问卷转化为 SPSS 数据,从而方便于研究数据的分析呢?

本章主要学习使用 SPSS 软件对教育研究数据文件的建立,结合已回收的调查问卷的数据,详细介绍利用 SPSS 软件对调查问卷数据的结构与定义、单项选择题、多项选择题和非选择题的数据录入的方法。本章的重难点是如何在 SPSS 统计软件中设置教育数据的结构与定义的方法,以及单项选择题、多项选择题和非选择题录入的区别和技巧。

方法解读

教育研究数据文件的建立主要包括教育研究数据文件的建立和数据文件的录入。教育研究数据文件的结构定义包括对变量名、类型、宽度、列宽度、变量名标签、变量值标签、缺失值、度量尺度等信息的定义。教育研究数据的录入包括对单项选择题、多项选择题和非选择题的录入。

1.2　SPSS 数据的结构与定义

问题导入

通过调查问卷的发放和回收,我们已经收集到了大量的诸如免费师范生远程可视化学习平台需求的调查问卷、中国高校信息化应用质量与效果评价调查问卷(华中师范大学学生问卷)、湖北省农远工程学员能力现状和培训学员培训需求调查问卷的第一手教育数据资料,那么怎么将问卷中填写的数据转化为 SPSS 数据,以便于进行研究数据的分析呢?

1.2.1　SPSS 数据结构与定义方法的基本原理

核心概念

SPSS 数据的结构是对 SPSS 每列变量及其相关的属性的描述,它的定义是通过数据编辑窗口中的变量视图实现的。

变量名(Name) 是变量访问和分析的唯一标识。

数据类型(Type) 是指每个变量取值的类型。SPSS 提供的变量类型共有 4 类 8 种,相应的类型都有默认的列宽(Width)或小数位宽(Decimals)。

变量名标签(Label) 是对变量名含义的进一步解释说明,它可增强变量名的可视性和统计分析结果的可读性。

变量值标签(Values) 是对变量取值含义的解释说明信息,对于定类型数据和定序型数据尤为重要。

统计学依据数据的计量尺度(Measure)将数据划分为三大类:定距型数据(Scale)、定序型数据(Ordinal)和定类型数据(Nominal)。

原理解析

1. 变量名(Name)

变量名一般不能多于 8 个字符,首字母应以英文字母开头,后面可以填写除了"?""!""*"之外的字母或数字;变量名不区分大小写字母,下划线、圆点不能为变量名的最后一个字符;变量名不能使用 SPSS 的内部特有的具有特殊含义的保留字;允许汉字作为变量名,汉字总数不超过 4 个。

2. 变量类型(Type)

表 1.2.1　SPSS 提供的变量类型

变量类型	说明
Numeric	默认类型,标准数值型,同时需要定义值宽度和小数位数,默认分别为 8 和 2
Comma	加逗点的数值型,整数部分从右至左三位加一逗点,如 100,000,000
Dot	3 位加点数值型,数值均以整数显示,每三位加一小点,小数位置都显示 0,小数点用",". 如 1.2345 表显示为 12.345,00
Scientific notation	科学计数型
Date	日期型,可以选择相应的格式,如 mm/dd/yy、dd.mm.yy 等
Dollar	货币型,可以选择相应的格式,如 $##,###等。"$"符号自动显示
Custom currency	自定义类型
String	字符串类型,需要设置字符串的长度,默认为 8

3. 变量名标签(Label)

变量名标签可用中文,总长度可达 120 个字符。变量名标签这个属性是可以省略的,但建议最好给出变量名标签。

在变量视图【Variable View】标签下,点击【Label】列下相应行的位置,输入变量名标签即可。

4. 变量值标签(Values)

变量值标签是对变量取值的进一步说明。定义变量值标签可以更方便地对数据进行处理。

在变量视图【Variable View】标签下,单击【Value】列下相应行的位置,根据实际数据在弹出窗口中指定变量标签。

5. 计量尺度(Measure)

(1) 定距型数据(Scale)。

定距型数据通常是指诸如身高、体重等连续数值型数据,也包括诸如人数、频数等离散数值型数据。

(2) 定序型数据(Ordinal)。

定序型数据具有内在固有大小或者高低顺序,但它又不同于定距型数据,一般可以用数值或者字符表示。例如:职称变量可以有低级、中级和高级三个取值,可分别用1、2、3表示。年龄段变量可以有青、中、老三个取值,可以用 A、B、C 表示等。需要注意的是,无论是数值型数据还是字符型数据,都是有固有大小或者高低顺序的,但是数据之间却是不等距的。

(3) 定类型数据(Nominal)。

定类型数据是指没有内在固有大小或者高低顺序,一般以数值或者字符表示的分类数据。如性别变量中的男女取值,可以分别用1、2表示。这里的数值型数据或者字符型数据都只是一种名义上的指代,都不存在内在的固有大小或者高低顺序。

在 SPSS 数据编辑窗口的变量视图【Variable View】中,单击【Measure】列下相应行的位置,根据实际数据指定变量的计量尺度。

知识卡片

SPSS 数据文件是一种有别于其他文件的特殊格式的文件。从应用角度理解,这种特殊性表现在两方面:第一,SPSS 数据文件的扩展名是.sav;第二,SPSS 数据文件是一种有结构的数据文件,它由数据的结构和内容两部分组成。其中,数据的结构记录了数据类型、取值说明、数据缺失情况等必要信息,数据的内容才是那些待分析的具体数据。

建立 SPSS 数据文件是利用 SPSS 软件进行数据分析的首要工作。建立 SPSS 数据文件时应完成两项任务:第一,描述 SPSS 数据的结构;第二,录入编辑 SPSS 的数据内容。这两部分分别在 SPSS 数据编辑窗口的变量视图和数据视图完成。

基本操作

数据结构与定义方法的主要操作以"免费师范生远程可视化学习平台需求调查"问卷的"A 个人情况"部分的第2题为例,在 SPSS 中设置该题数据的结构与定义。

A.2. 您的民族是(　　)

□汉族　□少数民族

(1) 打开"PASW Statistics 18"统计软件,单击【File】→【New】→【Date】命令,在变量视图【Variable View】下进行数据的结构定义。

(2) 单击【Name】列下对应行的位置输入"A.2 民族",定义变量名。

(3) 单击【Type】方框右侧,出现【Variable Type】对话框定义数据类型,在对话框中选择"Numeric(标准数值型)",设置右侧的"Width"为8,"Decimal Place"为2。

(4) 单击【Label】列下对应行的位置输入"民族",定义变量名标签。

(5) 单击【Value】列下对应行的位置,出现【Value Labels】对话框设置变量值标签,进行选项的设置定义,在"Value"中输入数值1,在"Label"中输入"汉族"单击"Add"后,继续在"Value"中输入数值2,在"Label"中输入"少数民族"单击"Add",设置变量值标签为"1=汉族、2=少数民族"。

(6) 单击【Missing】、【Columns】和【Align】列下对应行的位置,设置数据的缺失值、列和对齐方式。

(7) 单击【Measure】列下对应行的位置根据实际数据选择,定义计量尺度。本例定义为"Nominal(定类型数据)"。

其他题目的数据结构定义可参照上述操作步骤定义,当将整份问卷的所有题目定义完成之后即可按照定义的顺序依次录入回收到的问卷数据。

1.2.2 案例解析:免费师范生性别情况的数据结构与定义

案例呈现

选择"免费师范生远程可视化学习平台需求调查问卷"的A"个人情况"部分的第1题,在SPSS中设置免费师范生性别的数据文件的结构定义。

A.1. 您的性别是(　　)
　　□男　□女

操作步骤

(1) 打开"PASW Statistics 18"统计软件,单击【File】→【New】→【Date】命令,在变量视图【Variable View】下进行数据的结构定义,如图1.2.1所示。

(2) 在【Name】列下相应行的位置输入"A.1 性别",定义变量名,如图1.2.2所示。

(3) 单击【Type】方框右侧,打开"Variable Type"对话框,选择"Numeric(标准数值型)",设置"width"为8,"Decimal Places"为2。如图1.2.3所示。

(4) 单击【Label】列下相应行的位置输入"性别",定义变量名标签。如图1.2.4所示。

(5) 单击【Value】相应行的位置,会出现"Value Labels"对话框,在"Value"中输入数值"1",在"Label"中输入"男"单击"Add"后,继续在"Value"中输入数值"2",在

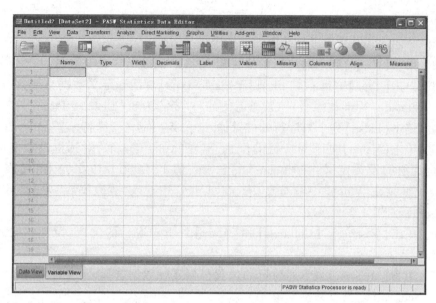

图 1.2.1 "Variable Views"视图窗口

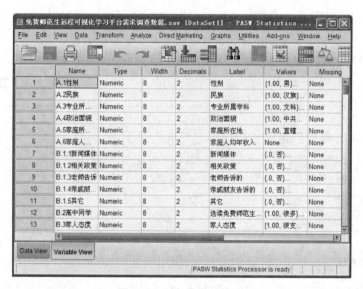

图 1.2.2 变量名的定义

"Label"中输入"女"单击"Add",设置变量值标签为"1=男、2=女"。如图 1.2.5 所示。

(6) 单击【Missing】列下对应行"A.1 性别"按钮在打开的"Missing Values"对话框中选择默认"No Missing Values"选项。如图 1.2.6 所示。

(7) 单击【Measure】相应行,在出现的下拉菜单中根据实际数据指定变量的计量尺度即可。本例为"Nominal(定类型数据)",如图 1.2.7 所示。

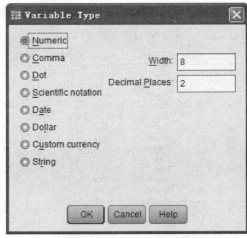

图 1.2.3　定义数据类型

1.2.4　定义变量名标签

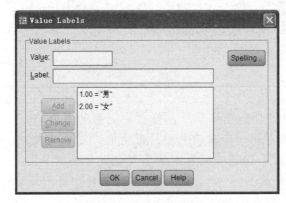

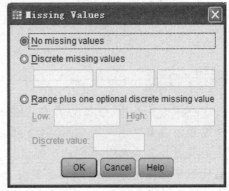

图 1.2.5　定义变量值标签　　　　　图 1.2.6　定义数据的缺失值

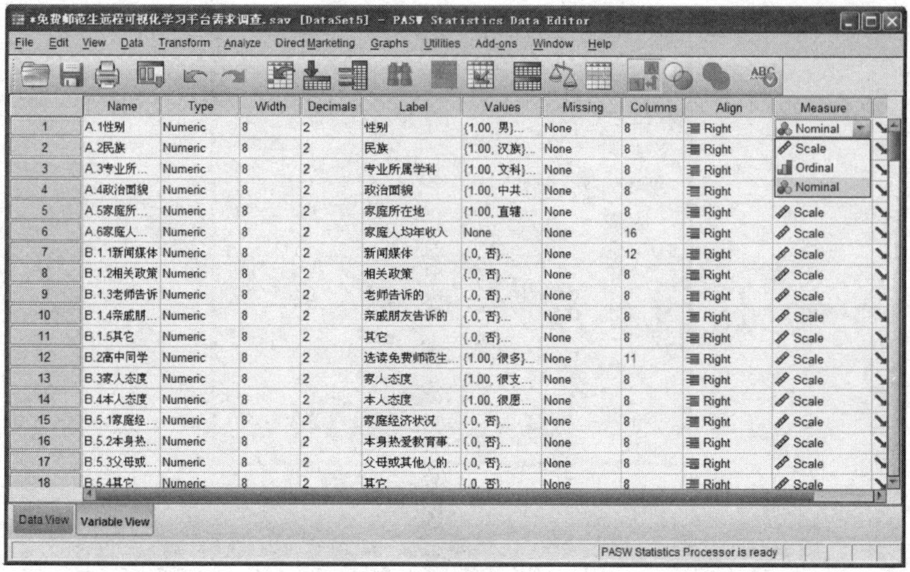

图 1.2.7　定义变量的计量尺度

结果分析

通过上述操作步骤依次完成对变量名、数据类型、变量值标签和变量的计量尺度的定义,对于问卷中的其他题目也可参考上述操作步骤设置,实现在 SPSS 中定义调查问卷数据文件结构。

小贴士

　　了解了 SPSS 数据的结构之后,就需要掌握描述和定义结构的操作方法。定义 SPSS 数据结构的操作是在数据编辑窗口的变量视图中进行的。定义结构的具体操作方法完全遵从 Windows 下的其他常用软件的操作方法,如使用下拉框、单选框等。

1.3　教育研究中单项选择题的录入

问题导入

　　在调查问卷中,往往会存在大量的单项选择题用于调查被调查者的态度、参与度或者满意度之类的信息,例如,调查学生对于就读免费师范生的愿意程度、家人对其就读免费师范生的态度等信息,在一份调查问卷中的个人特征部分或事实性问题部分使用单项选择题是很有必要的,那么如何在 SPSS 统计软件中进行单项选择题的录入呢?在数据结构的定义时有哪些注意事项呢?

1.3.1 SPSS 单项选择题录入的基本原理

核心概念

单项选择题即答案只能有一个选项,它是根据实际调查需要,要求被调查者从问卷给出的若干可选答案中只选择一个答案。

原理解析

SPSS 数据的结构定义好后,就可将具体的问卷数据输入到 SPSS 以最终形成 SPSS 数据文件。

在 SPSS 数据编辑窗口中的数据视图【Date View】中实现 SPSS 数据的录入。【Date View】视图可以看到一个数据文件的二维表格,实际上是一个定义完成了的空数据文件,此时就可以在其中输入问卷中的数据了。数据编辑窗口二维表格的第一行是定义的变量名,第一列为观察量的序号,即问卷的序号。一个观察量序号和一个变量名的交叉点就确定了一个单元格(即一份问卷的一道题目或题目的一部分)。

有三种数据输入的方式:按观察量输入数据、按变量输入数据和按单元格输入数据。通常,我们是按观察量输入数据的,即按行输入数据。具体操作是:将一个观察量的所有变量值输入结束后再开始下一个观察量的所有变量值的输入。首先确定要输入的观察量,将其最左边的单元格激活输入该变量值,然后激活其右方一个单元格并输入数据。这一过程可以通过点击鼠标或按方向键来完成。

单选题即答案只能有一个选项。编码:只定义一个变量,Value 值 1、2、3、4…分别代表 A、B、C、D…选项。在 SPSS 软件中只需要录入选项对应值即可,如选 C 则录入 3。

基本操作

单选题录入的主要操作步骤以"中国高校信息化应用质量与效果评价调查问卷"的"一、信息化学习观念和学习态度"部分第 2 题为例,在 SPSS 中录入该单选题。

2. 您对教师利用信息技术辅助教学的态度是(　　)
A. 非常支持　B. 支持　C. 一般　D. 不支持　E. 反对

(1) 打开"PASW Statistics 18"统计软件,单击【File】→【New】→【Date】命令,在【Variable View】下进行该题目数据的结构定义。

(2) 单击【Name】列下对应行的位置并输入"1. 年龄",定义变量名。

(3) 单击【Type】方框右侧打开【Variable Type】对话框,定义数据类型,选择"Numeric(标准数值型)",设置"Width"为 8,"Decimal Places"为 2。

(4) 单击【Label】列下对应行的位置并输入"年龄",定义变量名标签。

(5) 单击【Value】列下对应行的位置打开"Value Labels"对话框,定义变量值标签,在"Value"中输入数值1,在"Label"中输入"20～30 岁"单击"Add"后,继续定义其余四个选项的"Value"和"Label",设置变量值标签为"1 = 20～30 岁、2 = 30～40 岁、3 = 40～50 岁、4 = 50～60 岁、5 = 60 岁以上",设置完成之后点击 OK 即可。

(6)单击【Missing】列下对应行"1. 年龄"按钮,在打开的"Missing Value"对话框中选择默认"No Missing Values"选项。

(7)单击【Measure】列下相应行的位置,在下拉菜单中根据实际数据选择计量尺度。本例为"Ordinal(定序型数据)"。

(8)SPSS 数据的结构与定义完成后,切换到【Data View】中进行数据的录入。根据已经定义好的 SPSS 数据编码,录入"1,2,3,4,5"所代表的选项。

单选题数据的结构与定义的操作方法与本章"1.2 SPSS 数据的结构与定义"操作方法类似,可参照第 2 小节操作进行。

1.3.2 案例解析:在 SPSS 中录入单项选择题——教师的教龄

案例呈现

选择"湖北省农远工程培训学员能力现状和培训需求调查问卷"中的"A 个人基本情况"第 7 题,在 SPSS 中录入该单项选择题。
A.7 您的教龄是(　　)
□0～5 年　□6～10 年　□10～15 年　□15～20 年　□20 年以上

操作步骤

(1)打开"PASW Statistics 18"统计软件,单击【File】→【New】→【Date】命令,在变量视图【Variable View】下进行数据的结构定义。

(2)单击【Name】列下对应行的位置输入"A7 教龄",定义变量名。如图 1.3.1 所示。

(3)单击【Type】方框右侧打开"Variable Type"对话框,定义数据类型,选择"Numeric(标准数值型)",设置"Width"为 8,"Decimal Places"为 2。如图 1.3.2 所示。

(4)单击【Label】列下对应行的位置输入"教龄",定义变量名标签。

(5)单击【Value】列下对应行的位置,出现"Value Labels"对话框,定义变量值标签。在"Value"中输入数值1,"Label"中输入"0～5 年",单击"Add"后,继续定义其余四个选项的"Value"和"Label"。设置为"1 = 0～5 年、2 = 6～10 年、3 = 10～15 年、4 = 15～20 年、5 = 20 年以上",设置完成之后点击 OK 即可。如图 1.3.3 所示。

(6)单击【Missing】列下对应行"A7 教龄"的按钮,打开"Missing Values"对话框,选择默认"No Missing Values"选项。如图 1.3.4 所示。

(7)单击【Measure】列下对应行的位置,在下拉菜单中根据实际数据选择。本例为"Ordinal(定序型数据)"。SPSS 的数据的结构定义完成如图 1.3.5 所示。

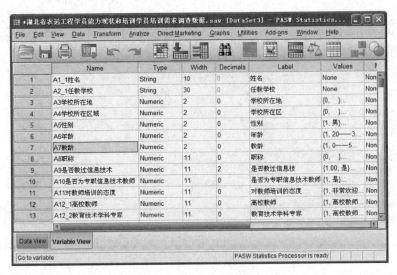

图 1.3.1 定义变量名

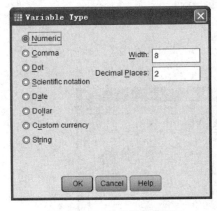

图 1.3.2 定义数据类型

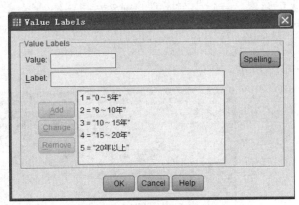

图 1.3.3 定义变量值标签

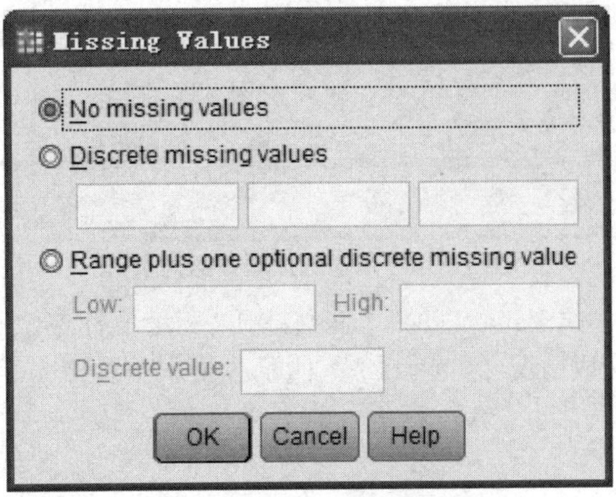

图 1.3.4 定义数据的缺失值

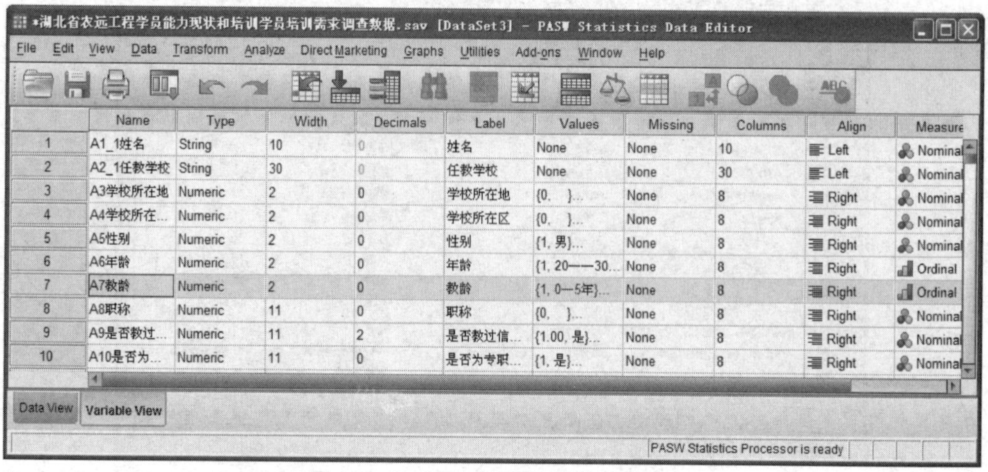

图 1.3.5　SPSS 数据的结构与定义

（8）完成 SPSS 数据的结构与定义后，在 SPSS 的数据视图【Data View】中进行数据的录入。一份填写完成的调查问卷就是 SPSS 数据中的一个个案，根据已经定义好的 SPSS 数据编码，录入"1,2,3,4,5"所代表的选项，如选 A 则对应地录入 1。如果被调查者没有选择任何选项，则不作任何操作，依次完成回收问卷单选题的录入，如图1.3.6 所示。

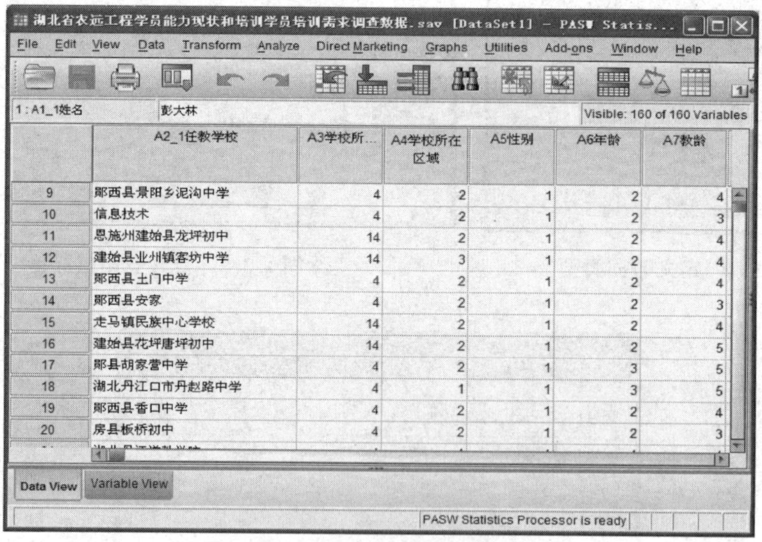

图 1.3.6　单项选择题数据的录入

（9）单击【View】→【Value Labels】命令打开"变量值标签"，即可显示"变量值标签"，查看数据录入完成情况。如图 1.3.7 所示。再次单击【View】→【Value Labels】命令关闭"变量值标签"。

结果分析

通过在"PASW Statistics 18"统计软件对变量视图【Variable View】下进行数据的

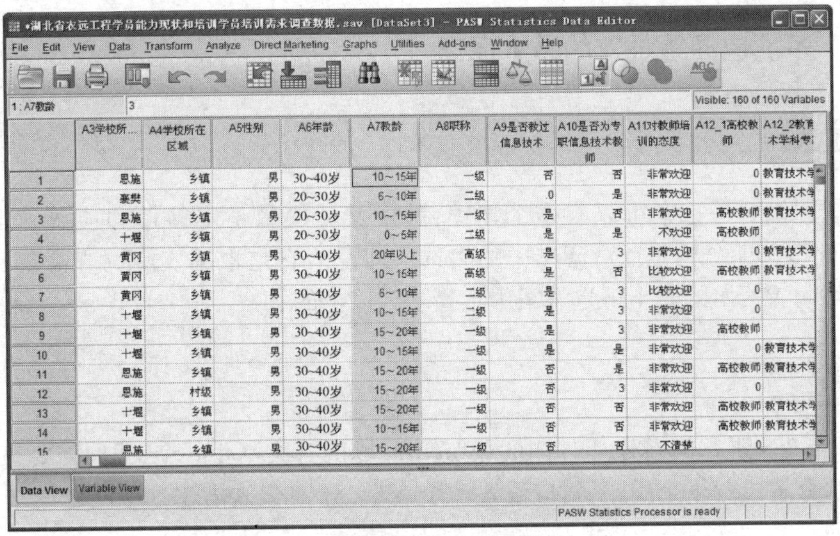

图1.3.7 带变量值标签的单选题数据录入

结构定义,依次设置对应的【Name】、【Type】、【Label】、【Value】和【Measure】,完成 SPSS 数据的结构与定义,在 SPSS【Data View】窗口中进行数据的录入,根据之前的 SPSS 数据编码,Value 值设置为 1、2、3、4、5…分别代表 A、B、C、D、E…选项,在【Date View】窗口中录入选项对应数值即可,依次完成回收问卷单选题的录入。

> **小贴士**
>
> 录入的带有变量值标签的数据可以通过下拉框完成。但是在此之前,应该首先打开变量值标签的显示开关,具体操作是【View】→【Value Labels】。【Value Labels】是一个重复开关选项。如果它前面显示一个对勾,则表示变量值标签的显示开关已打开,变量值标签将显示在数据编辑窗口中。需要说明的是,在变量值标签显示开关打开的状态下,虽然屏幕显示的是值标签,但实际存储的数据仍然是变量值。

1.4 教育研究中多项选择题的录入

> **问题导入**
>
> 在一份调查问卷的题目设置上往往除了单项选择题以外还有多项选择题,例如,调查大学生喜欢的网络学习方式、学习资源的媒体呈现方式,在教学中不使用信息技术的原因等信息,在一份调查问卷中设置多项选择题是很有必要的,那么如何在 SPSS 统计软件中进行多项选择题的录入呢?单项选择题与多项选择题在录入方面有什么区别呢?

1.4.1 多项选择题录入的基本原理

核心概念

多项选择题是答案可以有多个选项,其中又分项数不定多选和项数确定多选。SPSS中的多选项分析是针对问卷中的多选项问题。它是根据实际调查需要,要求被调查者从问卷给出的若干可选答案中选择一个以上的答案。

原理解析

利用SPSS进行问卷处理时,由于多选项问题的答案不止一个,我们需要将一道多选项问题分解成若干个问题,对应设置多个变量,分别存放描述这些问题的结果可能被选择的答案。

多选项问题的分解通常有两种方法:第一,多选项二分法(Multiple Dichotomies Method);第二,多选项分类法(Multiple Category Method)。多选项二分法是将多选项问题的每个答案设为一个SPSS变量,每个变量只有0和1两个取值,分别表示不选择该答案和选择该答案。多选项分类法中,首先要估计多选项问题最多可能出现的答案个数,然后为每个答案设置一个SPSS变量,变量取值为多选项问题中的可选答案。

在选择多选项问题分解的方法时,应该考虑具体的分析目标和问题。通常情况下,对于项数不定(未限定选择项数)和没有顺序的问题可采用多选项二分法(Multiple Dichotomies Method)分解,而对于所选答案的项数已定(即限定选择几项)和具有一定顺序的多选项问题可选用多选项分类法(Multiple Category Method)分解。

基本操作

多项选择题录入的主要操作步骤以案例一和案例二为例。

案例一

选择"免费师范生远程可视化学习平台需求调查问卷"中的"C 学习方面"下的第3题,在SPSS中录入此多选题。

C.3 您在学习中遇到困难时采取的解决措施是?(可多选)
　　□请教老师　　　　□到图书馆查资料　　□上网搜索资料
　　□在网上发帖子寻求　□小组讨论解决　　　□其他

由于该题项数不定多选,因此采用多选项二分法对四个选项都定义一个对应的变量,每个变量的Value值定义为:"0"未选,"1"选中。本例以选项1"请教老师"为例做详细讲解,其余选项的设置都与第一个相同。

(1)打开"PASW Statistics 18"统计软件,单击【File】→【New】→【Date】命令在

【Variable View】下进行数据的结构定义。依次定义变量名【Name】,输入"C.3.1 请教老师"。

(2) 单击【Type】列下对应行右侧打开【Variable Type】对话框,定义变量的数据类型,定义类型为"Numeric","Width"为8,"Decimal Places"为"2"。

(3) 单击【Label】列下对应行的位置输入"请教老师",定义变量名标签。

(4) 单击【Values】列下对应的行的位置,出现"Value Labels"对话框,定义变量值标签。在"Value"中输入"0","Label"中输入"否",表示该变量未被选中,单击"Add"后继续在"Value"中输入"1","Label"中输入"是",表示该变量被选中,单击"Add"后,单击"OK",即"0 = 否、1 = 是"。其余四个选项设置方法类似,最后一个选项"其他"不在此处做处理。具体设置如表1.4.1所示。

表1.4.1　多选项二分法案例设置定义

SPSS 变量名(Name)	变量名标签(Label)	变量值(Value)
C.3.1 请教老师	请教老师	0/1
C.3.2 到图书馆查资料	到图书馆查资料	0/1
C.3.3 上网搜索资料	上网搜索资料	0/1
C.3.4 在网上发帖子寻求	在网上发帖子寻求	0/1
C.3.5 小组讨论解决	小组讨论解决	0/1

(5) 单击【Missing】列下对应行"C.3.1 请教老师"按钮在打开的"Missing Values"对话框中选择默认"No Missing Values"选项。

(6) 单击【Measure】列下对应行的位置,根据实际数据选择。本例为"Nominal(定类型数据)"。完成该多选题的 SPSS 数据的结构定义。其余四个变量的数据结构定义的方法与该选项设置方法类似。

(7) 所有的数据的结构定义完成之后,单击左下角的【Data View】切换到数据录入窗口。根据已设定的 SPSS 数据编码,录入对应的数值"1"选中或"0"未选中。

案例二

A1. 您目前最常使用的社交应用有哪些(　　　)(限选三项)
□新浪微博　□腾讯微博　□微信　□短信、飞信　□其他　□几乎不用

由于该题项数已定的多选,因此采用多选项分类法将三个答案设置一个对应的变量,每个变量的 Value 值作定义为:1 = 新浪微博、2 = 腾讯微博、3 = 微信、4 = 短信、飞信、5 = 其他、6 = 几乎不用。本例以"最常使用的社交应用一"为例做详细讲解,其余选项的设置都与第一个相同。

(1) 打开"PASW Statistics 18"统计软件,单击【File】→【New】→【Date】命令在【Variable View】下进行数据的结构定义。依次定义变量名【Name】,输入"A.1.1 最常使用的社交应用一"。

(2) 单击【Type】列下对应的行,右侧打开"Variable Type"对话框,定义变量的数据类型,定义类型为"Numeric","Width"为8,"Decimal Places"为2。

（3）单击【Label】列下对应的行，在其位置输入"最常使用的社交应用一"，定义变量名标签。

（4）单击【Values】列下对应的行，出现"Value Labels"对话框。在"Value"中输入"1"，"Label"中输入"新浪微博"，表示该变量未被选中，单击"Add"后，继续在"Value"中输入"2"，"Label"中输入"腾讯微博"，表示该变量被选中，单击"Add"后，继续设置数值为"3、4、5、6"所代表的选项，完成"最常使用的社交应用一"选项的设置。其余两个选项设置方法与其类似。具体设置如表1.4.2所示。

表1.4.2 多选项分类法案例设置定义

SPSS变量名（Name）	变量名标签（Label）	变量值（Value）
A.1.1 最常使用的社交应用一	最常使用的社交应用一	1/2/3/4/5/6
A.1.2 最常使用的社交应用二	最常使用的社交应用二	1/2/3/4/5/6
A.1.3 最常使用的社交应用三	最常使用的社交应用三	1/2/3/4/5/6

（5）单击【Missing】列下对应行"A.1.1最常使用的社交应用一"按钮，在打开的"Missing Values"对话框中选择默认"No Missing Values"选项。

（6）单击【Measure】列下对应行，根据实际数据选择。本例为"Nominal（定类型数据）"。完成该多选题的SPSS数据的结构定义。其余三个变量的数据结构定义的方法与该选项设置方法类似。

（7）所有数据的结构定义完成之后，单击左下角的【Data View】切换到数据录入窗口。根据已设定的SPSS数据编码，录入数值"1、2、3、4、5、6"代表的选项。

1.4.2 案例解析：多选项二分法录入多选题——学生期望学习资源的媒体呈现方式

案例呈现

选择"免费师范生远程可视化学习平台需求调查问卷"中的"C 学习方面"下的第7题，在SPSS中录入此多项选择题。

C.7 您希望学习资源的媒体呈现方式是？（可多选）
□文本　□图像　□视频　□动画　□音频

操作步骤

由于该题为项数不定多选题，因此采用多选项二分法对五个选项都定义一个对应的变量，再对每个变量的Value值作定义："0"未选，"1"选中。以第一个选项"文本"为例做详细讲解，其余选项的设置都与第一个相同。

（1）打开"PASW Statistics 18"统计软件，单击【File】→【New】→【Date】命令，在

"Variable View"下进行数据的结构定义。依次定义变量名【Name】,输入"C.7.1 文本",如图1.4.1所示。

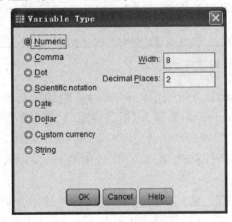
(此处为图1.4.1位置上方的SPSS界面截图)

图1.4.1　多选题的变量名定义

（2）单击【Type】列下对应的行,右侧打开"Variable Type"对话框,定义数据类型为"Numeric","Width"为8,"Decimal Places"为"2",如图1.4.2所示。

（3）单击【Label】列下对应的行,输入"文本",定义变量名标签。

（4）单击【Values】列下对应的行,打开"Value Labels"对话框,定义变量值标签。在"Value"中输入"0","Label"中输入"否",表示该变量未被选中,单击"Add";继续在"Value"中输入"1","Label"中输入"是",表示该变量被选中,单击"Add"后,再单击"OK",即"0＝否、1＝是",如图1.4.3所示。其中【Name】、【Label】和【Value】的具体设置如表1.4.3所示。

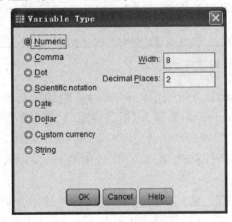

图1.4.2　定义数据类型

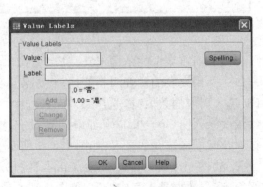

图1.4.3　定义多选题变量值标签

表1.4.3 案例的设置定义

SPSS变量名(Name)	变量名标签(Label)	变量值(Value)
C.3.1 文本	文本	0/1
C.3.2 图像	图像	0/1
C.3.3 视频	视频	0/1
C.3.4 动画	动画	0/1
C.3.5 音频	音频	0/1

（5）单击【Missing】列下对应行"C.3.1文本"按钮，在打开的"Missing Values"对话框中选择默认的"No Missing Values"选项。

（6）单击【Measure】列下对应行，选择下拉菜单中的"Nominal（定类型数据）"。完成该多选题的SPSS数据的结构定义。其余四个变量的数据结构定义的方法与该选项设置方法类似。定义完成后如图1.4.4所示。

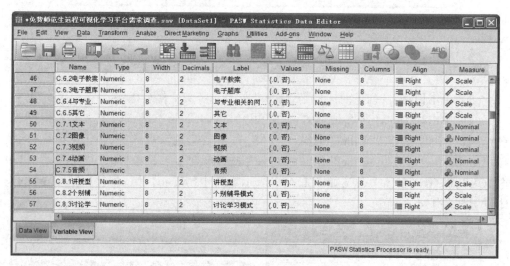

图1.4.4 SPSS数据的结构与定义

（7）所有数据的结构定义完成之后，单击左下角的【Data View】切换到数据录入窗口。一份回收的调查问卷就是SPSS数据中的一个个案，根据已设定的SPSS数据编码，录入对应的数值"1"选中或"0"未选中。例如选项答案为：ABC，则在定义的变量中依次录入"1、1、1、0、0"。如果问卷没有选择任何选项，则不作任何操作，依次完成该回收问卷多选题的录入，如图1.4.5所示。

（8）单击【View】→【Value Labels】，打开变量值标签的显示开关，即可显示变量值标签，查看数据录入完成情况，如图1.4.6所示。再次单击【View】→【Value Labels】命令关闭"变量值标签"。

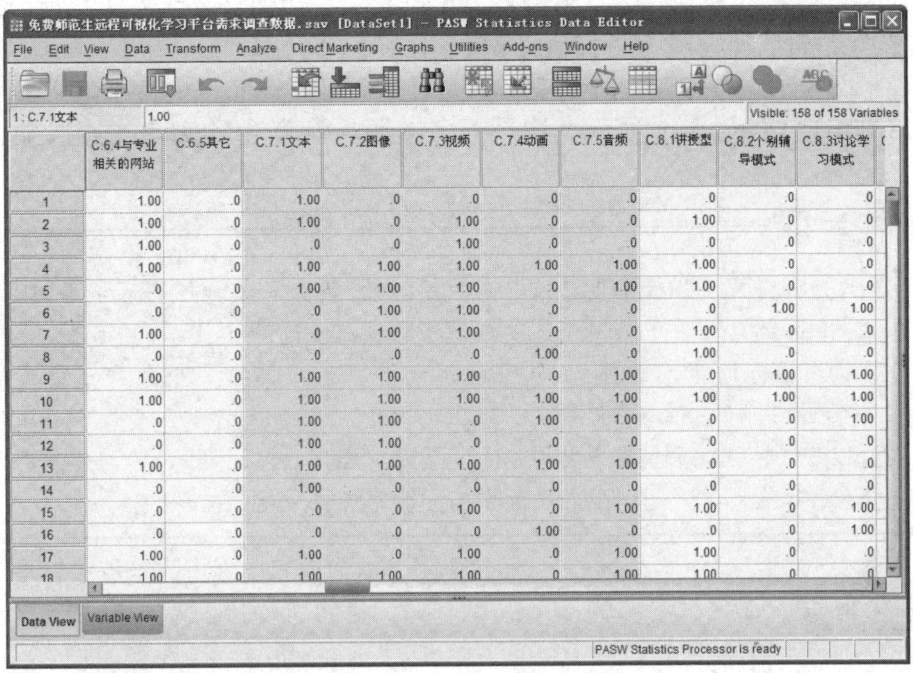

图1.4.5 多选题的数据录入结果

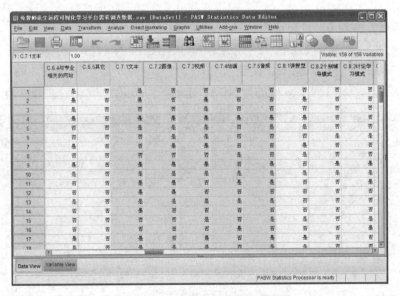

图1.4.6 带变量值标签的数据录入

结果分析

通过在"PASW Statistics 18"统计软件对变量视图【Variable View】窗口下进行数据的结构定义,依次定义其【Name】、【Type】、【Value】和【Measure】等信息,完成 SPSS 数据的结构与定义,在 SPSS 数据编辑窗口的【Data View】窗口中进行数据的录入,根据之前的 SPSS 数据编码，Value 值设置为 0 和 1，对选中的录入"1"，未选中的录入"0"，依次完成回收问卷多项选择题的录入。

1.4.3 案例解析：多选项分类法录入多选题——学生的高考志愿选项

案例呈现

　　某调查研究为了分析学生填报志愿的倾向性，调查了某地区高三学生的高考志愿，在 SPSS 统计软件中采用多选项分类法录入该多选题。
　　1. 请根据你的个人意愿，从以下六所大学中选择你打算报考的三所大学：（　　）（限选三项）
　　□北京大学　　　□清华大学　　　□北京理工大学
　　□北京师范大学　□中国人民大学　□北京邮电大学

操作步骤

　　由于该题为项数已定的多选，因此采用多选项分类法为三个答案设置一个对应的变量，每个变量的 Value 值作定义为："1"为北京大学、"2"为清华大学、"3"为北京理工大学、"4"为北京师范大学、"5"为中国人民大学、"6"为北京邮电大学。本例以"志愿一"为例做详细讲解，其余选项的设置都与第一个相同。
　　(1) 打开"PASW Statistics 18"统计软件，单击【File】→【New】→【Date】命令，在【Variable View】下进行数据的结构定义。
　　(2) 单击【Name】列下对应的行，输入"志愿一"，定义变量名。如图 1.4.7 所示。

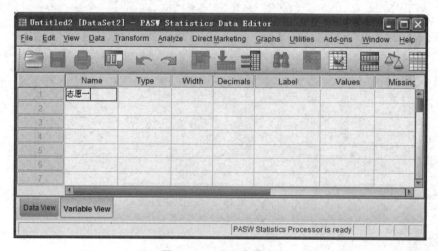

图 1.4.7　定义变量名

　　(3) 单击【Type】列下对应的行，右侧打开"Variable Type"对话框，定义变量数据类型。设置定义类型为"Numeric"，"Width"为 8，"Decimal Places"为 2。如图 1.4.8 所示。

第 1 章 教育研究数据文件的建立

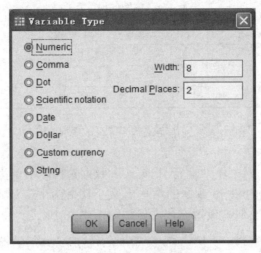

图 1.4.8 定义数据类型

（4）单击【Label】列下对应的行，输入"高考志愿一"，定义变量名标签。本例以"志愿一"的设置为例做详细讲解，其余两个选项的设置都与其类似。

（5）单击【Values】列下对应的行，出现"Value Labels"对话框，定义变量值标签。在"Value"中输入"1"，"Label"中输入"北京大学"，表示该变量未被选中，单击"Add"后，继续在"Value"中输入"2"，"Label"中输入"清华大学"，表示该变量被选中，单击"Add"后，继续设置数值为"3、4、5、6"所代表的选项，设置为："1＝北京大学、2＝清华大学、3＝北京理工大学、4＝北京师范大学、5＝中国人民大学、6＝北京邮电大学"，完成"志愿一"选项的设置。其余两个选项设置方法与其类似。如图 1.4.9 所示。其中【Name】、【Label】和【Value】的具体设置如表 1.4.4 所示。

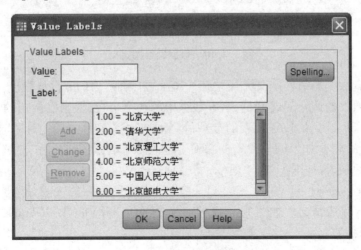

图 1.4.9 定义变量值标签

表 1.4.4　案例的设置定义

SPSS 变量名(Name)	变量名标签(Label)	变量值(Value)
志愿一	高考志愿一	1/2/3/4/5/6
志愿二	高考志愿二	1/2/3/4/5/6
志愿三	高考志愿三	1/2/3/4/5/6

（6）单击【Missing】列下对应行"志愿一"按钮,在打开的"Missing Values"对话框中选择默认"No Missing Values"选项。

（7）单击【Measure】列下对应行,根据实际数据选择。本例为"Nominal(定类型数据)"。完成该多选题的 SPSS 数据的结构定义。其余两个变量的数据结构定义的方法与该选项设置方法类似。设置完成之后如图 1.4.10 所示。

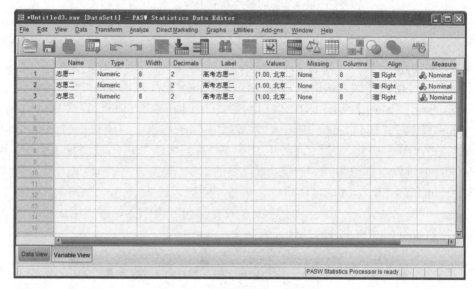

图 1.4.10　数据的结构定义

（8）所有数据的结构定义完成之后,单击左下角的【Data View】切换到数据录入窗口。一份回收的调查问卷就是 SPSS 数据中的一个个案,根据已设定的 SPSS 数据编码,录入数值"1、2、3、4、5、6"代表的选项。例如选项答案为:ACE,则在定义的变量中依次录入"1、3、5"。如果问卷没有选择任何选项,则不作任何操作,依次完成该回收问卷多选题的录入,如图 1.4.11 所示。

（9）单击【View】→【Value Labels】命令打开"变量值标签",显示"变量值标签",查看数据录入完成情况。如图 1.4.12 所示。再次单击【View】→【Value Labels】命令关闭"变量值标签"。

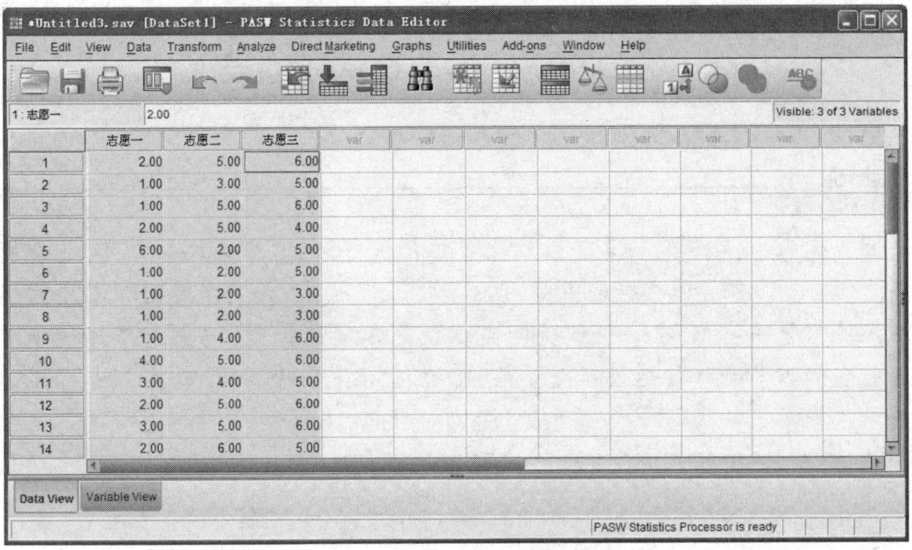

第1章 教育研究数据文件的建立

图1.4.11 数据录入结果

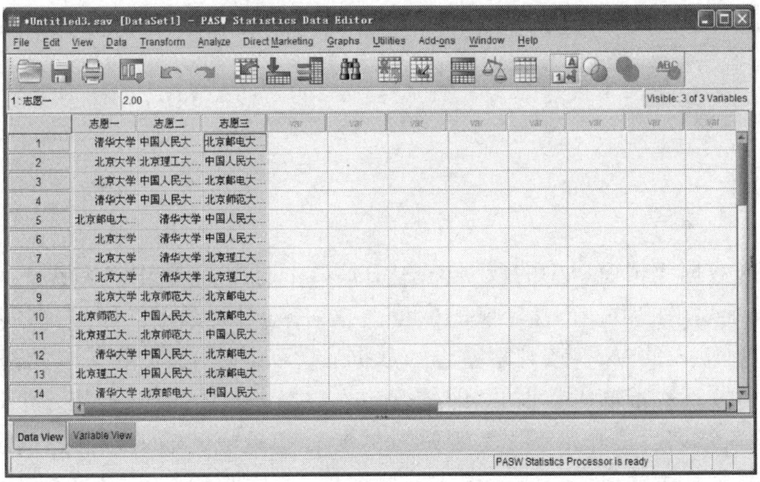

图1.4.12 带变量值标签的数据录入

结果分析

通过在"PASW Statistics 18"统计软件中的【Variable View】窗口下进行数据的结构定义,依次定义其【Name】、【Type】、【Value】和【Measure】等信息,完成 SPSS 数据的结构与定义,在 SPSS 数据编辑窗口的【Data View】窗口中进行数据的录入。根据之前的 SPSS 数据编码,定义三个变量的变量值标签,"Value"和"Label"依次设置:"1=北京大学、2=清华大学、3=北京理工大学、4=北京师范大学、5=中国人民大学、6=北京邮电大学",录入的数值"1,2,3,4,5,6"代表相应的选项,依次完成回收问卷选项,确定多项选择题的录入。

1.5 教育研究中非选择题的录入

> **问题导入**
>
> 调查问卷中,在题目设置上往往除了单项选择题、多项选择题以外,还有非选择题。例如,调查被调查者的家庭人均年收入情况、每天上网时间和学校的视音频资源的容量等信息,在一份调查问卷中使用单项选择题、多项选择题和非选择题相结合的方式有时候是很有必要的,那么如何在 SPSS 统计软件中进行非选择题的录入呢?

1.5.1 非选择题录入的基本原理

核心概念

非选择题是相对于"选择题"而言的。指在试题中没有给出可供选择的答案,而由应试者自行填写。

原理解析

在 SPSS 数据编辑窗口中的数据视图【Date View】中实现 SPSS 数据的录入。数据编辑窗口二维表格的第一行是定义的变量名,第一列是观察量的序号,即问卷的序号。

三种数据输入的方式:按观察量输入数据、按变量输入数据和按单元格输入数据。通常,我们是按观察量输入数据的,即按行输入数据。具体操作是:将一个观察量的所有变量值输入结束后再开始下一个观察量的所有变量值的输入。首先确定要输入的观察量,将其最左边的单元格激活输入该变量值,然后激活其右方一个单元格并输入数据。这一过程可以通过点击鼠标或按方向键来完成。

基本操作

非选择题录入方法的主要操作步骤:

(1) 打开"PASW Statistics 18"统计软件,单击【File】→【New】→【Date】命令,在变量视图"Variable Views"下进行数据的结构描述。依次设置其【Name】、【Type】、【Label】和【Measure】,完成 SPSS 数据的结构与定义。

(2) 在 SPSS 数据编辑窗口的数据视图【Data View】窗口中进行数据的录入。调查问卷中的一份问卷就是 SPSS 数据中的一个个案,在具体对应的单元格录入具体的数值。如果没有选择任何选项,我们则不作任何操作,依次完成该回收问卷非选择题的录入。

1.5.2 案例解析：在 SPSS 中录入填空题——免费师范生的家庭人均年收入

案例呈现

　　选择"免费师范生远程可视化学习平台需求调查问卷"中的"A 个人情况"下的第 6 题，在 SPSS 中录入此非选择题。

　　A.6 您的家庭人均年收入是＿＿＿＿＿＿元

操作步骤

　　（1）打开"PASW Statistics 18"统计软件，单击【File】→【New】→【Date】命令，在变量视图【Variable Views】下进行数据的结构描述。依次设置其【Name】、【Type】、【Label】和【Measure】，完成 SPSS 数据的结构与定义，如图 1.5.1 所示。

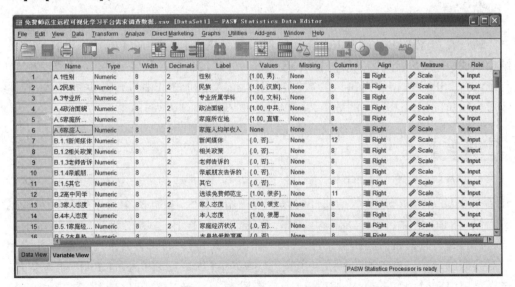

图 1.5.1　SPSS 数据的结构与定义

　　（2）在 SPSS 数据编辑窗口的数据视图【Data View】窗口中进行数据的录入。调查问卷中的一份问卷就是 SPSS 数据中的一个个案，在具体对应的单元格录入具体的数值。如果没有选择任何选项，我们则不作任何操作，依次完成该回收问卷非选择题的录入。如图 1.5.2 所示。

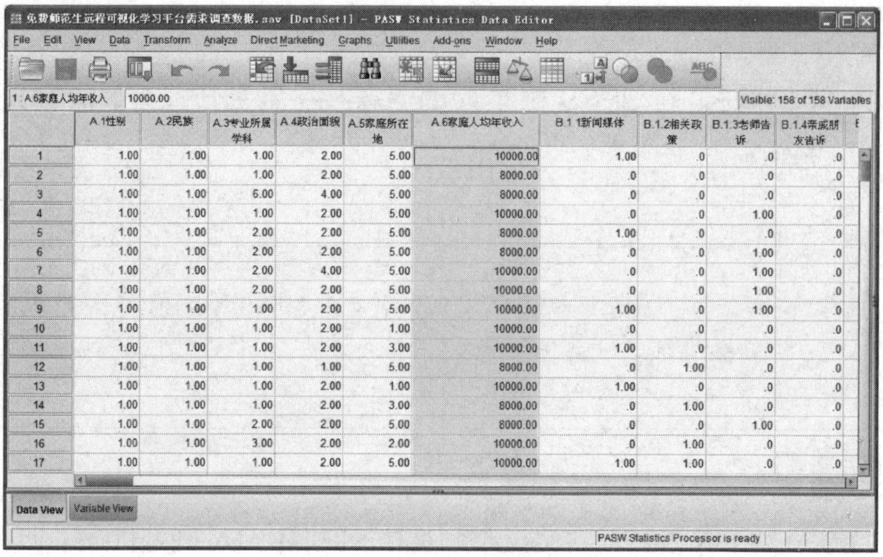

	A.1性别	A.2民族	A.3专业所属学科	A.4政治面貌	A.5家庭所在地	A.6家庭人均年收入	B.1.1新闻媒体	B.1.2相关政策	B.1.3老师告诉	B.1.4亲戚朋友告诉
1	1.00	1.00	1.00	2.00	5.00	10000.00	1.00	.0	.0	.0
2	1.00	1.00	1.00	2.00	5.00	8000.00	.0	.0	.0	.0
3	1.00	1.00	6.00	4.00	5.00	8000.00	.0	.0	.0	.0
4	1.00	1.00	1.00	2.00	5.00	10000.00	.0	.0	1.00	.0
5	1.00	1.00	2.00	2.00	5.00	8000.00	1.00	.0	.0	.0
6	1.00	1.00	2.00	2.00	5.00	8000.00	.0	.0	1.00	.0
7	1.00	1.00	2.00	4.00	5.00	10000.00	.0	.0	1.00	.0
8	1.00	1.00	2.00	2.00	5.00	10000.00	.0	.0	1.00	.0
9	1.00	1.00	1.00	2.00	5.00	10000.00	1.00	.0	1.00	.0
10	1.00	1.00	1.00	2.00	1.00	10000.00	.0	.0	.0	.0
11	1.00	1.00	1.00	2.00	3.00	10000.00	1.00	.0	.0	.0
12	1.00	1.00	1.00	1.00	5.00	8000.00	.0	1.00	.0	.0
13	1.00	1.00	1.00	2.00	1.00	10000.00	1.00	.0	.0	.0
14	1.00	1.00	1.00	2.00	3.00	8000.00	.0	1.00	.0	.0
15	1.00	1.00	2.00	2.00	5.00	8000.00	.0	.0	1.00	.0
16	1.00	1.00	3.00	2.00	2.00	10000.00	.0	1.00	.0	.0
17	1.00	1.00	1.00	2.00	5.00	10000.00	1.00	1.00	.0	.0

图 1.5.2 非选择题数据的录入

结果分析

通过在“PASW Statistics 18”统计软件对变量视图【Variable View】下进行数据的结构描述，依次设置其【Name】、【Type】、【Label】和【Measure】，完成 SPSS 数据的结构与定义，在 SPSS 数据编辑窗口的数据视图【Data View】窗口中进行数据的录入，在具体对应的单元格录入具体的数值，依次完成回收问卷非选择题的录入。

知识拓展

在教育研究数据文件的建立时，除了对 SPSS 数据结构的定义和录入以外，还有 SPSS 数据的编辑和 SPSS 数据文件的保存与调用。SPSS 数据的编辑主要包括对数据的定位、增加、删除、修改、复制等操作，数据的编辑操作也是在数据编辑窗口中的“Data View”（数据视图）中进行的。SPSS 提供人工定位和自动定位两种定位方式用于对数据的定位。在 SPSS 中插入个案，选择菜单【Date】→【Insert Case】，插入变量，选择菜单【Date】→【Insert Variable】，需要删除时鼠标选中右键【Cut】，通过【Clear】、【Copy】、【Cut】和【Paste】等命令实现数据的移动、复制和删除等操作。

本章主要学习了教育研究数据文件的建立，当然对教育研究数据建立后还需要进行必要的预处理，比如对教育数据缺失值的处理、数据的选取、数据的排序、数据的分组等操作，关于具体的教育数据的预处理的操作内容将在下一章做介绍。

活动任务

从本书的综合案例和附带的光盘中选择合适的问卷及问题，在 SPSS 中进行教育研究数据的建立，包括数据结构的定义、单项选择题、多项选择题和非选择题的录入，并在操作分析的基础上归纳出具体的 SPSS 教育研究数据建立的方法和技巧。

参考文献

［1］张屹. 教育技术学研究方法[M]. 北京:北京大学出版社,2010.
［2］张屹,周平红. 教育技术学研究方法[M]. 第二版. 北京:北京大学出版社,2013.
［3］薛薇. 基于 SPSS 的数据分析[M]. 北京:中国人民大学出版社,2006.
［4］薛薇. 基于 SPSS 的数据分析[M]. 第二版. 北京:中国人民大学出版社,2006.
［5］谢幼如,李克东. 教育技术学研究方法基础[M]. 北京:高等教育出版社,2006.
［6］李克东. 教育技术学研究方法[M]. 北京:北京师范大学出版社,2003.
［7］王苏斌,郑海涛,邵谦谦. SPSS 统计分析[M]. 北京:机械工业出版社,2003.
［8］网络资源：http://www.customs.gov.cn/tabid/66655/Default.aspx.

第 2 章

教育研究数据文件的预处理

学习目标

1. 描述教育研究数据文件预处理的原理和基本思路。
2. 能准确区分 SPSS 教育数据的四种预处理的不同：数据的缺失值处理、数据的选取、数据的排序、数据的分组。
3. 熟练应用 SPSS 软件进行教育研究数据文件的预处理。
4. 归纳教育研究数据文件预处理的基础知识。
5. 总结和归纳在进行教育研究数据文件的预处理时遇到的难点和采取的解决措施。

关键术语

缺失数据　数据选取　数据排序　数据分组

知识导图

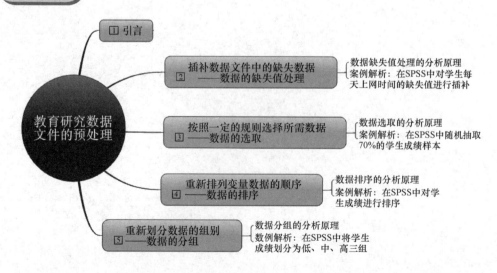

2.1 引　言

内容简介

为了保证数据分析的便捷性、准确性，需要对数据进行前期的加工处理，在我们的调查中会出现，诸如答卷者可能会回避某些不愿回答的问题、没有符合答卷情况的答案或者为了方便调查研究需要从大量的数据中选择合适的少量样本等情况，那么对于这样的数据我们需要对数据文件进行预处理。利用 SPSS 统计软件中的数据文件的预处理，我们可以在 SPSS 中对学生成绩中的缺失值进行插补或是将学生成绩划分为低、中、高三组等情况的处理，那我们如何选用合适的预处理方法处理教育数据文件呢？

本章主要学习使用 SPSS 软件对教育研究数据文件的预处理，主要分析介绍了四种预处理的方法，即数据的缺失值处理、数据的选取、数据的排序和数据的分组。本章主要介绍学习在 SPSS 中对学生成绩中的缺失值进行插补，随机抽取 70% 的学生成绩样本，对学生成绩进行排序、将学生成绩划分为低、中、高三组等数据情况进行处理分析。本章的重难点是数据缺失值处理、数据选取、数据排序、数据分组四种预处理方法的区别和使用情况。

方法解读

教育研究数据文件的预处理主要介绍了数据的缺失值处理、数据的选取、数据的排序、数据的分组四种分析方法。应用数据的缺失值处理插补数据文件中的缺失数据；应用数据的选取按照一定的规则选择所需数据；应用数据的排序重新排列变量数据的顺序；应用数据的分组重新划分数据的组别。

2.2 插补数据文件中的缺失数据——数据的缺失值处理

问题导入

在调查中，往往会存在数据的缺失情况，如答卷者可能会回避某些不愿回答的问题或者没有符合答卷情况的答案，这样的数据就称为缺失值。例如，在免费师范生远程可视化学习平台需求调查问卷中，某位被调查者的家庭人均年收入没有填写，是空缺的，那么对于这样的教育数据我们如何利用 SPSS 统计软件来进行处理呢？

数据统计要求

通常境况下对数据的缺失值进行处理的数据类型为数值型,例如可以是身高、体重、人口和频数等连续型或离散型数据,或者是用1、2、3、4、5代表非常满意、满意、一般、不满意和非常不满意等定序型数据。

2.2.1 数据缺失值处理的分析原理

核心概念

数据中明显错误或明显不合理的数据以及漏填的数据都可以称之为缺失数据(Missing)。

原理解析

SPSS中说明缺失值的基本方法是指定用户缺失值。首先在遗漏的数据处填入某个特定的标记数据;然后,再指名这个特定数据的标记数据或那些明显错误或者不合理的数据等类型的为缺失值。这样,在进行数据分析时,SPSS能够将这些缺失值与正常的数据区分开来,并依据用户选择的处理策略对其进行处理或分析等操作。

SPSS的缺失值可以是:

(1) No missing values:没有缺失值,默认为此项。

(2) Discrete missing values:离散缺失值。对字符型或数值型变量,可以是1至3个确切的值来代替缺失值。

(3) Range plus one optional discrete missing value:对一个数值型变量,用户缺失值可以在一个连续的闭区间内并同时在附加一个区间以外的离散值。

对于数值型变量,默认的缺失值为0;对于字符型变量,默认的缺失值为空。用户还可以自定义缺失值的标记。

几种常见的缺失数据处理的方法。

1. 个案剔除法(List Wise Deletion)

如果任何一个变量含有缺失数据,就把相对应的个案从分析中剔除,但仅适用于缺失值所占比例比较小的情况。

2. 均值替换法(Mean Imputation)

该方法将变量的属性首先分为数值型和非数值型,如果缺失值是数值型,就依据该变量在其他所有对象的取值的平均值来填充该缺失的值;如果缺失值是非数值型,就依据统计学中的众数原理,用该变量在其他所有对象的取值次数最多的值来补齐该缺失的值。

3. 热卡填充法(Hot Decking)

最常见的是使用相关系数矩阵来确定哪个变量(如 Y)与缺失值所在变量(如 X)最相关,然后把所有个案按 Y 的取值大小进行排序,则变量 X 的缺失值就可以用排在缺失值前面的一个个案的数据来做代替。

4. 回归替换法(Regression Imputation)

它首先需要选择若干个预测缺失值的自变量,然后再建立回归方程估计缺失值,即使用缺失数据的条件期望值来对缺失值进行替换。但是这种方法容易忽视随机误差。

5. 多重替代法(Multiple Imputation)

首先,它是用一系列可能的值来替换每一个缺失值,用于反映被替换的缺失数据的不确定性;其次,运用标准的统计分析过程对多次替换后所产生的若干个数据集进行分析;最后,把来自于各个数据集的统计结果进行综合,得到总体参数的估计值。

SPSS中缺失值插补的方法可以是:

(1) Series Means:序列均值。

(2) Means of nearby point:临近点的均值。

(3) Median of nearby point:临近点的中位数。

(4) Linear Interpolation:线性插值法,根据缺失值前后的两个观察值进行线性内查法估计和替代。

(5) Linear trend at point:点处的线性趋势,用线形回归法进行估计和替代。

基本操作

缺失值插补的主要操作步骤以对学生家庭人均年收入缺失值进行插补为例。

(1) 在SPSS统计软件的【Date view】窗口中,选择菜单【Transform】→【Replace Missing Values】,即可弹出"Replace Missing Values"对话框。

(2) 单击"Replace Missing Values"对话框左侧"家庭人均年收入"将其添加到右侧的"New Variable(s)"中,在"Name and Method"中录入Name为"家庭人均年收入",Method设为默认的"Series mean(序列均值)"。

(3) 单击"OK",即可完成在SPSS中对学生家庭人均年收入缺失值的插补。

2.2.2 案例解析:在SPSS中对学生每天上网时间的缺失值进行插补

案例呈现

选择"大学生网络学习现状的调查与研究"调查问卷中的题5,在SPSS统计软件中对学生每天上网时间的缺失值进行插补。

5. 您平均每天上网的时长大概是多少小时_____

操作步骤

（1）打开 SPSS 数据文件"大学生网络学习现状的调查与研究调查问卷.sav"，图 2.2.1 是大学生每天上网时间数据的缺失值，对该缺失值进行插补。选择菜单【Transform】→【Replace Missing Values】，弹出"Replace Missing Values"对话框，如图 2.2.2 所示。

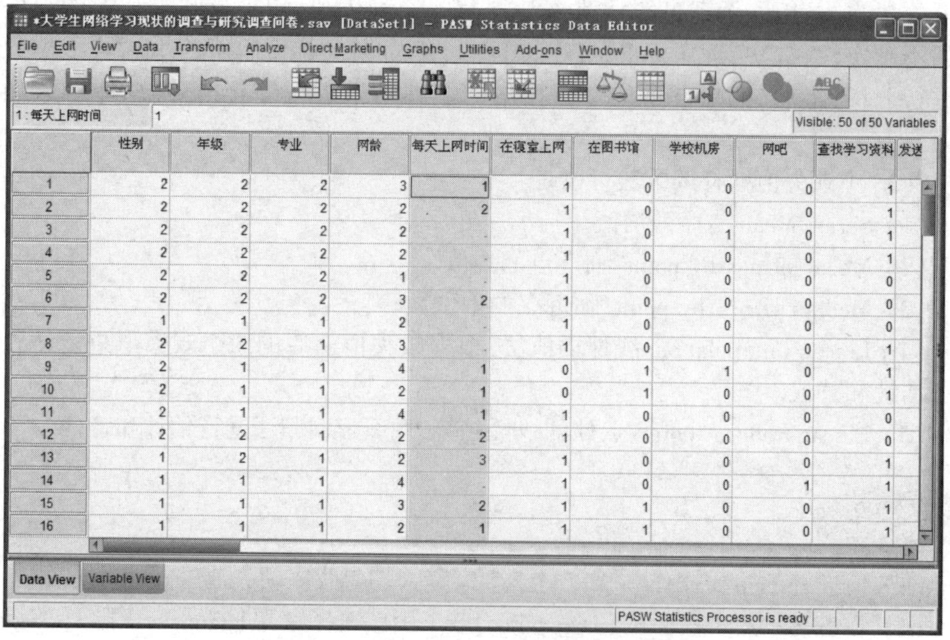

图 2.2.1　每天上网时间数据的缺失值

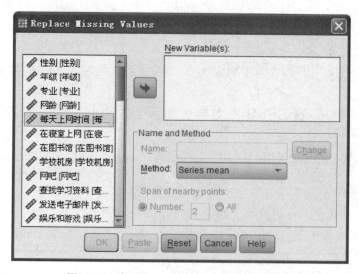

图 2.2.2　"Replace Missing Values"对话框

（2）在"Replace Missing Values"对话框中，单击左侧"每天上网时间"将其添加到右侧的"New Variable(s)"中,在"Name and Method"中录入 Name 为"每天上网时间",Method 设为默认的"Series mean(序列均值)",如图 2.2.3 所示。

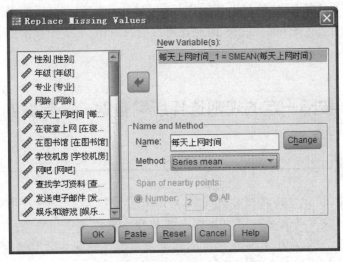

图 2.2.3　案例操作设置

(3) 单击"OK",即可完成在 SPSS 中对学生每天上网时间的缺失值进行插补,如表 2.2.1 所示。缺失值插补后的前后对比分别如图 2.2.4 和图 2.2.5 所示。

表 2.2.1　案例的缺失值插补结果

Result Variables

	Result Variable	N of Replaced Missing Values	Case Number of Non-Missing Values		N of Valid Cases	Creating Function
			First	Last		
1	每天上网时间_1	7	1	94	94	SMEAN(每天上网时间)

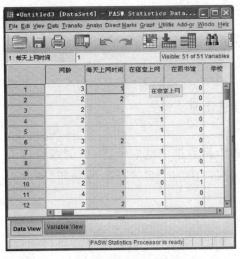

图 2.2.4　每天上网时间数据的缺失值

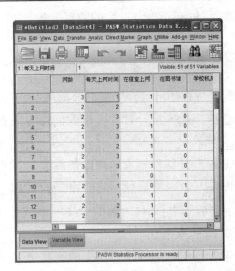

图 2.2.5　数据的缺失值插补结果

结果分析

由图2.2.4可以看出,通过上述操作步骤,总共有7个缺失值数据被序列均值替换插补。通过图2.2.4和图2.2.5的对比可以明显看出,每天上网时间数据已经被序列均值数值插补替换。

2.3 按照一定的规则选择所需数据——数据的选取

问题导入

在调查中,往往存在大批量的数据,如果数据量较大,会在一定程度上影响计算的效率,因此,可以采用一定的抽样方法从样本总体中选择合适的少量样本对教育数据选取。例如,在中国高校信息化应用质量与效果评价调查问卷(华中师范大学学生)中,可以依据不同学院、不同专业选取不同的样本,进行教育数据的分析研究。那么如何利用SPSS统计软件选取教育数据呢?

2.3.1 数据选取的分析原理

核心概念

数据的选取就是根据分析的需要,从已收集到的大批量的数据(总体)中按照一定的规则抽取选择部分数据(样本)用于数据的分析,通常也称为样本抽样,即为数据的选取,目的在于服务以后的数据分析。

原理解析

数据选取的目的在于提高数据的分析效率和检验模型的需要,在于服务的数据分析的需要。SPSS统计软件提供的抽样方法有以下几种。

1. 按指定条件抽样

SPSS统计软件要求用户以条件表达的形式给出数据的选取条件,即选取符合条件的数据。SPSS统计软件将会自动对数据编辑窗口中的个案进行条件判断,条件为真的个案被选中,条件为假的个案则不被选中。

2. 随机抽样

SPSS即对数据编辑窗口中的所有个案进行随机筛选,主要包含两种方法:近似抽样和精确抽样。近似抽样即要求用户给出一个百分比数值,SPSS将按照比例自动从数据编辑窗口中随机抽取出相应的百分比数目的个案,抽取出的个案总数不一定就恰好精确地符合用户制定的百分比数目,会存在较小的偏差。精确抽样要求用户给出两个参数,第一个参数是希望选取的个案数,第二个参数是指定在前几个个案中随机选取,SPSS 会自动在数据编辑窗口的前若干个个案中随机精确地抽出相应个数的个案来。

基本操作

数据选取的主要操作步骤以分析在 SPSS 中随机抽取 80% 的学生英语成绩样本为例。

(1) 在 SPSS 统计软件中打开相对应的教育数据文件,选择菜单【Data】→【Select Cases】,进入"Select Cases"对话框,单击选择"Random sample of cases(随机个案样本)"。

(2) 单击"Sample…"按钮,进入"Select Cases:Random Sample"对话框,使用默认选项"Approximately",输入数值"80"。

(3) 单击"Continue"按钮返回上一级对话框,再点击"OK"即可完成随机抽取 80% 的学生英语成绩样本的操作。

2.3.2 案例解析:在 SPSS 中随机抽取 70% 的学生成绩样本

案例呈现

某调查问卷主要研究两种不同教育方式与学生成绩之间的关系,选择"两种不同的教学方式下学生的成绩数据"中的成绩数据,在 SPSS 中随机抽取 70% 的学生成绩样本。

2. 您的成绩_____

操作步骤

(1) 打开数据文件"两种不同教学方式下学生的成绩数据.sav",选择菜单【Data】→【Select Cases】,进入"Select Cases"对话框,在【Select】框中单击选择"Random sample of cases(随机个案样本)",如图 2.3.1 所示。

(2) 单击"Sample…"按钮,进入"Select Cases:Random sample"对话框,使用默认选项"Approximately",输入数值"70",如图 2.3.2 所示。

(3) 单击"Continue"按钮返回上一级对话框,在【Output】框中单击选择默认设置"Filter out unselected cases(过滤掉未选定的个案)",如图 2.3.3 所示。

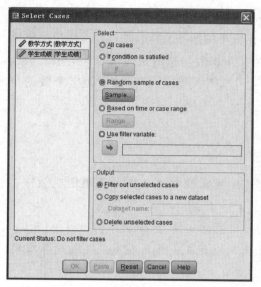
图 2.3.1 "Select Cases"对话框

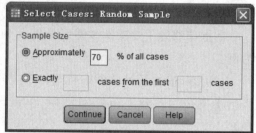
图 2.3.2 "Select Cases:Random Sample"对话框

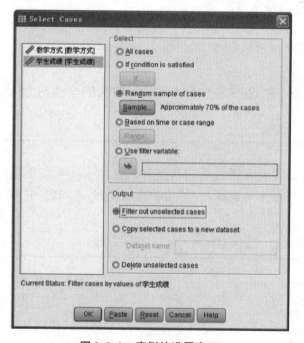
图 2.3.3 案例的设置窗口

(4) 单击"OK"按钮,即可完成随机抽取 70% 的学生英语成绩样本的操作。如图 2.3.4 所示。

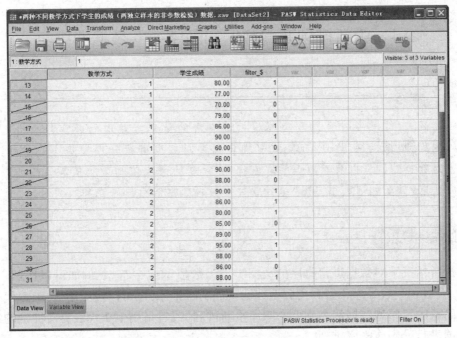

图 2.3.4 输出结果图

结果分析

由图 2.3.4 可以看出,在个案号码前打一个"/"标记的表示该个案未被选中,没有打标记的表示该个案被选中,通过上述操作即可完成随机抽取 70% 的学生英语成绩样本的操作。

小贴士

Filter out unselected cases:过滤掉未选定的个案。表示在未选中的个案号码前面前打一个"/"标记。

Copy selected case to a new dataset:将选定的个案复制到新数据集。表示将选定的个案复制到指定的新数据集中。

Delete unselected cases:删除未选定个案。

通过数据的选取操作后,以后 SPSS 统计软件的分析操作仅针对选中的个案,直到用户再次变更数据的选取为止。采用指定抽样和随机抽样方法进行数据选取后,SPSS 将在数据编辑窗口中自动生成一个名为 filter_$ 的新变量,取值为 0 或 1,0 表示个案未被选中,1 表示个案被选中。

2.4 重新排列变量数据的顺序——数据的排序

问题导入

在调查中,很多时候涉及需要根据调查者的信息对获取的教育数据进行排序。例如,根据性别、学号、年龄或者文化程度对数据进行升序或降序的排列,有利于对数据的浏览以及对数据的取值状况、数据的最大值和最小值等信息的最快捷的获取,那么如何利用 SPSS 统计软件对教育数据进行排序呢？

数据统计要求

通常情况下对数据进行排序的数据类型为数值型或字符型,例如可以按照学号、年龄、人口和频数等连续型和离散型数据从低到高排序,也可以按照用 A、B、C 代表的职称高低的定序型数据从高到低的顺序重新排列,或者是用 1、2 代表男女性别的定类型数据进行升序或降序排列。

2.4.1 数据排序的分析原理

核心概念

SPSS 的数据排序是指将数据编辑窗口中的数据按照某个或者多个指定排序变量的变量值升序或者降序进行重新排列。

原理解析

数据的排序在数据的分析中,首先,能够便于数据的浏览,有助于了解数据的取值情况、缺失值情况等信息。其次,它能够帮助使用者快速地找到数据的最大值和最小值,进而帮助全距的计算,初步掌握和比较数据的离散程度。最后,它能够快捷地发现数据中的异常值,为其是否对数据的分析产生影响提供帮助。

通常数据编辑窗口中个案的先后次序是由数据录入的先后顺序决定的。在进行数据处理时,有时需要按某个变量值重新排列各观察量在数据中的顺序。

SPSS 的数据排序是将数据编辑窗口中的数据按照某个或多个指定变量的变量值升序或降序进行重新排列,这里的变量也称为排序变量。当排序变量只有一个时,排序称为单值排序;排序变量为多个时,排序称为多重排序。

基本操作

数据排序的主要操作步骤以分析对信息化学习方式与传统学习方式的区别程度进行排序为例。

(1) 在 SPSS 统计软件中打开相对应的教育数据文件,在数据文件的管理窗口中,选择菜单【Data】→【Sort Cases】,进入"Sort Cases"对话框。

(2) 指定主排序"认为信息化学习方式与传统学习方式的区别"到【Sort by】框中,并选择【Sort Order】框中的"Ascending(升序)/ Descending(降序)",单击"OK"即可。

2.4.2 案例解析:在 SPSS 中对学生成绩进行排序

案例呈现

某调查问卷研究了两种不同教育方式与学生成绩之间的关系,选择"两种不同的教学方式下学生的成绩数据"中的成绩数据,在 SPSS 中对学生成绩进行排序。

2. 您的成绩_____

操作步骤

(1) 打开数据文件"两种不同教学方式下学生的成绩数据.sav",选择菜单【Data】→【Sort Cases】,进入"Sort Cases"对话框。如图 2.4.1 所示。

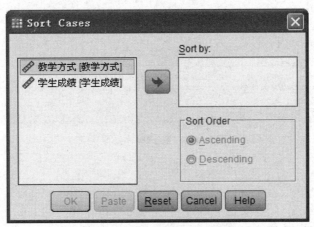

图 2.4.1 "Sort Cases"对话框

(2) 指定主排序"学习成绩"到【Sort by】框中,并选择【Sort Order】框中的"Ascending(升序)",如图 2.4.2 所示。

(3) 单击"Sort Cases"主对话框中的"OK",即得到输出结果,如图 2.4.3 所示。

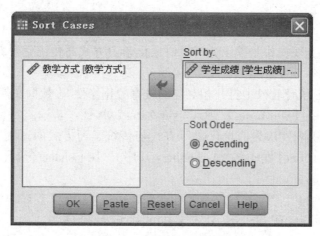

图 2.4.2 案例的设置窗口

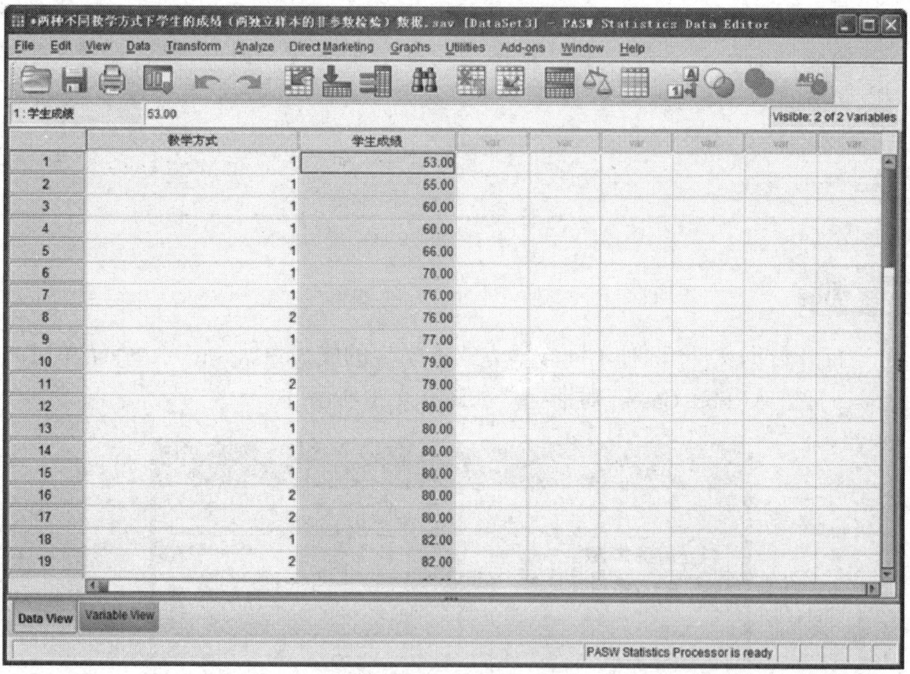

图 2.4.3 数据排序结果图

结果分析

由图 2.4.3 可知，此次考试成绩已按照升序进行排序，可以看出此次考试成绩的最低分为 53 分，排序后数据更利于浏览，能够快速地找到数据的最大值和最小值，计算全距初步掌握和比较数据的离散程度，能够快捷地发现数据中的异常值更利于数据的选取与分析。

2.5 重新划分数据的组别——数据的分组

问题导入

在调查中,往往根据统计研究的需要,将数据按照某种标准重新划分为不同的组别,进一步对数据进行分析研究。例如,在某次考试成绩数据文件中,可以按照一定的标准重新分组划分优秀、良好、及格和不及格四个组,之后再进行频数分析等操作。那么如何利用 SPSS 统计软件对教育数据进行分组呢?

数据统计要求

通常境况下对数据进行分组的数据类型为数值型,诸如可以是身高、体重、每天上网时间等连续型的数据,也可以是人数、考试成绩、家庭人均年收入等离散型数据。

2.5.1 数据分组的分析原理

核心概念

数据分组就是根据数据统计分析的需要,将数据按照某种标准重新划分为不同的组别。

原理解析

在进行数据处理时,有时需要将连续变量变为离散变量,将定比变量转化为定序变量或类别变量。数据分组是对定距型数据进行整理和粗略把握数据分布的重要工具,在数据分组的基础上进行的频数分析,更能够概括和体现数据的分布特征。另外,数据分组还可以实现数据的离散化处理。

对数据进行分组,我们要完成下面两个任务:

第一,需要事先计算出组距,计算方法为,组距 =(最大值 – 最小值)/组数。

第二,在【Transform】→【Recode】→【Into Different Variables】命令下完成数据分组。

基本操作

数据分组分析方法的主要操作步骤以分析将学生家庭人均年收入划分为低、中和高三组为例。

(1) 在 SPSS 统计软件中打开相对应的教育数据文件,在数据文件的管理窗口中,因为数据有缺失值,最低的人均年收入为 1000 元,最高的人均年收入为 100000 元。先要计算出组距 =(最大值 − 最小值)/组数 =(100000 − 1000)/3 = 33000,即低收入为 1000 ~ 34000 元;中等收入为 34001 ~ 67000 元;高收入为 67001 ~ 100000 元。

(2)选择菜单【Transform】→【Record Into Different Variables】,打开"Record Into Different Variables"对话框,将"家庭人均年收入"拖入【Output Variable】框中,在"Name"中输入相应的变量名,并在"Label"中输入变量名标签,单击"Change"按钮。

(3)单击"Old and New Values"按钮进行分组区间的定义,这里根据低收入为 1000 ~ 34000 元,中等收入为 34001 ~ 67000 元,高收入为 67001 ~ 100000 元的分析要求逐个定义分组区间,即在【Old Value】框中选中"Range"依次输入分组数据,在【New Value】框中选中"Value"中输入分组序号,点击"Add"将其添加到"Old→New"对话框,依次完成三组数据分组的设置。

(4)单击"Continue"按钮返回上一级窗口,点击"OK"即可完成对数据的分组设置操作。

2.5.2 案例解析:在 SPSS 中将学生成绩划分为低、中、高三组

案例呈现

某调查问卷调查了英语考试的成绩,选择"英语成绩"中的成绩数据,在 SPSS 中将学生成绩划分为低、中、高三组。

1. 您的成绩_____

操作步骤

(1)通过分析可得,成绩的最高分为 97,最低分为 53,将英语成绩分为三组,即低、中、高。先计算组距,组距 =(最大值 − 最小值)/组数 =(97 − 53)/3 = 14,即低组成绩为 53 ~ 67 分,中组成绩为 68 ~ 82 分,高组成绩为 83 ~ 97 分。

(2)打开数据文件"英语成绩.sav",择菜单【Transform】→【Record Into Different Variables】,打开"Record Into Different Variables"对话框,将"英语成绩"拖入【Output Variable】框中,在"Name"中输入"英语成绩"变量名,并在"Label"中输入"英语成绩"标签,单击"Change"按钮。如图 2.5.1 所示。

(3)单击"Old and New Values"按钮进行分组区间的定义,这里根据低组成绩为 53 ~ 67 分,中组成绩为 68 ~ 82 分,高组成绩为 83 ~ 97 分的分析要求逐个定义分组区间,即在【Old Value】框中选中"Range"并依次输入分组数据,在【New Value】框中选中"Value"并输入分组序号,如图 2.5.2 所示。

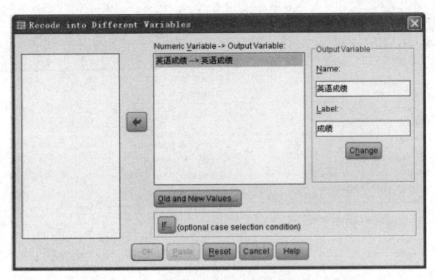

图 2.5.1 "Record Into Different Variables"对话框

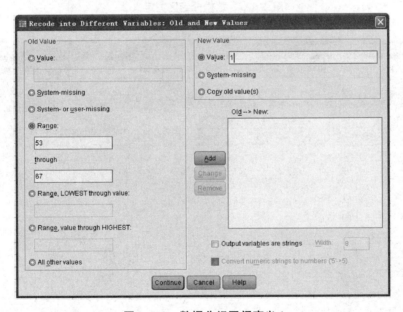

图 2.5.2 数据分组区间定义 1

（4）单击"Add"将其添加到"Old→New"对话框，依次完成三组数据分组的设置。如图 2.5.3 所示。

（5）单击"Continue"按钮返回上一级窗口，单击"OK"即可完成对数据的分组设置操作。如图 2.5.4 所示。

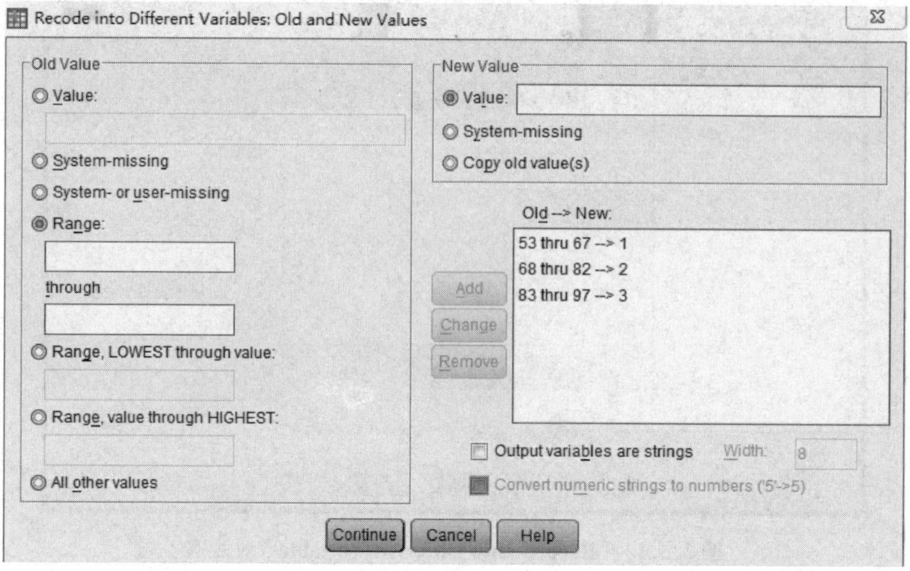

图 2.5.3　数据分组区间定义 2

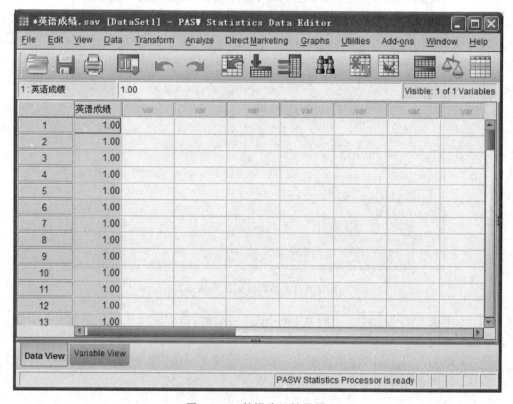

图 2.5.4　数据分组结果图

结果分析

从图 2.5.4 可以看出,录入的成绩数据已经转变为由 1、2、3 这三个数值代表的分组区间,因而在数据分组的基础上进行的频数分析,更能够概括和体现数据的分组特征,更好地把握英语成绩数据的特征信息。

知识拓展

在对教育研究数据文件进行预处理时,除了对数据的缺失值、数据的选取、数据的排序和数据的分组外,还有数据的拆分以及数据的变量计算。数据的拆分不仅按指定变量对数据进行简单排序,更重要的是根据指定变量对数据进行分组,为以后进行的分组统计分析提供便利,使用【Data】→【Split File】命令完成拆分操作。数据的变量计算是在原始数据的基础上,根据用户给出的 SPSS 算术表达式以及函数,对所有个案或者满足条件的部分个案,计算产生一系列新变量。选择【Transform】→【Computer】命令进行数据的变量计算。

本章主要学习了教育研究数据文件的预处理,通过对数据文件前期的加工处理才能为后面的数据分析提供保障。在分析过程中需要借助一定的统计图形用于直观地表示数据信息,如饼图、条形图和线图等,并用到下一章图文并茂地描述教育研究数据的内容,关于统计图内容的学习将在下一章作介绍。

活动任务

从本书的综合案例和附带的光盘中选择合适的问卷及问题,对 SPSS 教育研究数据文件进行预处理,包括数据的缺失值、数据的选取、数据的排序和数据的分组等操作,并在分析研究的基础上得出相应的结论。

参考文献

[1] 张屹. 教育技术学研究方法[M]. 北京:北京大学出版社,2010.
[2] 张屹,周平红. 教育技术学研究方法[M]. 第二版. 北京:北京大学出版社,2013.
[3] 薛薇. 基于 SPSS 的数据分析[M]. 北京:中国人民大学出版社,2006.
[4] 薛薇. 基于 SPSS 的数据分析[M]. 第二版. 北京:中国人民大学出版社,2006.
[5] 谢幼如,李克东. 教育技术学研究方法基础[M]. 北京:高等教育出版社,2006.
[6] 李克东. 教育技术学研究方法[M]. 北京:北京师范大学出版社,2003.
[7] 中国统计学网:http://www.itongji.cn/article/100311B2012.html.

第 3 章

图文并茂地描述教育研究数据

学习目标

1. 阐述对教育研究数据使用图表描述的原理和基本思路。
2. 能够正确区分条形图与直方图的使用条件和图表代表的意义。
3. 能够熟练应用 SPSS 统计软件图文并茂地描述教育研究数据。
4. 能够归纳和总结教育研究数据图表描述的基本知识。
5. 能够分析和总结在使用统计图描述教育研究数据中遇到的难点和采取的解决措施。

关键术语

统计图　条形图　直方图　线图　饼图　散点图

知识导图

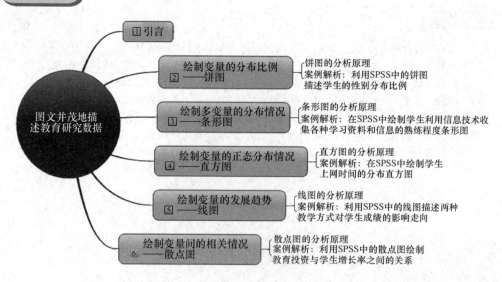

3.1 引　言

内容简介

通过对统计数据进行整理,用统计图表示有关数量之间的关系,这些图表能够形象直观地反应统计数据的变化趋势、数量情况、分布状态和相互关系等,具体形象,使人一目了然,印象深刻。例如,我们可以使用饼图来表示各部分相对于总体的比例,当要表示学生的家庭居住地和专业所属科类的分布情况时,我们就可以选用饼图,而当要比较两种教学方式对学生成绩的影响情况时,我们可以选用线图。那么我们如何选用合适的图表描述研究数据呢? 每种统计图形各自有什么特点呢?

本章主要学习使用 SPSS 软件图文并茂地描述教育研究数据,主要分析介绍了饼图、条形图、直方图、线图和散点图在描述教育研究数据中的应用。本章主要利用 SPSS 中的饼图描述学生的性别分布比例,条形图描述学生利用信息技术收集各种学习资料和信息的熟练程度,直方图描述学生上网时间的分布,线图描述班级学生的成绩走向,散点图描述教育投资与学生增长率之间的关系。本章的重难点是每种统计图适用的教育数据类型,以及条形图和直方图的区分。

方法解读

通过分析介绍应用饼图、条形图、直方图、线图和散点图等统计图形,图文并茂地描述教育研究数据。对统计数据进行整理之后,形成的次数分布的各种图表能够形象直观地反映统计数据的变化趋势、数量情况、分布状态和相互关系等。饼图用于绘制变量的分布比例;条形图用于绘制多变量分布情况;直方图用于绘制变量的正态分布情况;线图用于绘制变量的发展趋势;散点图用于绘制变量间的相关情况。

3.2　绘制变量的分布比例——饼图

问题导入

为了了解被调查者的性别、专业科类、民族和地区等信息,我们可以通过绘制饼图来直观地表示变量的分布比例情况。运用饼图能够具体地把握数据的分布特征,如学生喜爱的网络学习方式。那么,如何利用 SPSS 统计软件绘制饼图呢?

数据统计要求

通常情况下选用饼图的数据类型为定序型或定类型数据,既可以是具有固有大小或高低顺序的数值或者字符，例如用1、2、3、4、5代表非常喜欢、喜欢、一般、不喜欢和非常不喜欢等类型的数据，也可以是诸如性别、专业科类、民族和家庭居住地区等不存在固定大小或高低顺序的数值或字符。

3.2.1 饼图的分析原理

核心概念

饼图(Pie Charts) 是统计图中最简单的一种，用圆的整体面积来代表被研究对象的总体，按各组成部分的比重把整个圆划分为若干个扇形，用以表示各部分相对于总体的比例关系，有利于研究事物内在结构组成等问题。

原理解析

饼图内的各个扇形的面积可以表示频数，也可以用于百分比的表示、绘制变量的分布比例、各部分相对于总体的相对比例情况，饼图可以很具体直观地表示出各部分相对于总体的分布比例。

"Pie Charts"对话框中数据使用模式有以下三种。

（1）**个案组摘要**(Summaries for groups of cases)：组特征值，即以组为单位描述数据。

（2）**各个变量的摘要**(Summaries of separate variables)：平行变量特征值，即以变量为单位描述数据。

（3）**个案值**(Values of individual cases)：即以观察样本为单位描述数据。在统计图中通常情况下是以组特征值为单位表征数据，因此该选项为使用的默认设置。

基本操作

绘制饼图的主要操作步骤：

1. 您的专业所属门类是：□文史　□理工　□艺术

（1）在SPSS统计软件中打开相对应的教育数据文件，选择菜单【Graphs】→【Legacy Dialogs】→【Pie】，进入"Pie Charts"对话框，使用默认"Summaries for groups of cases"。

（2）单击"Define"按钮，弹出"Define Pie：Summaries for Groups of Cases"对话框。在"Slices Represent"栏中选择"N of cases"，将左侧测算的变量"科类"调入"Define Slices by"选项框中。

（3）单击"Title"按钮，弹出"Title"对话框，在"Title"栏内输入标题"科类"。点击"Continue"按钮返回上一级对话框，再点击"OK"即可，输出结果图。

（4）双击图形，弹出"Chart Editor"对话框，选择【Edit】→【Properties】对所选图表或元素进行各项属性的设置。

3.2.2 案例解析:利用SPSS中的饼图描述学生的性别分布比例

案例呈现

选择"中国高校信息化应用质量与效果评价调查问卷(学生问卷)"中"您的基本信息"中的"性别",用饼图来表示被调查者男、女学生相对于被调查总体的比例关系。

性别:□男　□女

操作步骤

(1) 打开SPSS数据文件"中国高校信息化应用质量与效果评价调查问卷(学生问卷).sav",选择菜单【Graphs】→【Legacy Dialogs】→【Pie】,进入"Pie Charts"对话框,使用默认"Summaries for groups of cases",如图3.2.1所示。

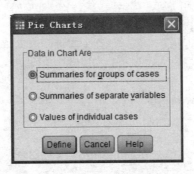

图3.2.1　"Pie Charts"对话框

(2) 单击对话框中的"Define"按钮,弹出"Define Pie:Summaries for Groups of Cases"对话框。在"Slices Represent"栏中选择"N of cases",将左侧测算的变量"性别"调入"Define Slices by"选项框中,如图3.2.2所示。

(3) 在"Define Pie:Summaries for Groups of Cases"对话框中单击"Title"按钮,弹出"Title"对话框,在"Title"栏内输入标题"性别"。如图3.2.3所示。

(4) 单击"Continue"按钮返回上一级对话框,再点击"OK"即可得到输出结果图。双击图形,弹出"Chart Editor"对话框,选择【Edit】→【Properties】对所选图表或元素进行各项属性的设置。当双击图形或新添加一个元素时,"Properties"窗口自动打开,提示用户进行设置。编辑后的图形如图3.2.4所示。

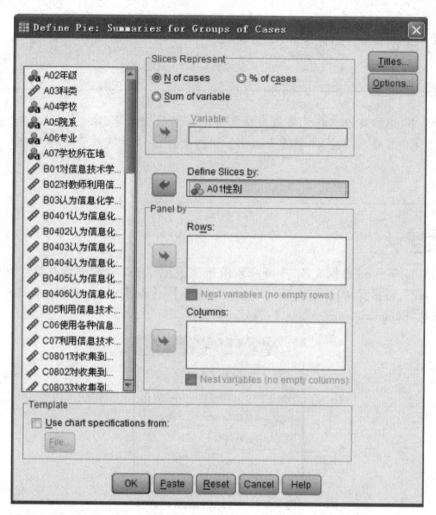

图 3.2.2 "Define Pie：Summaries for Groups of Cases"对话框

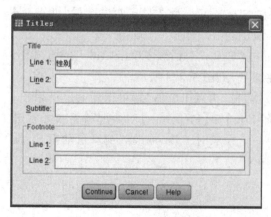

图 3.2.3 "Title"对话框

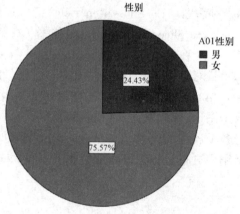

图 3.2.4 学生性别分布比例输出结果饼图

结果分析

由图 3.2.4 学生性别分布比例输出结果饼图得知,被调查的学生中男生占 24.43%,女生占 75.57%。由饼图可以很直观地显示出男女学生在总样本中的比例情况。

3.3 绘制多变量的分布情况——条形图

问题导入

为了了解学生对各种信息工具,特别是网络检索工具和传播工具的熟练程度的整体情况,我们可以通过绘制条形图直观地表示变量的分布情况。条形图还能用于直观描述如学生的性别、年龄分布等教育数据。那么,如何利用 SPSS 统计软件绘制条形图呢?

通常境况下选用条形图的数据类型为定序型或者定类型数据,例如可以用 1、2、3、4、5 或者 A、B、C、D、E 代表非常熟练、熟练、一般、生疏、非常生疏这类具有固有大小或高低顺序的数值或者字符,也可以代表性别、民族和家庭居住地区等不存在固有属性的数值或字符。

3.3.1 条形图的分析原理

核心概念

条形图(Bar Charts)是用相同宽度直条的长短来表示相互独立的各指标数值大小。

原理解析

条形图的直条数代表变量或分组的个数,条的高度反映各组分析指标的频数,或者变量特征值的大小。适用于定序和定类变量的分析。条形图分单式条形图、复式条形图和堆积图三种,其中前两种较为常用。

单式条形图(Simple):是以若干平等且等宽的矩形表示数量对比关系的一种图形。

复式条形图(Clustered):是由每两条或多条组成一组的条形图,组内各条有间隙,组间无间隙。

堆积图(Stacked):是以条形的全长代表某个变量的整体,条形内部的各分段长短代表各组成部分在整体中所占的比例,每一段之间没有间隙并用不同线条或颜色表示。

基本操作

绘制条形图的主要操作步骤以下题为例讲解。

1. 您使用各种信息工具,特别是网络检索工具和传播工具的熟练程度_____

  A. 非常熟练 B. 熟练 C. 一般 D. 生疏 E. 非常生疏

(1) 在SPSS统计软件中打开相对应的教育数据文件,在数据文件的管理窗口中,选择【Graphs】→【Legacy Dialogs】→【Bar】,弹出"Bar charts"对话框。出现三种样式图可供选择,我们根据实际需要选择不同的样式图。本例中选择的是"Simple"单式条形图。

(2) 单击"Define"按钮,弹出"Define Clustered Bar:Summaries for Groups of Cases"对话框,选中"使用各种信息工具,特别是网络检索工具和传播工具的熟练程度"并将其调入"Category Axis"框。

(3) 单击"Titles"按钮,弹出"Title"对话框,在"Title"栏内输入标题"使用各种信息工具,特别是网络检索工具和传播工具的熟练程度"。

(4) 单击"Continue"按钮返回上一级对话框,再点击"OK"即可输出结果图。

(5) 双击输出结果图形,弹出"Chart Editor"对话框,选择【Edit】→【Properties】对所选图表或元素进行各项属性的设置。

3.3.2 案例解析:在SPSS中绘制学生利用信息技术收集各种学习资料和信息的熟练程度条形图

案例呈现

选择"中国高校信息化应用质量与效果评价调查问卷(学生问卷)"中的第二部分"信息素养水平"中的题7。分析不同学生利用信息技术收集各种学习资料和信息的熟练程度。

7. 利用信息技术熟练地收集各种学习资料和信息的熟练程度_____

  A. 非常熟练 B. 熟练 C. 一般 D. 生疏 E. 非常生疏

操作步骤

(1) 打开SPSS数据文件"中国高校信息化应用质量与效果评价调查问卷(学生问卷).sav",选择【Graphs】→【Legacy Dialogs】→【Bar】,弹出"Bar charts"对话框。出现三种样式图可供选择,我们根据实际需要选择不同的样式图。本例中选择的是

"Simple"单式条形图。如图3.3.1所示。

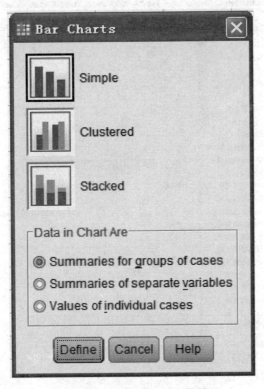

图3.3.1 "Bar charts"对话框

(2) 单击"Define"按钮,弹出"Define Clustered Bar:Summaries for Groups of Cases"对话框,选中"利用信息技术熟练地收集各种学习资料和信息的熟练程度"并将其调入"Category Axis"框,如图3.3.2所示。

(3) 单击"Titles"按钮,弹出"Titles"对话框,在"Titles"栏内输入标题"利用信息技术熟练地收集各种学习资料和信息的熟练程度",如图3.3.3所示。

(4) 单击"Continue"按钮返回上一级对话框,再单击"OK"即可得到输出结果图。双击图形,弹出"Chart Editor"对话框,选择【Edit】→【Properties】对所选图表或元素进行各项属性的设置。当双击图形或新添加一个元素时,"Properties"窗口自动打开,提示用户进行设置。编辑后的图形如图3.3.4所示。

结果分析

由图3.3.4输出结果条形图得知,被调查的学生中非常熟练的占7.2%,熟练的占38.1%,一般的占48.9%,生疏的占4.9%,非常生疏的占1%。由此可见,被调查学生利用信息技术收集各种学习资料和信息的熟练程度整体较为熟练。

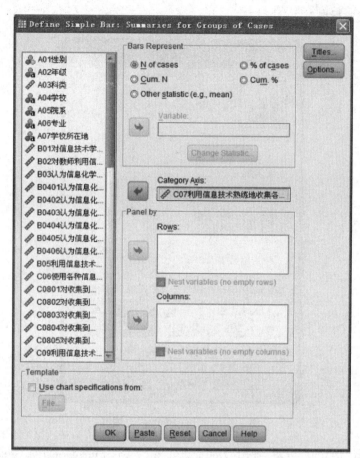

图 3.3.2 "Define Clustered Bar:Summaries for Groups of Cases"对话框

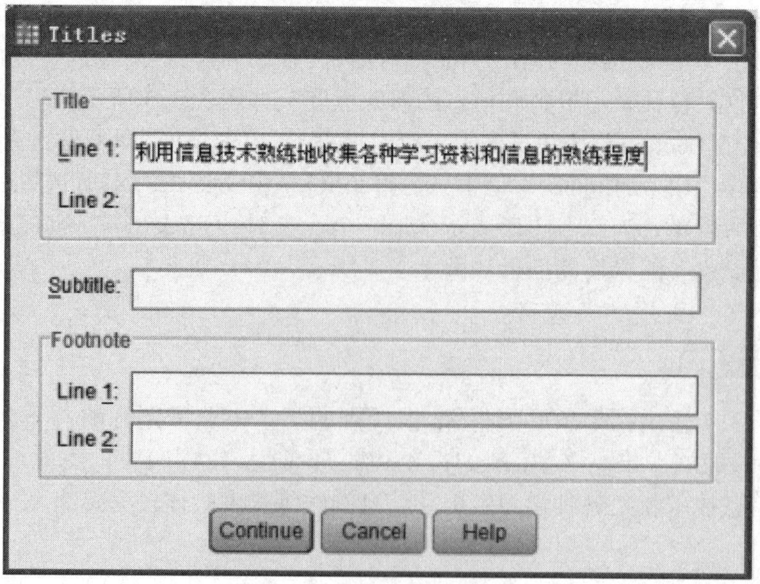

图 3.3.3 "Titles"对话框

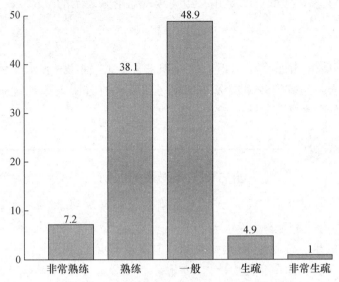

图 3.3.4　输出结果条形图

3.4　绘制变量的正态分布情况——直方图

问题导入

为了了解大学生每天的上网时间,我们可以通过绘制直方图直观地表示变量的正态分布情况。直方图还能用于直观表示如学生的年龄分布、学校拥有的电脑台数等教育数据的情况。那么,如何利用 SPSS 统计软件绘制直方图呢?直方图与条形图有什么区别呢?

数据统计要求

通常境况下选用直方图的数据类型为连续数值型数据,用于表示变量的正态分布情况,诸如学生的年龄、身高、体重分布或者是统计学生每天的上网时间、学生的网龄等连续型的数据。

3.4.1　直方图的分析原理

核心概念

在统计学中,**直方图(Histogram)** 是一种用二维统计图表对数据分布情况进行表示的图形,其中变量的频数分布是用一组连续的矩形来表示的。

原理解析

直方图的频数的分布变化用矩形的面积来表示,横轴(X)表示变量或数据类型,高度(纵轴 Y)表示相应的频率或分布情况。通常在直方图上添加正态分布曲线,有利于与正态分布作比较。

分析方法辨析

直方图与条形图的区别

1. 条形图是用条形的长度表示各类别频数的多少,其宽度(表示类别)则是固定的。直方图是用面积表示各组频数的多少,矩形的高度表示每一组的频数或频率,宽度则表示各组的组距,因此其高度与宽度均有意义。

2. 由于分组数据具有连续性,直方图的各矩形通常是连续排列,而条形图则是分开排列。

3. 条形图主要用于展示分类数据,而直方图则主要用于展示连续型变量。

基本操作

绘制直方图的主要操作步骤以分析学生成绩的年龄分布情况为例。

(1) 在 SPSS 统计软件中打开相对应的教育数据文件,在数据文件的管理窗口中,选择【Graphs】→【Legacy Dialogs】→【Histogram】,弹出"Histogram"对话框。将左侧变量"学生的年龄"调入"Variable"选项框中;选中"Display Normal Curve"选项,表示在输出结果中同时显示正态曲线。

(2) 单击"Title"按钮,弹出"Title"对话框,在"Title"栏内输入标题"学生的年龄分布"。点击"Continue"按钮返回上一级对话框,再点击"OK"即可得到输出结果。

(3) 双击输出结果图形,弹出"Chart Editor"对话框,选择【Edit】→【Properties】对所选图表或元素进行各项属性的设置。

3.4.2 案例解析:在 SPSS 中绘制学生上网时间的分布直方图

案例呈现

选择"大学生网络学习现状的调查与研究"调查问卷中的题 5,用直方图描述被调查者每天上网的情况。

5. 您平均每天上网的时长大概是_____小时。

操作步骤

(1) 打开数据文件"网络学习现状问卷分析.sav",选择【Graphs】→【Legacy Dialogs】→【Histogram】,弹出"Histogram"对话框。将左侧变量"每天上网时间"调入"Variable"选项框中;选中"Display Normal Curve"选项,表示在输出结果中同时显示正态曲线,如图 3.4.1 所示。

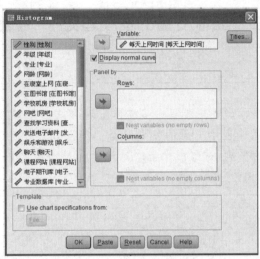

图 3.4.1 "Histogram"对话框

(2) 单击"Title"按钮,弹出"Title"对话框,在"Title"栏内输入标题"每天上网时间"。如图 3.4.2 所示。

(3) 单击"Continue"按钮返回上一级对话框,再单击"OK"即可。双击图形,弹出"Chart Editor"对话框,选择【Edit】→【Properties】对所选图表或元素进行各项属性的设置。当双击图形或新添加一个元素时,"Properties"窗口自动打开,提示用户进行设置。编辑后的图形如图 3.4.3 所示。

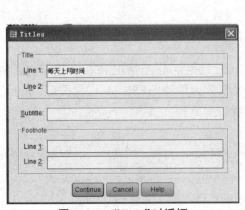

图 3.4.2 "Title"对话框

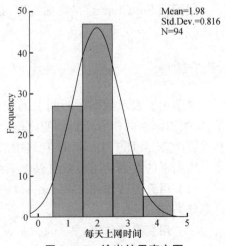

图 3.4.3 输出结果直方图

结果分析

由图 3.4.3 结果可知,此次被调查的大学生的每天上网时间为 2 小时的人数最多,其次是每天上网 1 小时,上网时间超过 3 小时以上的人数较少,大于 5 个小时上网时间的人数为 0,大学生的每天上网时间是呈正态分布的。

3.5 绘制变量的发展趋势——线图

问题导入

为了了解软件操作类视频教程中多媒体呈现方式对学习效果的影响,我们可以通过绘制线图直观地表示变量的发展趋势。线图还能用于直观表示如不同教学方式对学生成绩的影响、网络教学策略对学生学习动机的影响等教育数据的分析。那么,如何利用 SPSS 统计软件绘制线图呢?

数据统计要求

通常情况下选用线图的数据类型为数值型,线图可以直观地表示变量的发展趋势,例如对比分析背景音乐对单词记忆效果的影响,或者多媒体呈现方式对学生学习效果的影响等类型的数据都可以使用线图直观地表示其发展趋势。

3.5.1 线图的分析原理

核心概念

线图(Line Charts) 又称曲线图,是用线条的上下波动来表明数据情况的一种统计图。

原理解析

线图用于表示数据在时间上的变化趋势、数据的分配情况和两变量间的依存关系,反映连续性的相对资料的变化趋势。线图分为单线图(Simple)、复线图(Multiple)和垂直图(点线图)(Drop-line),其中后两者较为常用。

线图下的数据使用模式有以下三种。

(1) **用分类值作图**(Summaries for groups of cases):线图中每一条线代表观察量的一个分类。

(2) **用变量值作图**(Summaries of separate variables):线图中每一条线代表一个变量。

（3）**用单元值作图**（Values of individual cases）：线图中每一点代表一个观察值。

基本操作

绘制线图的主要操作步骤以分析网络教学策略对学生学习动机的影响为例。

（1）在 SPSS 统计软件中打开相对应的教育数据文件，在数据文件的管理窗口中，选择【Graphs】→【Legacy Dialogs】→【Line】，弹出"Line Charts"对话框。单击"Multiple"图标，选中"Summaries for groups of cases"选项。

（2）再单击"Define"按钮，弹出"Define Multiple Line：Summaries for Groups of Cases"对话框，选中"学习动机"将其调入"Category Axis"框，选中"网络教学策略"将其调入"Define Lines by"选项框中。

（3）单击"Title"按钮，弹出"Title"对话框，在"Title"栏内输入标题"网络教学策略对学生学习动机的影响"，点击"Continue"按钮返回上一级对话框，再点击"OK"即可得到输出结果图。

（4）双击输出结果图形，弹出"Chart Editor"对话框，选择【Edit】→【Properties】对所选图表或元素进行各项属性的设置。

3.5.2 案例解析：利用 SPSS 中的线图描述两种教学方式对学生成绩的影响走向

案例呈现

某调查问卷研究了两种不同教育方式与学生成绩之间的关系，选择"两种不同的教学方式下学生的成绩数据"中的教学方式与成绩数据，使用线图预测它们之间的影响。

1. 您接受的教学方式？
   □传统的讲授型教学方式 □研究型教学方式
2. 您的成绩_____

操作步骤

（1）打开数据文件"两种不同教学方式下学生的成绩数据.sav"，选择【Graphs】→【Legacy Dialogs】→【Line】，弹出"Line Charts"对话框。单击"Multiple"图标，选中"Summaries for groups of cases"选项，如图 3.5.1 所示。

（2）单击"Define"按钮，弹出"Define Multiple Line：Summaries for Groups of Cases"对话框，在"Line Represent"中选择"% of cases"，选中"学生成绩"将其调入"Category Axis"框，选中"教学方式"将其调入"Define Lines by"选项框中，如图 3.5.2 所示。

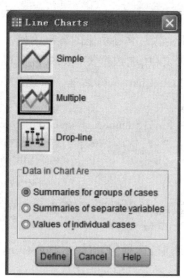

图 3.5.1 "Line Charts"对话框

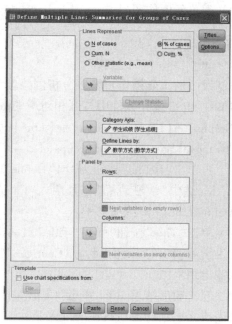

3.5.2 "Define Multiple Line: Summaries for Groups of Cases"对话框

（3）单击"Titles"按钮，弹出"Titles"对话框，在"Titles"栏内输入标题——传统的讲授型教学和研究型教学方式对学生成绩的影响。如图 3.5.3 所示。

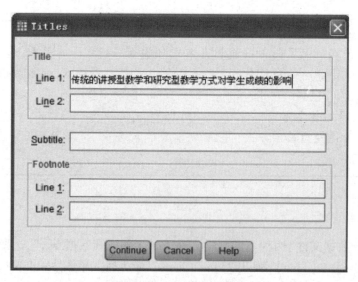

图 3.5.3 "Titles"对话框

（4）单击"Continue"按钮返回上一级对话框，再点击"OK"即可输出结果图。双击图形，弹出"Chart Editor"对话框，选择【Edit】→【Properties】对所选图表或元素进行各项属性的设置。当双击图形或新添加一个元素时，"Properties"窗口自动打开，提示用户进行设置。编辑后的图形如图 3.5.4 所示。

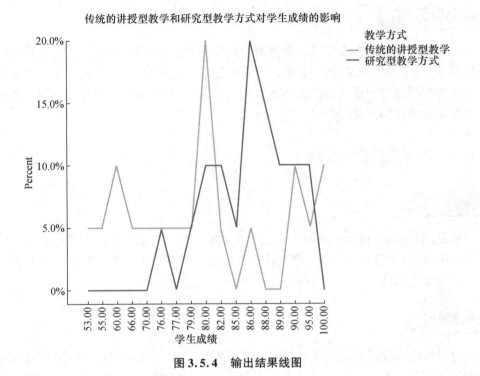

图 3.5.4　输出结果线图

结果分析

由图 3.5.4 输出结果线图可知,研究型教学方式下 53～70 分这个阶段的学生比率为 0;传统讲授型教学方式下有 5.0% 的学生成绩低于 60 分;研究型教学方式下仅有 5% 的学生成绩低于 77 分;传统讲授型教学方式下成绩低于 77 分的比率超过 20%。由此可得,研究型教学方式比传统的讲授型教学方式对学生成绩的影响较大,有利于学生成绩的提高。

3.6　绘制变量间的相关情况——散点图

问题导入

为了了解某地区教育投资与学生增长率之间的关系,我们可以通过绘制散点图直观地表示变量间的相关情况。散点图还能用于直观表示如训练次数与学生口语考试的优秀率、家庭收入对学生就读师范院校的意愿程度等教育数据。那么,如何利用 SPSS 统计软件绘制散点图呢?

> 数据统计要求

通常情况下选用散点图的数据类型为数值型,散点图可以直观地表示变量间的相关情况,适用于多个变量,例如分析教育投资与经济增长率、经费投入与基础设施建设或者研究项目课题数受哪些因素影响等类型数据的分析,都可以使用散点图直观地表示各变量之间的相关情况。

3.6.1 散点图的分析原理

> 核心概念

散点图(Scatterplots) 又称散布图或相关图,它是以点的分布反映变量之间相关情况的统计图形,它将数据的分布规律以点的形式呈现在坐标中。根据图中的各点分布走向和密集程度,大致可以判断变量之间协变关系的类型。

> 原理解析

通过散点图能够直观地观察变量之间的关系、强弱相关性程度并预测数据可能出现的发展方向。图 3.6.1 是反映强弱程度统计关系的散点图,图 A 和 B 表明 X 与 Y 之间的相关关系较强;图 C 和 D 表明在 X 和 Y 之间存在着一定的相关性;图 E 中 X 与 Y 之间不存在相关关系;图 F 为非线性相关,即 X 和 Y 之间具有曲线相关关系。

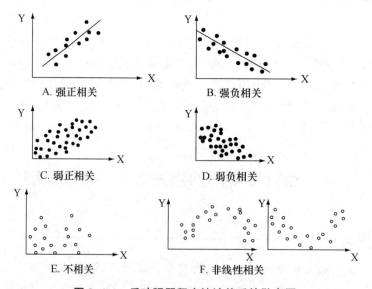

图 3.6.1 反映强弱程度统计关系的散点图

SPSS 中五种散点图类型如表 3.6.1 所示。

表 3.6.1　SPSS 中五种散点图类型

散点图类型	适用条件
简单散点图(Simple Scatter)	一般在图上显示一对相关变量
叠加散点图(Overlay Scatter)	一般在图上显示多对相关变量
矩阵散点图(Matrix Scatter)	以矩阵的形式显示多对相关变量
三维散点图(3-D Scatter)	以立体形式显示三个相关变量
简单点图(Simple Dot)	只显示一个变量

基本操作

绘制散点图的主要操作步骤以分析训练次数与学生口语考试的优秀率为例。

(1) 在 SPSS 统计软件中打开相对应的教育数据文件,在数据文件的管理窗口中,选择【Graphs】→【Legacy Dialogs】→【Scatter/Dot】,进入"Scatter/Dot"对话框。本例中选择"Simple Scatter(简单散点图)"。

(2) 单击"Define"按钮,在"Simple Scatterplot"对话框中,将左侧变量"学生口语考试优秀率"调入"Y Axis"选项框中,将"训练次数"调入"X Axis"选项框中。

(3) 单击"Title"按钮,弹出"Title"对话框,在"Title"栏内输入标题"培训次数与学生口语考试优秀率的关系",单击"Continue"按钮返回上一级对话框,再单击"OK"即可得到输出结果图。

(4) 双击输出结果图,弹出"Chart Editor"对话框,选择【Edit】→【Properties】对所选图表或元素进行各项属性的设置。

3.6.2　案例解析:利用 SPSS 中的散点图绘制教育投资与学生增长率之间的关系

案例呈现

某教育投资调查中,调查了一些地区教育投资与学生增长率之间的关系,选择"教育投资"数据文件中的教育投资与学生增长的教育数据,用散点图预测它们之间的关系。

操作步骤

(1) 打开 SPSS 数据文件"教育投资.sav",选择【Graphs】→【Legacy Dialogs】→【Scatter/Dot】,进入"Scatter/Dot"对话框。本例中选择"Simple Scatter",如图 3.6.2 所示。

(2) 单击"Define"按钮,在"Simple Scatterplot"对话框中,将左侧变量"学生增长率"调入"Y Axis"选项框中,将"教育投资"调入"X Axis"选项框中,如图3.6.3所示。

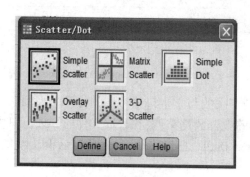

图3.6.2 "Scatter/Dot"对话框

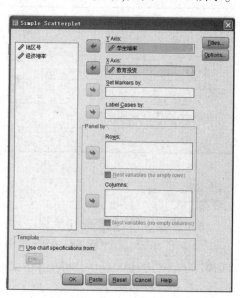

图3.6.3 "Simple Scatterplot"对话框

(3)单击"Title"按钮,弹出"Title"对话框,在"Title"栏内输入标题——教育投资与学生增长率的关系。如图3.6.4所示。

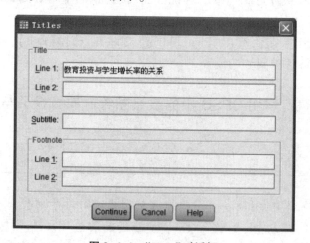

图3.6.4 "Title"对话框

(4)单击"Continue"按钮返回上一级对话框,再单击"OK"即可得到输出结果图。双击图形,弹出"Chart Editor"对话框,选择【Edit】→【Properties】对所选图表或元素进行各项属性的设置。当双击图形或新添加一个元素时,"Properties"窗口自动打开,提示用户进行设置。编辑后的图形如图3.6.5所示。

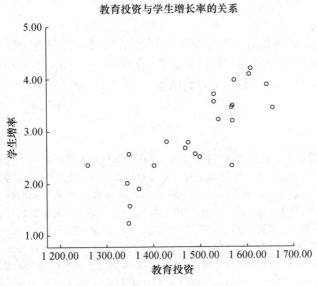

图 3.6.5　输出结果散点图

结果分析

由图 3.6.5 输出结果散点图可知,随着教育投资的增长,学生增长率也呈现增长状态。从整体来看,教育投资越多,学生增长率越大。

知识拓展

SPSS 统计软件除了能够绘制统计图用于直观表示变量,还能对绘制的统计图进行编辑操作。双击统计图就可以打开图片编辑窗口"Chart Editor"。对图表的编辑操作主要通过各菜单项以及各元素的样式对话框"Properties"设置来完成。当双击或新添加一个元素时,就会出现相应的样式对话框。工具栏上的按钮可以和某些菜单的内容对应,使用更加方便。Chart Editor 编辑窗口的命令菜单主要有 File 菜单、Edit 菜单、Options 菜单、Elements 菜单和 Transform 菜单,每个菜单下面又包含对应的列表选项用于对统计图的编辑,使最后得出的图形符合使用者的需求。

本章主要学习了使用 SPSS 软件图文并茂地描述教育研究数据,当然将统计图与其他的统计方法相结合才能更好发挥数据说明作用,例如分析学生的民族情况就可以将饼图与频数分析相结合,分析不同性别的学生就读免费师范生的意愿程度差异就可以将条形图与交叉分组下的频数分析相结合,而频数分析和交叉分组下的频数分析这类统计方法将在下一章做具体介绍。

活动任务

从本书的综合案例和附带的光盘中选择合适的问卷及问题,利用 SPSS 统计软件图文并茂地描述教育研究数据,包括对饼图、条形图、直方图、线图和散点图的操作学习,并在分析研究的基础上得出相应的结论。

参考文献

[1] 张屹. 教育技术学研究方法[M]. 北京:北京大学出版社,2010.
[2] 张屹,周平红. 教育技术学研究方法 [M]. 第二版. 北京:北京大学出版社,2013.
[3] 薛薇. 基于 SPSS 的数据分析[M]. 第二版. 北京:中国人民大学出版社,2006.
[4] 薛薇. 基于 SPSS 的数据分析[M]. 第三版. 北京:中国人民大学出版社,2013.
[5] 谢幼如,李克东. 教育技术学研究方法基础[M]. 北京:高等教育出版社,2006.
[6] 李克东. 教育技术学研究方法[M]. 北京:北京师范大学出版社,2003.
[7] 王苏斌,郑海涛,邵谦谦. SPSS 统计分析[M]. 北京:机械工业出版社,2003.
[8] 中大网校:http://www.wangxiao.cn/UserCenter/Exprise.aspx? id=16992&type=1.
[9] MBA 智库百科:http://wiki.mbalib.com/wiki/%E6%95%A3%E7%82%B9%E5%9B%BE.
[10] Wiki 百科:http://zh.wikipedia.org/zh-cn/%E7%9B%B4%E6%96%B9%E5%9B%BE.

第 4 章

教育研究数据的基本统计分析

学习目标

1. 阐述研究数据的基本统计分析的原理和基本思路。
2. 能正确区分集中趋势描述和离散趋势描述。
3. 熟练应用 SPSS 软件进行基本统计分析。
4. 归纳教育研究数据的基本统计分析中的基础知识。
5. 总结和归纳在进行基本统计分析中遇到的难点和采取的解决措施。

关键术语

频数分析　交叉分组下的频数分析　多选项分析　量数描述　集中趋势描述　离散趋势描述分布形态

知识导图

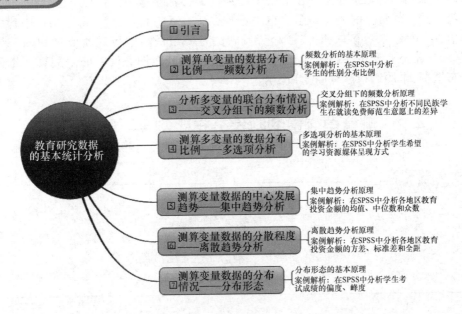

4.1 引　言

内容简介

很多时候我们会遇到如男女学生的网络学习方式的差异情况、某地区教育投资的情况、学生家庭人均年收入情况等教育研究数据的分析，那么对于这些教育信息我们可以采用基本统计分析中的方法来进行分析。

教育研究数据的基本统计分析主要包括研究数据的频数分析和量数描述。研究数据的频数分析包含频数分析、交叉分组下的频数分析和多选项分析，本章通过在 SPSS 中分析学生的性别分布比例、不同性别学生在就读免费师范生意愿上的不同和学生希望的学习媒体呈现方式等三个案例进行内容的介绍。研究数据的量数描述主要包含集中趋势、离散趋势和分布形态，通过在 SPSS 中分析各地区教育投资金额的均值、中位数和众数、方差、标准差、全距以及学生成绩的偏度、峰度等案例的操作分析对量数描述进行内容的介绍。本章的重难点是每种统计方法对教育数据的要求，以及离散趋势、集中趋势和分布形态统计方法之间的区别。

方法解读

教育研究数据的基本统计分析主要包括研究数据的频数分析和量数描述。研究数据的频数分析包含频数分析、交叉分组下的频数分析和多选项分析。频数分析用于测算单变量的数据分布比例，对于了解变量的取值分布情况，对整体把握数据的特征是非常有利的；交叉分组下的频数分析用于分析多个变量不同取值下的分布，掌握多变量的联合分布情况，分析变量之间的相互影响和关系；多选项分析用于测算多个变量的分布比例，对于了解多个变量的取值分布非常有利。

研究数据的量数描述主要包含集中趋势描述、离散趋势描述和分布形态三个部分的内容。集中趋势反映的是一组资料中各数据所具有的共同趋势，常用的集中趋势量有均值、中位数、众数和总和；离散趋势反映的是一组资料中各观测值之间的差异程度，常用的指标有全距、四分位间距、方差和标准差；分布形态反映的是测算变量数据的分布情况，常用的指标有偏度和峰度。

4.2　测算单变量的数据分布比例——频数分析

问题导入

在调查问卷的第一部分都会涉及对被调查者的个人情况的信息的获取，如对性别、专业、民族和地区等信息的调查，运用频数分析能够快速地把握数据的整体特征，测算单个变量的数据分布比例。那么，如何运用频数分析来准确地把握数据的比例分布呢？

数据统计要求

通常情况下频数分析的数据类型为定类型或定序型数据,例如可以是学生性别、民族、家庭居住地的分布比例等不存在固有属性的数值或字符,也可以是用1、2、3或者A、B、C代表职称高、中、低的这类具有固有大小或高低顺序的数值或字符。

4.2.1 频数分析的基本原理

核心概念

频数(Frequency):即变量值落在某个区间(或者某个类别)中的次数。如统计被调查者男女学生的具体人数、汉族和少数民族的具体人数等教育数据类型。

百分比(Percent):即各频数占总样本数的百分比。

有效百分比(Valid percent):即各频数占总有效样本数的百分比。

累计百分比(Cumulative Percent):即各百分比逐级累加起来的结果。最终取值为百分之百。

原理解析

频数分析对于了解变量的取值分布情况,整体把握数据的特征是非常有利的。频数分析有两个基本任务:第一个基本任务是编制频数分布表,SPSS中的频数分布表包括频数、百分比、有效百分比、累计百分比;第二个基本任务是绘制统计图,统计图是一种最为直接的数据刻画方式。

基本操作

频数分析方法的主要操作步骤以分析学生民族分布比例的频数分析为例。

(1)选择菜单:【Analyze】→【Descriptive Statistics】→【Frequencies】,进入Frequencies对话框。

(2)把将要测算的变量("民族")选入Variables框。

(3)选择"Charts"对话框的绘制统计图形选项,选择一种统计图形来显示结果。

(4)单击"Charts"对话框中的"Continue",然后单击频数分析对话框中的"OK",即得到输出结果。

4.2.2 案例解析:在 SPSS 中分析学生的性别分布比例

案例呈现

选择"免费师范生远程可视化学习平台需求调查问卷"中的"A 个人情况"部分的题 1。本例中的变量是定类型变量,可以通过频数分析来分析被调查者的性别情况。

A.1 您的性别:
□男　□女

操作步骤

(1) 打开 SPSS 数据文件"免费师范生远程可视化学习平台需求调查.sav",选择【Analyze】→【Descriptive Statistics】→【Frequencies】,将"性别"拖入"Variables"中,如图 4.2.1 所示。

(2) 选择"Charts"对话框,选择绘制统计图形,选择"Pie charts"和"Frequencies"来显示结果,如图 4.2.2 所示。

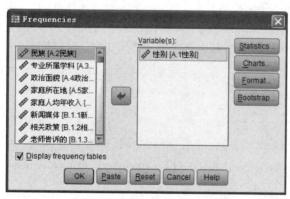

图 4.2.1　案例的频数分析窗口

图 4.2.2　频数分析中的绘图窗口

(3) 单击"Charts"对话框中的"Continue",然后单击频数分析主对话框中的"OK",即得到输出结果,如图 4.2.3 和 4.2.4 所示。

性别

		Frequency	Percent	Valid Percent	Cumulative Percent
Valid	男	89	42.2	42.2	42.2
	女	122	57.8	57.8	100.0
	Total	211	100.0	100.0	

图 4.2.3　学生性别情况频数分布表

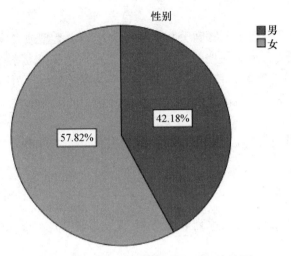

图 4.2.4　学生性别情况频数分析统计图

> **结果分析**

由图 4.2.3 的频数分析表得知,被调查的学生中男生占 42.18%,女生占 57.82%。频数分析统计图可以很直观地显示出男女学生在总样本中的比例情况。

> **小贴士**
>
> 频数分布表的第一列显示频数分析变量的变量值,第二列是相应变量值的频数,第三列是百分比,第四列是有效百分比,第五列是累计百分比。

4.3　分析多变量的联合分布情况——交叉分组下的频数分析

> **问题导入**
>
> 通过频数分析能够掌握单个变量的数据分布情况。实际分析中,不仅要了解单个变量的分布特征,还要分析多个变量不同取值下的分布,掌握多变量的联合分布情况,分析变量之间的相互影响和关系。比如不同地区的学生对于终身从教的态度差异,不同性别学生对使用交互式电子双板教学的态度的差异,这些都是我们在对教育数据进行分析所期望得到的结果。那么,如何利用 SPSS 统计软件对上述问题进行解决,得到有价值的教育信息呢?

数据统计要求

通常情况下交叉分组下的频数分析的数据类型为定类型或者定序型数据,例如可以是不同性别、民族、家庭居住地的学生对使用交互式电子双板教学的态度的差异情况,或者对终身从教态度差异情况等类型数据。这类数据都可以使用交叉分组下的频数分析对多变量的联合分布情况进行分析。

4.3.1 交叉分组下的频数分析原理

核心概念

交叉分组下的频数分析又称列联表分析,是分析事物(变量)之间的相互影响和关系的。

原理解析

交叉分组下的频数分析包括两大基本任务:第一个基本任务是根据搜集的样本数据编制交叉列联表,交叉列联表是两个或两个以上的变量交叉分组后形成的频数分布表;第二个基本任务是在交叉列联表的基础上,对两个变量间是否存在一定的相关性进行分析。

基本操作

交叉分组下的频数分析方法的主要操作步骤以分析不同性别学生在就读免费师范生意愿上的差异情况为例。

(1) 选择【Analyze】→【Descriptive Statistics】→【Crosstabs】,打开"Crosstabs"主对话框,将"性别"拖入"Row"中,将"本人态度"拖入"Column"中。选择"Display clustered bar charts"。

(2) 选择"Exact"按钮,选用默认值"Asymptotic only"。然后选择"Cell"按钮,选用默认值"Counts"下的"Observed"和"Noninteger Weights"下的"Round cell counts"。

(3) 在主对话框中选择"Format"按钮,制定列联表各单元格的输出排列顺序,可以选择升序或者降序。这里我们选择升序"Ascending"。

(4) 选择"Statistics"按钮制定用哪种方法分析行变量和列变量间的关系,选择"Chi-Square"。

(5) 设置完成后,单击频数分析窗口的"OK"按钮,即可输出结果。

4.3.2 案例解析:在 SPSS 中分析不同民族学生在就读免费师范生意愿上的差异

案例呈现

选择"免费师范生远程可视化学习平台需求调查问卷"中的"A 个人情况"部分的题 2 和"B 基本信息"部分的题 4。分析不同民族学生在就读免费师范生意愿上的差异。

A.2 您的民族：
□汉族　□少数民族
B.4 您本人愿意读免费师范生吗?
□很愿意　□愿意　□不愿意　□无所谓

操作步骤

(1) 打开 SPSS 数据文件"免费师范生远程可视化学习平台需求调查.sav",选择【Analyze】→【Descriptive Statistics】→【Crosstabs】,打开"Crosstabs"主对话框,将"民族"拖入"Row"中,将"本人态度"拖入"Column"中。选择【Display clustered bar charts】,如图 4.3.1 所示。

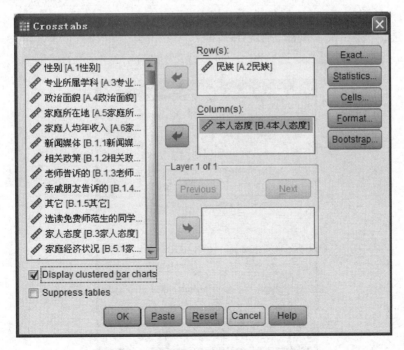

图 4.3.1　案例的交叉分组下的频数分析窗口

（2）选择"Exact"按钮，选用默认值"Asymptotic only"。然后选择"Cell"按钮，选用默认值"Counts"下的"Observed"和"Noninteger Weights"下的"Round cell counts"，如图 4.3.2 和 4.3.3 所示。

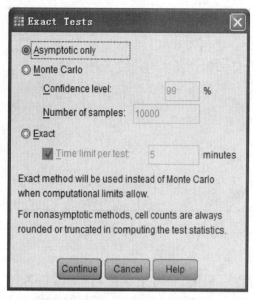

图 4.3.2　"Exact"设置对话框

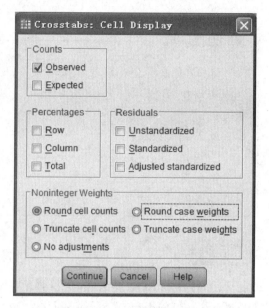

图 4.3.3　"Cell"设置对话框

（3）在主对话框中选择"Format"按钮，制定列联表各单元格的输出排列顺序，可以选择升序或者降序。这里我们选择升序"Ascending"。

（4）选择"Statistics"按钮，制定用哪种方法分析行变量和列变量间的关系，其中"Chi-Square"为卡方检验，勾选"Chi-Square"选项，如图 4.3.4 所示。

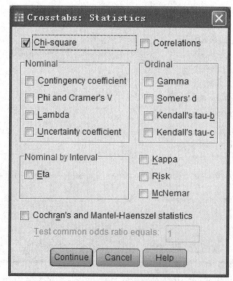

图 4.3.4　"Statistics"设置对话框

（5）设置完成后，单击频数分析窗口的"OK"按钮，即可输出结果。如表4.3.1、表4.3.2和图4.3.5所示。

表4.3.1 交叉分组下的频数分析输出结果

民族＊本人态度 Crosstabulation Count

		本人态度				Total
		很愿意	愿意	不愿意	无所谓	
民族	汉族	19	99	34	29	181
	少数民族	2	17	4	7	30
Total		21	116	38	36	211

表4.3.2 民族差异对学生就读免费师范生的意愿程度的一致性检验结果

Chi-Square Tests

	Value	df	Asymp. Sig. (2-sided)
Pearson Chi-Square	1.628[a]	3	0.653
Likelihood Ratio	1.637	3	0.651
Linear-by-Linear Association	0.552	1	0.457
N of Valid Cases	211		

a. 1 cells (12.5%) have expected count less than 5. The minimum expected count is 2.99.

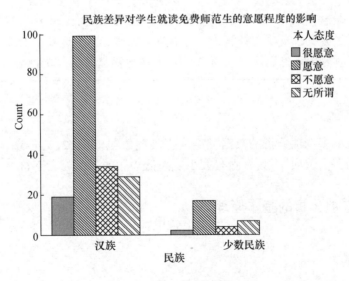

图4.3.5 输出结果的条形图

结果分析

由表4.3.1可以看出，被试者共有211人（无缺失值），汉族181人，少数民族30人。其中汉族有19人选择"很愿意"，99人选择"愿意"，34人选择"不愿意"，29人选择"无所谓"；少数民族中有2人选择"很愿意"，17人选择"愿意"，4人选择"不愿意",7人选择"无所谓"。另外由表 4.3.2 知,第一行是卡方检验的结果,值为 0.653,其概率大于 0.05,所以不同民族对于学生就读免费师范生的意愿程度影响不存在差异。

> **小贴士**
>
> 在表 4.3.2 中,第一列为检验统计量名称,第二列是各检验统计量的观测值,第三列是自由度,第四列是大于等于各检验统计量观测值的概率 P-值。其中,第一行是卡方检验的结果。通常我们假设两个变量间不存在差异,假设显著性水平为 0.05,如果卡方的概率 P-小于显著性水平值,则应拒绝原假设,即两变量间存在差异。反之,则两变量间不存在差异。

4.4 测算多变量的数据分布比例——多选项分析

> **问题导入**
>
> 通过频数分析能够掌握单个变量的数据分布情况,但是很多时候我们往往还需要了解多个变量的数据分布情况,例如学生喜欢的网络学习方式、学习资源的媒体呈现方式,在教学中不使用信息技术的原因等信息,此时我们需要用到多选项分析对这些类型的多项选择题进行分析说明。那么,多选项分析的具体操作方法是怎么样的呢?如何运用多选项分析来准确地把握数据的比例分布呢?

数据统计要求

通常情况下多选项分析的数据类型为定类型数据,用 1、2、3、4、5…代表每一个具有同等关系的多个选项,不具有固有大小或高低顺序的数值或者字符。

4.4.1 多选项分析的基本原理

核心概念

SPSS 中的多选项分析是针对问卷中的多选项问题。它是根据实际调查需要,要求被调查者从问卷给出的若干可选答案中选择一个以上的答案。

原理解析

由于在利用 SPSS 进行问卷处理时,由于多选项问题答案不止一个,我们需要将一道多选项问题分解成若干个问题,并相应设置多个变量,分别存放描述这些问题的结果。

多选项问题的分解通常有两种方法：第一，多选项二分法(Multiple Dichotomies Method)；第二，多选项分类法(Multiple Category Method)。多选项二分法是将多选项问题的每个答案设为一个 SPSS 变量，每个变量只有 0 和 1 两个取值，分别表示不选择该答案和选择该答案。多选项分类法中，首先要估计多选项问题的最多可能出现的答案个数，然后为每个答案设置一个 SPSS 变量，变量取值为多选项问题中的可选答案。

基本操作

多选项分析方法的主要操作步骤以分析教师能熟练操作的多媒体软件类型为例。

1. 将多选题的选项绑定，进行设置。

（1）打开对应的教育研究数据文件，选择【Analyze】→【Multiple Response】→【Define Sets】进行多选题选项的绑定。

（2）将"Set Definition"中该多选题对应的所有选项全部选中拖入"Variables in Set"中。

（3）接着在"Variables Are Coded As"中选择"Dichotomies Counted Value"，并设置值为"1"。在"Name"中输入该题的名称，例如此题设为"教师能熟练操作的多媒体软件类型"。

（4）单击"Add"，即将设置的题目名称放入"Multiple Response Sets"中。设置后选择"Close"关闭对话框。

2. 设置后对多选题进行分析。

选择【Analyze】→【Multiple Response】→【Frequencies】分析。将"Multiple Response Sets"中设置的题目名称拖入"Tables for"中，单击"OK"即可。

4.4.2 案例解析：在 SPSS 中分析学生希望的学习资源媒体呈现方式

案例呈现

选择"免费师范生远程可视化学习平台需求调查问卷"中的"C 学习方面"下的题 7，在 SPSS 中分析该多选题。

C.7 您希望学习资源的媒体呈现方式是？（可多选）
□文本　□图像　□视频　□动画　□音频

操作步骤

（1）打开 SPSS 数据文件"免费师范生远程可视化学习平台需求调查.sav"，选择【Analyze】→【Multiple Response】→【Define Sets】对多选题的选项进行绑定设置，则出现"Define Multiple Response Sets"对话框。如图 4.4.1 所示。

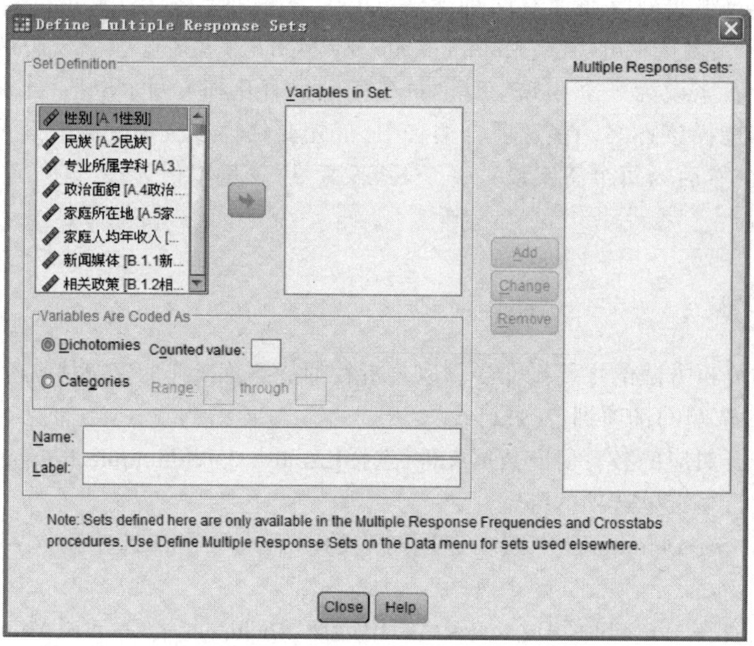

图 4.4.1 "Define Multiple Response Sets"对话框

（2）在"Define Multiple Response Sets"对话框中，将左侧"Set Definition"中的"文本""图像""视频""动画""音频"全部选中拖入右侧"Variables in Set"中。如图 4.4.2 所示。

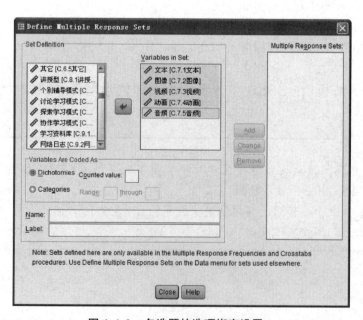

图 4.4.2 多选题的选项绑定设置 1

(3)在"Variables Are Coded As"中选择"Dichotomies Counted value",并设置值为"1"。在"Name"中输入"学习资源呈现方式"。如图4.4.3所示。

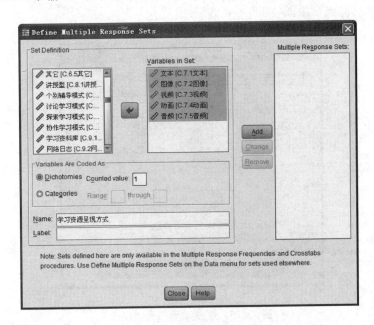

图4.4.3 多选题的选项绑定设置2

(4)单击"Add",即将设置的"学习资源呈现方式"放入"Multiple Response Sets"中。如图4.4.4所示。设置后选择"Close"关闭对话框。

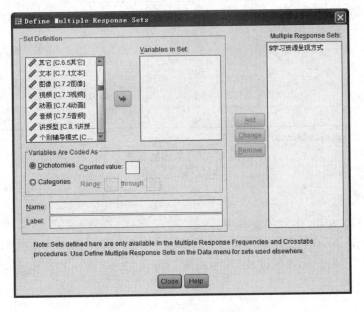

图4.4.4 多选题的选项绑定设置3

（5）选择【Analyze】→【Multiple Response】→【Frequencies】分析命令。将"Multiple Response Sets"中的"学习资源呈现方式"拖入"Tables for"中，如图4.4.5所示。单击"OK"即可得到输出结果图，如图4.4.6所示。

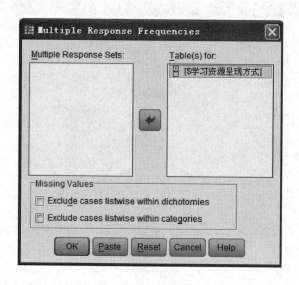

图4.4.5　多选项频数分析窗口

$学习资源呈现方式 Frequencies

		Responses		Percent of Cases
		N	Percent	
$学习资源呈现方式[a]	文本	120	21.6%	57.1%
	图像	97	17.4%	46.2%
	视频	170	30.6%	81.0%
	动画	86	15.5%	41.0%
	音频	83	14.9%	39.5%
Total		556	100.0%	264.8%

a. Dichotomy group tabulated at value 1.

图4.4.6　输出结果图

结果分析

由图4.4.6可知，在被调查者中，选择文本、图像、视频、动画、音频的比例分别为21.6%、17.4%、30.6%、15.5%、14.9%。因此，免费师范生远程可视化学习平台建设中应该注意学习资源的多媒体性，其中视频资源和文本资源占有很大比重。

> **小贴士**
>
> 在选择多选项问题的分解方法时,应考虑到具体问题和具体分析目标。通常,对于所选答案具有一定顺序的多选项问题和项数已定的多选项问题可采用多选项分类法来分解,而没有顺序的问题和项数不定的问题可采用多选项二分法来分解。

4.5 测算变量数据的中心发展趋势——集中趋势分析

> **问题导入**
>
> 集中趋势描述是一种描述统计数据特征的方法,用于测算变量数据的中心发展趋势,常用均值、中位数和众数等集中趋势量作为总体代表水平与其他同质的总体进行比较。运用集中趋势分析可以对学生每天上网时间情况、各地区教育投资金额的均值、中位数和众数等教育数据进行分析。那么,具体的集中趋势分析的操作方法是什么样的?均值、中位数和众数的求解能说明什么问题呢?

数据统计要求

通常情况下集中趋势分析适用于正态分布的连续数值型数据,例如分析学生的身高、体重、胸围、血压、每天上网时间等数值型数据。

4.5.1 集中趋势分析原理

核心概念

集中趋势反映的是一组资料中各数据所具有的共同趋势,一组数据向某一中心值靠拢的倾向,即资料的各种数据所集聚的位置。常用的集中趋势量有均值(Mean)、中位数(Median)、众数(Mode)和总和(Sum)。

均值表示的是某变量所有取值的集中趋势或者平均水平,用 $\bar{x}$ 表示。

中位数是把一组数据按照递减或者递增的顺序排列,处于中间位置的值,通常用 M_e 表示。中位数是一种位置代表值,所以不会受到极端数值的影响,具有位置上的稳定性。

众数用 M_0 表示,在描述数据集中趋势方面有一定的意义。

总和(Sum)就是样本中所有变量之和,通常用 s 来表示。

1. 均值(Mean)

对于未分组的变量值的平均水平,用算术均数表示,其计算公式为:$\bar{x} = \dfrac{\sum x}{N}$

其中 x 为变量值,N 为总的观测例数。

对于已分组的频数表资料,由于分组资料中每个数值出现的次数不同,频数对均值也起着一定的作用,用加权平均法来计算,其计算公式为:

$$\bar{x} = \frac{\sum f_x}{\sum f} = \frac{f_1 x_1 + f_2 x_2 + \cdots + f_n x_n}{f_1 + f_2 + \cdots + f_n}$$

其中 x_n 为组中的第 n 个变量,f_n 为该组中第 n 个变量出现的频数。

2. 中位数(Median)

对于未分组的样本,若样本含量 N 为奇数,把观察量按大小顺序排列后,取中间那个即为中位数;若样本含量 N 为偶数,把观察量按大小顺序排列后,取中间的两个,求其平均数为中位数。

对于已分组资料中求中位数。首先要确定出中位数的位置,从而找到中位数所在的组别,中位数采用如下近似公式计算:

$$M_e \approx L + \frac{\dfrac{N}{2} - f_{m-1}}{f_m} \times i$$

这里假定中位数组内的数据均匀分布,其中 L 代表中位数所在组的组下限;f_m 代表中位数所在组的频数;f_{m-1} 代表中位数所在组之前各组的累积频数;i 代表中位数所在组的组距。

3. 众数(Mode)

当数据未分组时,众数指一组数据中,出现最多的那个变量值。

当数据已分组时,众数的数值则与相邻两组的频数分布有关。组频数最大的组称为众数组,用 f_m 表示众数组的频数,而众数组下一组的组频数记为 f_{m+1},众数组前一组的组频数记为 f_{m-1},则当 $f_{m-1} = f_{m+1}$ 时,众数组的组中值就是众数;当 $f_{m-1} \neq f_{m+1}$ 时,众数采用如下的近似公式计算:

$$M_0 \approx L + \frac{f_m - f_{m-1}}{(f_m - f_{m-1}) + (f_m - f_{m+1})} \times i$$

这里假定了众数组内的数据为均匀分布,其中 L 为众数组的组下限,i 为众数组的组距。

4. 总和(Sum)

总和(Sum)反映了样本的总体水平。

总和的计算公式为:$s = \sum f_i x_i$

基本操作

集中趋势描述分析方法的主要操作步骤以分析学生每天上网时间情况为例。

（1）选择【Analyze】→【Descriptive Statistics】→【Frequencies】命令，则出现频数表"Frequencies"对话框。在对话框的变量列表中选择"每天上网时间"，添加到"Variable(s):"文本框中，将"Display frequency tables"复选框选中。

（2）单击"Statistics…"按钮，弹出"Frequencies: Statistics"对话框，在"Central Tendency"选项区中选择"Mean""Median"和"Mode"选项。

（3）单击"Continue"按钮，返回"Frequencies"对话框，单击"OK"按钮，开始执行计算。

4.5.2 案例解析：在 SPSS 中分析各地区教育投资金额的均值、中位数和众数

案例呈现

某"教育投资调查问卷"中，调查了各地区教育投资的金额情况，对"教育投资（万元）"进行集中趋势分析，求其均值、中位数和众数，并对结果进行分析。

操作步骤

（1）打开 SPSS 数据文件"教育投资.sav"，选择【Analyze】→【Descriptive Statistics】→【Frequencies】命令，则出现频数表"Frequencies"对话框。在对话框的变量列表中选择"教育投资（万元）"，添加到"Variable(s):"文本框中，将"Display frequency tables"复选框选中，如图 4.5.1 所示。

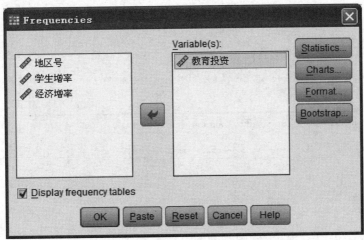

图 4.5.1 "Frequencies"对话框

（2）单击"Statistics…"按钮，弹出"Frequencies：Statistics"对话框，在"Central Tendency"选项区中勾选"Mean""Median"和"Mode"选项，表示对其均值、中位数和众数进行求解。如图4.5.2所示。

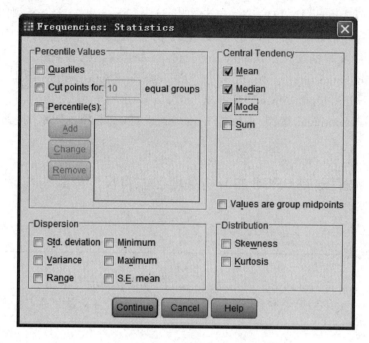

图 4.5.2 "Frequencies：Statistics"对话框

（3）单击"Continue"按钮，返回"Frequencies"对话框，单击"OK"按钮，开始执行计算，输出结果，如图4.5.3所示。

Statistics

教育投资（万元）

N	Valid	24
	Missing	0
Mean		1489.5833
Median		1514.5000
Mode		1350.00[a]

a. Multiple modes exist. The smallest value is shown

图 4.5.3 输出结果图

结果分析

从图4.5.3可以看出，本例中观察量24个，有效值24个，缺失值0个。均值为1489.5833（万元），中位数为1514.5000（万元），众数为1350.00（万元），由此说明各地区的教育投资金额趋近1530(万元)。

> **小贴士**
>
> 对于偏态分布的数据,中位数不受两端最大值和最小值的影响,只与位置居中的观察值有关,而均数却受最大值和最小值的影响。所以对于偏态分布的数据,均数的代表性差,不适合描述数据的集中趋势。

4.6 测算变量数据的分散程度——离散趋势分析

> **问题导入**
>
> 在前面一节内容中学习了测算变量数据的中心发展趋势的方法,除此之外,有时还需要对数据的离散趋势进行分析。那么,离散趋势分析和集中趋势分析有什么区别呢?如何测算变量数据的分散程度,方差和标准差的求解能说明什么问题呢?

数据统计要求

通常情况下离散趋势分析适用于偏态分布的离散数值型数据,例如分析学生的人数、考试成绩或家庭人均年收入等数值型数据。

4.6.1 离散趋势分析原理

核心概念

离散趋势反映的是一组资料中各观测值之间的差异程度。常用的指标有全距和四分位间距,方差和标准差。

方差(Variance) 是所有变量与均值偏差平方的平均值,通常用 S^2 来表示,它代表了一组数据分布的离散程度的平均值。

标准差(Std. Deviaion) 是方差的平方根,用 S 来表示。方差和标准差越大,说明变量值之间的离散程度越大。

全距(Range) 也称为极差,通常用 R 来表示,是数据的最大值与最小值之间的绝对值。

原理解析

1. 方差(Variance)和标准差(Std. Deviation)

(1) 方差是各个数据与平均数之差的平方的和的平均数,用公式表示为:

$$S^2 = \frac{\sum(x-\bar{x})^2}{N}$$

其中 x 为变量值, $\bar{x}$ 表示样本的平均数, N 为总的观测例数。

(2) 标准差是方差的平方根,用 S 来表示: $S = \sqrt{\dfrac{\sum(x-\bar{x})^2}{N}}$

其中 x 为变量值, $\bar{x}$ 表示样本的平均数, N 为总的观测例数。

2. 全距(Range)

在相同样本容量的情况下的两组数据,全距大的一组数据要比全距小的一组数据更为分散。计算公式为: R = 最大值 – 最小值。

基本操作

离散趋势描述分析方法的主要操作步骤以分析学生每天上网时间情况为例。

(1) 选择【Analyze】→【Descriptive Statistics】→【Frequencies】,将"每天上网时间",添加到"Variable(s):"文本框中,将"Display frequency tables"复选框选中。

(2) 单击"Statistics…"按钮,弹出"Frequencies: Statistics"对话框,在"Central Tendency"选项区中选择"Mean",在"Dispersion"选项区中选择"Std. deviation""Variance""Range"和"S. E. mean"选项。

(3) 单击"Descriptive"主对话框中的"OK"按钮,即得到输出结果。

4.6.2 案例解析:在 SPSS 中分析各地区教育投资金额的方差、标准差和全距

案例呈现

某"教育投资调查问卷"中,调查了各地区教育投资金额情况,对"教育投资(万元)"进行离散趋势分析,求其方差、标准差和全局,并对结果进行分析。

操作步骤

(1) 打开 SPSS 数据文件"教育投资.sav",选择【Analyze】→【Descriptive Statistics】→【Frequencies】命令,则出现频数表"Frequencies"对话框。在对话框的变量列表中选择"教育投资(万元)",添加到"Variable(s):"文本框中,将"Display frequency tables"复选框选中,如图 4.6.1 所示。

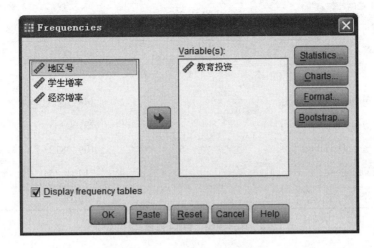

图 4.6.1 "Frequencies"对话框

(2) 单击"Statistics…"按钮,弹出"Frequencies:Statistics"对话框,在"Central Tendency"选项区中选择"Mean",在"Dispersion"选项区中选择"Std. deviation""Variance""Range"和"S.E. mean"选项,如图 4.6.2 所示。

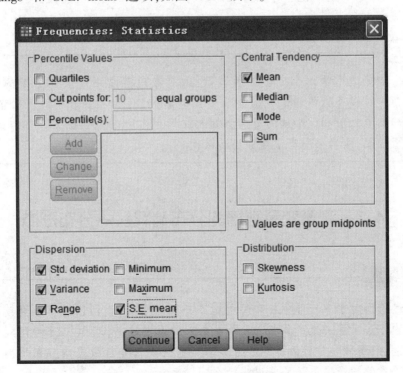

图 4.6.2 "Frequencies:Statistics"对话框

(3) 单击"Continue"按钮,返回"Descriptive"对话框,单击"OK"按钮,即得到输出结果,如图 4.6.3 所示。

Statistics

教育投资(万元)

N	Valid	24
	Missing	0
Mean		1489.5833
Std. Error of Mean		22.32735
Std. Deviation		109.38123
Variance		11964.254
Range		395.00

图 4.6.3　输出结果图

结果分析

从图 4.6.3 可以看出，教育投资的均值是 1489.5833（万元），标准差是 109.38123（万元），方差为 11964.254（万元），全距为 395.00（万元）。因为方差和标准差较大，说明变量值之间的离散程度较大，各地区教育投资金额的差异状况较大，即均值不能很好地反映变量的趋势。

小贴士

集中趋势适用于正态分布的教育数据，离散趋势适用于偏态分布的教育数据。因为中位数不受两端最大值和最小值的影响，只和位置居中的观察值有关，而均数却受最大值和最小值的影响会偏大或偏小。所以对于偏态分布的数据，均数的代表性差，应当采用离散趋势描述数据。

4.7　测算变量数据的分布情况——分布形态

问题导入

通过前面对集中趋势分析和离散趋势分析的学习，我们已经对分析数据的分布特点的方法有了一定的掌握，但是为了能更为准确、清晰地把握教育数据的分布特点，我们还需要分析数据的分布形态。那么如何分析数据的分布形态呢？其中的偏度系数和峰度系数又能说明什么问题呢？

数据统计要求

通常情况下分布形态的数据类型为定矩型数据,既包括例如身高、体重或血压等连续数值型数据,又包括诸如人口、频数、家庭人均年收入等离散数值型数据。

4.7.1 分布形态的基本原理

核心概念

数据的分布形态主要是指数据分布是否对称、倾斜程度如何,以及分布陡缓程度等。刻画分布形态的描述统计量主要有偏度和峰度。

偏度(Skewness) 指次数分布非对称的偏态方向程度,是描述某变量取值分布对称性的统计量。

峰度(Kurtosis) 是指次数分布曲线顶峰的尖平程度,是次数分布的一个重要特征,是描述某变量所有取值分布形态陡缓程度的统计量。

原理解析

1. 偏度(Skewness)

偏度的计算公式为:$\text{Skewness} = \frac{1}{n-1} \sum_{i=1}^{n} (X_i - \bar{X})^3 / S^3$

当偏度指数 >0 时,表示正偏差值大,称为正偏或右偏,在直方图中会出现一条长尾巴拖在右边;当偏度指数 =0 时,表示对称分布,正负总偏差相等;当偏度指数 <0 时,表示负偏差数值较大,称为负偏或左偏,在直方图中会出现一条长尾巴拖在左边。

2. 峰度(Kurtosis)

峰度的计算公式为:$\text{Kurtosis} = \frac{1}{n-1} \sum_{i=1}^{n} (X_i - \bar{X})^4 / S^4 - 3$

当峰度指标 >0 时,表示分布比正态分布更集中在平均数周围,分布更陡峭呈尖峰状态;峰度指标 =0 时,分布为正态分布,分布适中与标准正态分布的陡缓相同;峰度指标 <0 时,表示数据的分布比正态分布更平缓,分布呈低峰态,为平峰分布。

基本操作

刻画分布形态的主要操作步骤以分析教育投资的分布形态为例。

(1) 选择菜单:【Analyze】→【Descriptive Statistics】→【Descriptives】,进入"Descriptives"对话框。

(2) 在"Descriptives"对话框中,把将要测算的变量("教育投资")选入"Variable(s)"文本框。

(3) 单击"Option"按钮,在弹出的"Descriptives: Options"对话框中的"Distribu-

tion"中勾选"Skewness"和"Kurtosis"选项。

（4）单击"Continue"按钮，返回上一级对话框，然后单击对话框中的"OK"按钮，即得到输出结果。

4.7.2 案例解析：在 SPSS 中分析学生考试成绩的偏度、峰度

> **案例呈现**
>
> 某调查研究了学生某次英语考试的成绩，对"英语成绩"进行分布形状分析，求其偏度和峰度，并对结果进行分析。
>
> 1．您的英语考试成绩是：_____分

操作步骤

（1）打开 SPSS 数据文件"英语成绩.sav"，选择【Analyze】→【Descriptive Statistics】→【Descriptives】命令，打开 Descriptives 对话框。如图 4.7.1 所示。

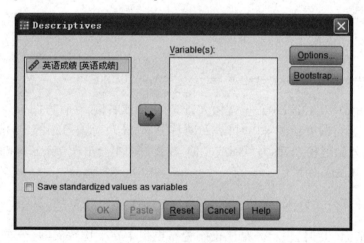

图 4.7.1 "Descriptives"对话框

（2）在 Descriptives 对话框中，把将要测算的变量"英语成绩"选入："Variables(s)"文本框。如图 4.7.2 所示。

（3）单击"Option"按钮，在弹出的"Descriptives：Options"对话框中的"Distribution"中勾选"Skewness"和"Kurtosis"选项。如图 4.7.3 所示。

（4）单击"Continue"按钮，返回上一级对话框，然后单击对话框中的"OK"按钮，即得到输出结果。如表 4.7.1 所示。

第4章 教育研究数据的基本统计分析

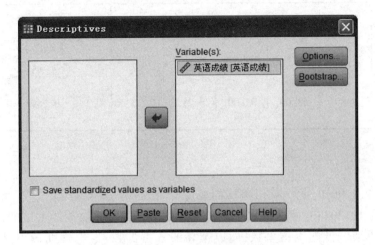

图 4.7.2 案例设置操作

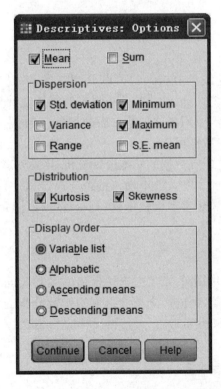

图 4.7.3 "Descriptives Options"对话框

表 4.7.1 输出结果图 Descriptive Statistics

	N	Minimum	Maximum	Mean	Std. Deviation	Skewness		Kurtosis	
	Statistic	Statistic	Statistic	Statistic	Statistic	Statistic	Std. Error	Statistic	Std. Error
英语成绩 Valid N (listwise)	8080	53.00	97.00	75.2125	10.30386	0.146	0.269	−0.586	0.532

结果分析

由表 4.7.1 可知,此次英语考试的最低分为 53 分,最高分为 97 分,均值为 75.2 分,标准差为 10.30386,偏度系数 0.146 >0 为正值,说明此次英语考试的成绩分布为右偏分布,成绩偏低的人占多数,而成绩高的人占少数,偏斜程度较小;峰度系数为 −0.586 <0,说明此次英语成绩的分布呈低峰态,为平峰分布,分数低于均值的学生占的比重较大。

知识拓展

调查问卷的基本描述统计分析大致可以分为三类,一是集中趋势的描述统计分析,二是离散程度的描述统计分析,三是分布形态的描述统计分析。因此,在对数据进行基本描述统计分析时,需要刻画这三个方面的指标系数,在进行分析统计操作时可根据实际需求勾选对应参数即可。

本章主要学习了教育研究数据的基本统计分析,当然对教育研究数据的统计分析方法还有高级统计,如验证家庭人均年收入是否与设定值一致,需要用到下一章参数检验中的单样本 T 检验,关于参数检验将放到下一章内容作介绍。

活动任务

从本书的综合案例和附带的光盘中选择合适的问卷及问题,对 SPSS 研究数据进行基本的统计分析,包括频数分析、交叉分组下的频数分析、基本描述统计分析、离散趋势分析、集中趋势分析和分布形态分析,得出相应的结论。

参考文献

[1] 张屹. 教育技术学研究方法[M]. 北京:北京大学出版社,2010.
[2] 张屹,周平红. 教育技术学研究方法[M]. 第二版. 北京:北京大学出版社,2013.
[3] 薛薇. 基于 SPSS 的数据分析[M]. 第二版. 北京:中国人民大学出版社,2006.
[4] 薛薇. 基于 SPSS 的数据分析[M]. 第二版. 北京:中国人民大学出版社,2006.
[5] 谢幼如,李克东. 教育技术学研究方法基础[M]. 北京:高等教育出版社,2006.
[6] 李克东. 教育技术学研究方法[M]. 北京:北京师范大学出版社,2003.
[7] 网络资源:http://course.cug.edu.cn/cugFourth/shhtjx/kcnr/CHAP4/4.7.5.htm.

第 5 章

教育研究数据的参数检验

学习目标

1. 阐述参数检验的基本思路和条件,并能将其应用到实际操作中。
2. 阐述单样本、两独立样本和配对样本的 T 检验的分析目的和适用条件。
3. 能够使用 SPSS 软件进行参数检验,并能够对分析的数据做出合理的解释。
4. 总结在进行参数检验中遇到的难点和采取的解决措施。

关键术语

相伴概率　观测变量　控制变量　单样本　独立样本　配对样本

知识导图

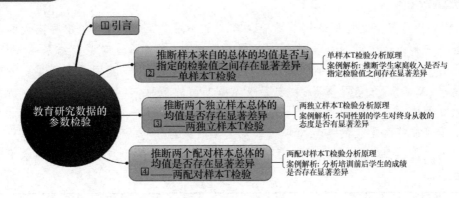

5.1 引　言

内容简介

参数检验是在总体分布形式已知(例如总体为正态分布)的情况下,对总体分布的参数如均值、方差等进行推断。参数检验既能推断总体特征,也能对两个或多个总体的总体参数进行比较。例如,同学们参加某一培训班后成绩是否和之前有差异,两个教师分别教授两个平行班级的同一门课程,比较两个班成绩的差异等。本章主要介绍单样本 T 检验、两独立样本 T 检验、两配对样本 T 检验的内容和方法。本章的重难点是每种统计方法对教育数据的要求、操作步骤、结果解析,以及两独立样本 T 检验、两配对样本 T 检验的区别。

方法解读

参数检验是推断统计的重要组成部分。它是一种根据样本数据推断总体特征的方法,即在对样本数据描述的基础上,以概率的形式对统计总体的未知数量特征进行表述。

根据从未知总体中抽取出的随机样本,对未知总体分布特征进行统计推断是统计学的基本任务之一,这种推断常常表现为对总体所依赖的参数的推断。在所有数字特征中,均值是反映总体一般水平的最重要的特征,样本是否与总体相符取决于样本均值与总体均值之间的差异。参数检验作为均值比较问题的一部分,是推断统计的重要方法。

5.2 推断样本来自的总体的均值是否与指定的检验值之间存在显著差异——单样本 T 检验

问题导入

"免费师范生远程可视化学习平台需求调查问卷"是我们对华中师范大学的首届免费师范生进行的远程学习资源需求的调查,旨在通过对调查结果的分析,为平台网络教育资源建设提供重要的实证依据。在问卷中,我们调查了学生的个人情况、基本信息、学习情况、教学实践等多方面的信息,其目的在于通过分析各要素之间的联系了解学生的基本信息、明确学生的实际需求,以使平台的设计与开发尽可能符合学生的实际需求。如学生家庭的经济水平可能是其成为免费师范生的原因,所以有必要分析学生所在家庭的经济状况是否与国家的平均水平存在差异。

数据统计要求

T 检验的前提是数据服从正态分布,理论上,即使样本量很小,也可以进行 T 检验。只要每组中变量呈正态分布,两组方差不会明显不同,就可以通过观察数据的分布或进行正态性检验估计数据的正态假设。方差齐性的假设可进行 F 检验,或进行更有效的 Levene's 检验。如果不满足这些条件,则可以使用非参数检验代替 T 检验进行两组间均值的比较。

知识卡片

如何在 SPSS 中进行正态分布检验

一般通过图示法、计算法对正态分布进行检验,此处我们介绍比较直观的图示法。

1. P-P 图

以样本的累计频率作为横坐标,以按照正态分布计算的相应累计概率作为纵坐标,把样本值表现为直角坐标系中的散点。如果数据服从整体分布,则样本点应围绕第一象限的对角线分布。

2. Q-Q 图

以样本的分位数作为横坐标,以按照正态分布计算的相应分位点作为纵坐标,把样本表现为直角坐标系的散点。如果数据服从正态分布,则样本点应该呈一条围绕第一象限对角线的直线。

以上两种方法以 Q-Q 图为佳,效率较高。

3. 直方图

判断方法:是否以钟形分布,同时可以选择输出正态性曲线。在描述统计项中执行,在【Charts…】中选择"Histograms"即可。

4. 箱式图

判断方法:观测离群值和中位数。

5. 茎叶图

类似于直方图,但实质不同。

还有其他的方法请同学们自己查阅相关书籍。

5.2.1 单样本 T 检验分析原理

核心概念

单样本 T 检验是指推断某样本总体的均值与指定的检验值之间是否存在显著差异。单样本 T 检验的对象是一个总体,检验的前提是该总体符合正态分布。例如:假设某重点初中的学生成绩近似服从正态分布,教研人员想了解全体学生的平均成绩与 85 分的差异,即可采用单样本 T 检验。

原理解析

单样本 T 检验的基本思路:假设某样本总体的均值与指定的检验值之间不存在差异。主要分为四个步骤,下面我们就以前面提到的"调查免费师范生家庭人均年收入"为例来进行分析。

解决该案例的基本思路是:

第一,提出假设。

单样本 T 检验的原假设 H_0 为总体均值与检验值之间不存在显著差异,表述为: $\mu = \mu_0$,假设人均年收入的平均值与 8273.65 元之间无显著差异。

第二,选择检验统计量 T。

统计量 T 是指评价一个总体中小样本平均数之间的差异程度,其统计量 t 值的计算公式为 $t = (x$ 的平均值 $- ?_0)/$标准差,当认为原假设成立时,将 ? 用 $?_0 = 8273.65$ 带入。

第三,计算检验统计量观测值和概率 p 值。

p 值是指 t 统计量观测值的双尾概率即无差异的概率。那么 SPSS 会根据我们给出的数据自动计算出 t 统计量的观测值。

第四,设定显著水平 $\alpha = 0.05$ 并做出决策,将显著性概率 α 与检验统计量 p 进行比较。

若 $p > 0.05$,接受原假设,即认为家庭人均年收入与 8273.65 元之间没有显著差异,否则拒绝原假设,认为两者存在显著差异。

小贴士

在统计假设检验中,公认的小概率事件的概率值被称为统计假设检验的显著性水平,记为 α。α 的取值越小,此假设检验的显著性水平越高。显著性水平与置信水平的和为 1,显著性水平为 0.05 时,$\alpha = 0.05$,置信水平为 $1 - \alpha = 0.95$。如果置信区间为 $(-1,1)$,即代表变量 x 在 $(-1,1)$ 之间的可能性为 0.95。关于显著性水平的取值,0.05 和 0.01 是比较常用的,但换个数也是可以的,计算方法还是不变。总之,置信度越高,显著性水平越低,代表假设的可靠性越高。

基本操作

在进行参数检验之前,对家庭人均年收入是否服从正态分布这一条件进行检验。对本例数据执行 Q-Q 图检验操作,其操作菜单为【Graphs】→【Q-Q…】。

在 SPSS 中进行单样本 T 检验的基本操作为【Analyze】→【Compare Means】→【One-Sample T Test】,我们结合具体案例对数据进行检验。

5.2.2 案例解析:推断学生家庭收入是否与指定检验值之间存在显著差异

案例呈现

选择"免费师范生远程可视化学习平台需求调查问卷"的"A 关于免费师范生"部分的题 6。

A. 6 您家庭的人均年收入是＿＿＿＿＿＿＿＿元。

通过单样本 T 检验,推断家庭人均年收入的平均值与 8273.65 之间是否存在显著差异。

操作步骤

(1)选择菜单栏中的【Analyze】,在弹出的下拉列表中选择【Compare Means】比较平均值选项中的【One Sample T Test】,就会弹出单样本 T 检验窗口,如图 5.2.1 所示。

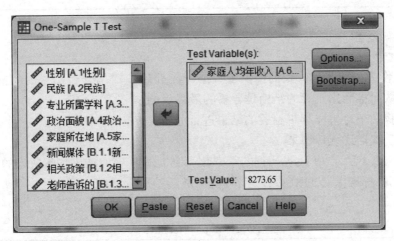

图 5.2.1 单样本检验窗口

(2)点击窗口左侧的待检测变量"家庭人均年收入",然后单击中间的小箭头,将其移入检测变量"Test Valuable(s)"中,并在检测值"Test Value"中输入 8273.65。

(3)选择"Options"按钮定义其他选项,出现如图 5.2.2 所示窗口,Options 选项用来指定置信概率"Confidence Interval Percentage"(我们通常设置为 95%)和缺失值"Missing Valuses"的处理方法。其中,"Exclude cases analysis by analysis"表示当涉及的变量上有缺失值,则剔除在该变量上为缺失值的个案;"Exclude cases listwise"表示剔除所有在任意变量上含有缺失值的个案后再进行分析。

(4)点击"Continue"按钮,回到单样本 T 检验窗口,点击"OK"按钮,执行 SPSS 操

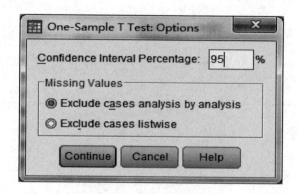

图 5.2.2 缺失值选项窗口

作,输出结果。

> **小贴士**
>
> 缺失值的默认处理方法为"Exclude cases analysis by analysis",该种方法可以更充分利用样本数据。在分析中我们通常采用此方法,本书后续章节均采用缺失值默认处理方法。

结果分析

SPSS 作为一项工具为我们提供了数据智能处理和输出分析结果的功能,对结果进行分析从而推断出正确的结论是分析的最终目的。

下面我们来对单样本 T 检验的结果进行分析。

(1) 基本描述统计结果。

如表 5.2.1 所示,N 代表调查的家庭数为 197,这些家庭的人均年收入的平均值是 12830.96 元,标准差是 11818.21 元,均值标准误差是 842.01235 元。

表 5.2.1 基本描述统计结果

One-Sample Statistics

	N	Mean	Std. Deviation	Std. Error Mean
家庭人均年收入	197	12830.96	11818.20653	842.01235

(2) 单样本 T 检验的结果。

如表 5.2.2 所示,图中各字母代表的意义分别是:T 统计量,df 自由度,Sig 双尾 T 检验的显著性概率,Mean Difference 检验值和实际值的差,95% Confidence Interval of the Difference 是具有 95% 置信度的范围。

表 5.2.2 单样本统计结果
One-Sample Test

	Test Value = 8273.65					
	T	df	Sig. (2-tailed)	Mean Difference	95% Confidence Interval of the Difference	
					Lower	Upper
家庭人均年收入	5.412	196	0.000	4557.314	2896.75	6217.88

从表 5.2.2 中可以看到，T 统计量的观测值是 5.412，自由度为 196，而 p 就是指图中的 Sig.，总体均值与原假设值差的 95% 的置信区间为 (2896.75, 6217.88) 由此计算总体均值的 95% 置信区间为 (8273.65 + 2896.75, 8273.65 + 6217.88)。由于 p 是 0.000，小于 0.05，也就是 $p < a$ 表示无差异的概率非常小即差异显著，所以这一实验结果就推翻了原假设，得出这样一个结论：免费师范生家庭人均年收入的平均值与 8273.65 有显著差异，同时根据统计结果可以知道免费师范生家庭人均年收入高于 8273.65 元。

5.3 推断两个独立样本总体的均值是否存在显著差异——两独立样本 T 检验

问题导入

"免费师范生远程可视化学习平台需求调查问卷"中涉及不同性别免费师范生终身从教的态度，现在要调查免费师范生中不同性别学生的终身从教态度是否有显著差异，该问题涉及来自总体的两个彼此独立的样本，采用单样本 T 检验已经不能解决该问题。由于不同性别学生的样本总体近似服从正态分布，而且两种样本相互独立，所以我们运用两独立样本 T 检验进行分析。

数据统计要求

两独立样本 T 检验的前提是：第一，样本来自的总体服从或近似服从正态分布；第二，两样本相互独立，即从一个总体中抽取一组样本对从另一总体中抽取一组样本没有任何影响，两组样本的个案数目可以不等。

5.3.1 两独立样本 T 检验分析原理

核心概念

两独立样本 T 检验是用于检验来自正态总体的两个彼此独立的样本,并推断两个总体的均值是否存在显著差异。

原理解析

与单样本 T 检验是完全相同的,两独立样本 T 检验也是分为四个步骤。

下面我们以前面提到的"免费师范生不同性别学生终身从教态度"为例来进行分析。

解决该案例的基本思路是:

第一,提出假设。

假设不同性别学生的终身从教态度无显著差异。

第二,选择检验统计量 T。

统计量 T 是指两总体均值差检验的检验统计量。我们在屏幕中可以看到 T 值的计算方法,该过程在 SPSS 中自动计算。

第三,计算检验统计量观测值和概率 p 值。

p 值是指 T 统计量观测值的双尾概率即无差异的概率。SPSS 自动将男女两组样本的均值、标准数、抽样分布方差等进行处理,计算出 T 统计量的观测值和概率 p 值。

第四,设定显著水平 $\alpha = 0.05$ 并做出决策。

该检测需要对两样本总体的方差和均值分别进行判断。首先,判断男生总体和女生总体的方差是否存在显著差异,将显著概率 α 和 F 检验统计量概率 p 进行比较,如果 $p > \alpha$,接受原假设,认为两总体方差无显著差异,反之,则拒绝假设。其次,判断男生总体和女生总体的均值是否存在显著差异,将显著概率 α 和 T 检验统计量概率 p 进行比较,如果 $p > \alpha$,接受原假设,认为两总体均值无显著差异,反之拒绝假设。

基本操作

SPSS 中两组样本数据存放在一个 SPSS 变量中,为了区别样本所属的总体,应该定义一个对总体进行区分的标识变量。

在 SPSS 中进行两独立样本 T 检验的操作为:【Analyze】→【Compare Mean】→【Independent Samples T Test】,我们结合具体案例对数据进行检验。

5.3.2 案例解析:不同性别的学生对终身从教的态度是否有显著差异

案例呈现

我们做了"免费师范生远程可视化学习平台需求调查问卷"的"A 个人情况"部分的第 1 题和"B 关于免费师范生"部分的第 8 题。

A.1 您的性别:□男　□女

B.8 您愿意终身从教吗?□愿意　□不愿意　□不确定

针对此项指标,推断不同性别的学生是否有显著差异,以使我们了解不同性别学生对终身从教的态度。

操作步骤

下面我们在 SPSS 中进行具体的操作。

(1) 选择菜单栏中的【Analyze】即分析选项,在弹出的下拉列表中选择【Compare Means】比较平均值选项中的【Independent Samples T Test】即两独立样本 T 检验,弹出两独立样本 T 检验窗口,如图 5.3.1 所示。

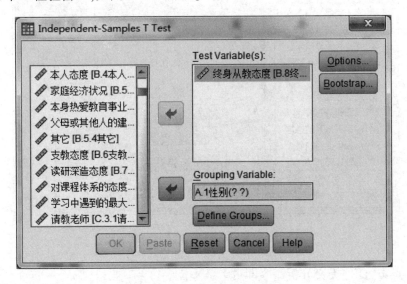

图 5.3.1　两独立样本 T 检验

(2) 点击窗口左侧的待检测变量"终身从教态度",然后单击中间的小箭头,将其移入检测变量"Test Valuable(s)"中,再选择左侧的"性别",以同样的步骤将其移入下面的检测变量"Grouping Valuable"中,如图 5.3.1 所示。

(3) 单击"Define Groups"按钮来定义两总体的标志值,弹出如图 5.3.2 所示的窗口,在"Use Specified Values"目录下的 Group1、Group2 中分别输入 1、2,这里是以 1 代表男生、2代表女生为标识变量进行区别。

（4）点击"Continue"按钮，回到图5.3.3所示的两独立样本T检验窗口，点击"Option"按钮设置"Missing Values"（缺失值）和"Confidence Interval"（置信概率）。

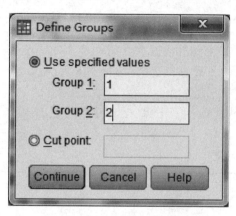

图5.3.2 定义标识变量

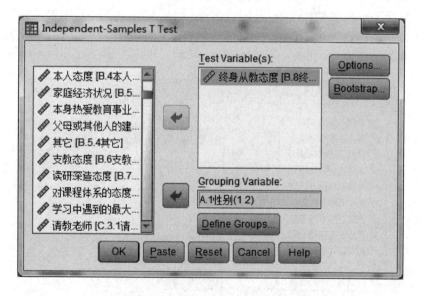

图5.3.3 两独立样本T检验设置完毕

（5）点击"OK"提交分析命令即可。

SPSS操作完毕，我们就可以看到结果了。

结果分析

下面我们来对两独立样本T检验的结果进行分析。

（1）基本描述统计结果。

从表5.3.1中我们可以看到，本实验中男性、女性的样本容量N分别是87、122；

均值 Mean 分别为 2.1149、1.9508；其标准差分别为 0.81305、0.88001；平均值标准误差分别为 0.08717、0.07967。从描述的信息可以看出，在终身从教的态度上，男生、女生的均值分别为 2.11 和 1.95，表明男生、女生都不太愿意终身从事教育事业，其中男生的不愿意程度更强。

表 5.3.1　不同性别学生的基本描述统计
Group Statistics

	性别	N	Mean	Std. Deviation	Std. Error Mean
终身从教态度	男	87	2.1149	0.81305	0.08717
	女	122	1.9508	0.88001	0.07967

（2）两独立样本 T 检验的结果。

分析结论应通过两步完成，第一步，两总体方差是否相等的 F 检验。从表 5.3.2 中可以看到，该检验的 F 统计量的观察值为 2.32，对应的概率 p 值为 0.130，远大于 0.05，可以认为两总体的方差无显著差异。第二步，两总体均值的检验。在第一步中，由于两总体方差无显著差异，因此应该从方差齐次那一行读值，t 值是 1.37，对应的双尾概率 p 值为 0.172，远大于 0.05，即 $p > \alpha$，与原假设一致，由此可以认为免费师范生中不同性别的学生对终身从教的态度是一致的。

表 5.3.2　两独立样本的 T 检验结果
Independent Samples Test

		Levene's Test for Equality of Variances		t-test for Equality of Means					95% Confidence Interval of the Difference	
		F	Sig.	t	df	Sig. (2-tailed)	Mean Difference	Std. Error Difference	Lower	Upper
终身从教态度	Equal variances assumed	2.32	0.130	1.37	207	0.172	0.1641	0.1197	−0.0718	0.40006
	Equal variances not assumed			1.39	194	0.166	0.1641	0.1181	−0.0688	0.39704

5.4 推断两个配对样本总体的均值是否存在显著差异——两配对样本 T 检验

问题导入

为了检验传统教学方式和多媒体教学方式对学生学习成绩的影响是否存在差异,我们做了关于学生培训前后测试成绩是否存在差异的调查。由于学生接受两种不同教学方式的成绩是相关变量,所以采用单样本 T 检验、两独立样本 T 检验均已不能解决该问题。为解决这一问题,我们将采用另一种检验方法——两配对样本的 T 检验进行分析。

数据统计要求

配对样本通常具有两个特征:第一,两组样本的样本数相同;第二,两组样本观测值的先后顺序一一对应。

5.4.1 两配对样本 T 检验分析原理

核心概念

两配对样本 T 检验是指检验来自正态总体的彼此相关的两个样本均值之间的差异。即利用来自两个总体的配对样本,推断两个总体的均值是否存在显著差异。

原理解析

两配对样本 T 检验的基本思路与假设检验是完全相同的,也分为四个步骤。

下面我们就以学生在进行培训前后的成绩差异为例来进行分析,这里的配对样本是学生培训前后的测试成绩,是同一受试对象在处理前后的比较。

解决该案例的基本思路是:

第一,提出假设。

假设学生培训前后的成绩无显著差异,即 $\mu_1 - \mu_2 = 0$,其中 μ_1、μ_2 分别为培训前总体、培训后总体的均值。

第二,选择检验统计量 T。

两配对样本 T 检验所采用的检验统计量与单样本 T 检验类似,它要通过转化成单样本 T 检验来实现。

第三,计算检验统计量观测值和概率 p 值。

p 是指 T 统计量观测值的双尾概率,即无差异的概率。SPSS 会根据我们的原始数据自动统计培训前后两组样本的差值,并计算出 T 统计量的观测值和概率 p 值。

第四,设定显著水平 $\alpha = 0.05$ 并做出决策。

将已经计算出来的 p 值与 α 进行比较,若 $p > 0.05$,接受原假设,否则认为培训前后学生的成绩有显著差异。

基本操作

在 SPSS 中进行两配对样本 T 检验的操作为:【Analyze】→【Compare Means】→【Paired-Samples T Test】,我们结合具体案例对数据进行检验。

5.4.2 案例解析:分析培训前后学生的成绩是否存在显著差异

案例呈现

我们以检验传统教学方式和多媒体教学方式对学生学习成绩的影响是否存在差异为例,收集学生接受两种不同教学方式的成绩,运用两配对样本的 T 检验进行分析检验学生培训前后检验成绩是否存在差异、不同的教学方式对学生成绩是否存在显著影响。

操作步骤

下面我们在 SPSS 中进行具体的操作,首先在 SPSS 中打开培训前后的成绩数据。

(1)选择菜单栏中的【Analyze】即分析选项,在弹出的下拉列表中选择【Compare Means】比较平均值选项中的【Paired-Samples T Test】即两配对样本 T 检验,就会弹出两配对样本 T 检验的窗口,如图 5.4.1 所示。

(2)点击窗口左侧需要配对的参数"培训前成绩"和"培训后成绩",然后单击中间的小箭头,将其移入配对变量【Paired Valuables】中,如图 5.4.1 所示。

(3)选择"Options"按钮,出现如图 5.4.2 所示的窗口,指定置信概率"Confidence Interval"(我们通常设置为 95%)和缺失值"Missing Valuses"的处理方法。关于缺失值的两种处理方法我们在前边已经介绍过了,这里我们就不进行具体的介绍了。

(4)点击"Continue"按钮,回到两配对样本 T 检验窗口,点击"OK"按钮即执行 SPSS 操作。

SPSS 操作完毕,我们就可以看到结果了。

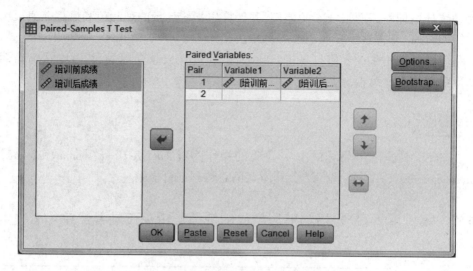

图 5.4.1　两配对样本 T 检验窗口

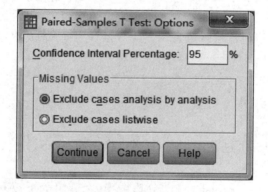

图 5.4.2　两配对样本检验 Opinion 选项

结果分析

下面我们来对两配对样本 T 检验的结果进行分析。

（1）基本描述统计结果。

从表 5.4.1 中我们可以看到，本次调查的样本数为 35，这些学生的培训前后成绩的平均值分别为 70.0286、89.2571，培训前及培训后的标准差分别是 5.66457、5.33767，均值标准误差分别是 0.95749、0.90223，可见培训后学生的平均成绩得到了提升。

表 5.4.1　基本描述统计量

Paired-Samples Statistics

		Mean	N	Std. Deviation	Std. Error Mean
Pair 1	培训前成绩	70.0286	35	5.66457	0.95749
	培训后成绩	89.2571	35	5.33767	0.90223

(2) 两配对样本相关性检验结果。

表 5.4.2 中的 Correlation(相关系数)显示了配对样本的线性相关性,从表 5.4.2 中我们可以看到相关系数为 -0.052,显著性概率 Sig. = 0.768 > 0.05,这说明学生培训前后的成绩线性相关关系较弱。

表 5.4.2　两配对样本相关性检验表
Paired-Samples Correlations

	N	Correlation	Sig.
Pair 1　培训前成绩 & 培训后成绩	35	-0.052	0.768

(3) 两配对样本 T 检验结果分析。

表 5.4.3 中的第二列是学生培训前后成绩的平均差异,相差了 19.2 分;第三列是差值样本的标准差,值为 7.982;第四列是差值样本抽样分布的标准误差,值为 1.349;第五列和第六列表示差值为 95% 的置信区间的下限和上限(-21.97,-16.49);t 检验统计量的观测值为 -14.3;自由度为 34;t 检验统计量观测值对应的双尾概率 p 值为 0.000,小于 a = 0.05,也就是表示无差异的概率非常小即差异显著。所以这一实验结果就推翻了原假设,我们得出这样一个结论:学生培训前后的成绩有显著差异。同时根据统计结果我们可以知道培训后的成绩明显高于培训前的成绩。

表 5.4.3　两配对样本 T 检验结果
Paired-Samples Test

		Paired Differences					t	df	Sig. (2-tailed)
		Mean	Std. Deviation	Std. Error Mean	95% Confidence interval of the Difference				
					Lower	Upper			
Pair 1	培训前成绩 & 培训后成绩	-19.2	7.982	1.349	-21.97	-16.49	-14.3	34	0.000

知识拓展

参数检验是在总体类型已知的情况下对未知的参数进行估计和推断,当总体类型未知,不满足参数检验的条件时,可以使用非参数检验方法来处理。非参数检验与参数检验相比,应用范围更广泛(任何数据类型都可以,尤其适用于偏态分布、数据类型不明确的、数据一端或者两端无固定数值、等级数据),计算更简便,但是由于不能充分利用资料所提供的所有信息,所以检验效能低一些。

活动任务

在上一章的活动任务中大家已经在 SPSS 中建立了调查研究的数据文件,请大家根据本节所学的分析方法对已建的数据进行参数检验,并对分析的结果进行解释以得出结论。

参考文献

[1] 张屹. 教育技术学研究方法[M]. 北京:北京大学出版社,2010.
[2] 张屹,周平红. 教育技术学研究方法[M]. 第二版. 北京:北京大学出版社,2013.
[3] 薛薇. 基于 SPSS 的数据分析[M]. 北京:中国人民大学出版社,2006.
[4] 谢幼如,李克东. 教育技术学研究方法基础[M]. 北京:高等教育出版社,2006.
[5] 李克东. 教育技术学研究方法[M]. 北京:北京师范大学出版社,2003.

第 6 章

教育研究数据的非参数检验

学习目标

1. 阐述研究数据的非参数检验的原理和基本思路。
2. 掌握单样本非参数检验的基本原理,能够熟练应用 SPSS 软件进行单样本非参数检验,并能对分析结果进行合理解释。
3. 掌握两独立样本非参数检验的基本原理,能够熟练应用 SPSS 软件进行两独立样本非参数检验,并能对分析结果进行合理解释。
4. 掌握两配对样本非参数检验的基本原理,能够熟练应用 SPSS 软件进行两配对样本非参数检验,并能对分析结果进行合理解释。
5. 区分参数检验与非参数检验的异同。

关键术语

非参数检验　单样本非参数检验　卡方检验　两独立样本非参数检验　两配对样本非参数检验

知识导图

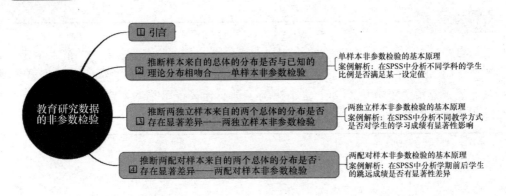

6.1 引　言

内容简介

非参数检验是相对于参数检验而言的,它们共同构成了推断统计的基本内容。教育研究数据的非参数检验包括单样本非参数检验、两独立样本非参数检验和两配对样本非参数检验。单样本非参数检验通过不同学科的学生比例是否满足某一设定值这个案例进行内容介绍。两独立样本非参数检验通过分析不同教学方式是否对学生的学习成绩有显著性影响这个案例进行内容介绍。两配对样本非参数检验通过分析学期前后学生的跳远成绩是否有显著性差异来进行内容介绍。本章的重点是区分非参数检验和参数检验,以及能根据教育研究数据选择合适的分析方法。

方法解读

单样本非参数检验是对单个总体的分布形态进行推断,即了解样本来自的总体分布是否与某个已知的理论分布吻合。如分析问卷调查者所属科类(文史、艺体、理工)的学生人数比例是否满足2∶2∶1这一比例。两独立样本非参数检验通过对两独立样本的分析,推断来自两个总体的分布是否存在显著性差异。如分析两种不同的教学方法是否会对学生的学习成绩产生显著性影响。两配对样本非参数检验是在对总体分布不甚了解的情况下,通过对两组配对样本的分析,推断样本来自的两个总体的分布是否存在显著差异的方法。如分析在采用新的教学方法前后学生的学习成绩是否有显著性差异。

6.2　推断样本来自的总体的分布是否与已知的理论分布相吻合——单样本非参数检验

问题导入

在"中国高校信息化应用质量与效果评价调查问卷"的第一部分"个人信息"部分,我们进行了科类调查。运用单样本非参数检验可以准确了解问卷调查者的科类覆盖范围是否满足2∶2∶1这个比例。那么什么是单样本非参数检验,如何通过单样本非参数检验判断被调查者是否满足这一比例呢？

> **数据统计要求**

教育研究数据的单样本非参数检验的前提条件是样本小或所属的总体分布不明。变量数据类型可为定距型数据、定类型数据、定序型数据。

6.2.1 单样本非参数检验的基本原理

> **核心概念**

单样本非参数检验是对单个总体的分布形态进行推断,即了解样本来自的总体分布是否与某个已知的理论分布吻合。

卡方检验是对定序变量的总体进行检验,适合对有多项分类值的总体分布的分析。

> **分析方法辨析**

参数检验与非参数检验的异同

1. 二者的根本区别在于参数检验要利用总体的信息(总体分布、总体的一些参数特征如方差),以总体分布和样本信息做出推断;非参数检验不需要利用总体的信息,以样本信息对总体分布做出推断。
2. 参数检验要求总体呈正态分布,而非参数检验可任意分布。
3. 参数检验的数据为连续数据、等距数据、等比数据;非参数检验数据可为连续数据、离散数据。
4. 参数检验的灵敏度和精确度优于非参数检验。

> **原理解析**

卡方检验的基本思路。

卡方检验的零假设 H_0:样本来自的总体其分布形态与期望分布或某一理论分布无显著差异。

总体分布的卡方检验原理:如果从一个随机变量 X 中随机抽取若干个观察样本,这些观察样本落在 X 的 k 个互不相交子集中的观察频数服从一个多项分布,这个多项分布的 k 趋于无穷时,就近似服从 X 的总体分布。

以推断"问卷发放范围中文史、艺体、理工学生的比例是否满足 2∶2∶1 这一比例"为例,其基本思路:

第一,提出原假设。

H_0:在问卷发放范围中文史、艺体、理工学生的比例满足 2∶2∶1 这一比例,则备选

假设 H_1：文史、艺体、理工学生的比例不满足 2∶2∶1 这一比例。

第二，卡方检验统计量。

$$x^2 = \sum_{i=1}^{k} \frac{(Q_i - E_i)^2}{E_i}$$

该公式中，k 为子集个数，O_i 为观察频数，E_i 为期望频数或理论频数。可见，x^2 越大，观察频数与理论频数差距越大；x^2 越小，观察频数与理论频数越接近。

第三，计算检验统计量和概率 p 值。

SPSS 自动计算 x^2 统计量，根据 x^2 分布表计算出卡方统计量对应的相伴概率 p 值。

第四，设定显著性水平 $\alpha = 0.05$，做出决策。将显著性概率 α 和检验统计量概率 p 比较，如果 $p > 0.05$，接受原假设，认为样本来自的总体分布形态与期望分布没有显著差异，否则认为文史、艺体、理工学生的比例不满足 2∶2∶1 这一比例。

基本操作

卡方检验的主要操作步骤以分析学生的学习成绩等级是否满足某一比例的卡方检验为例。

（1）选择菜单：【Analyze】→【Nonparametric Tests】→【Legacy Dialogs】→【Chi-Square】，出现卡方检验窗口，将要检验的变量"等级"置入"Test Variable List"检验变量框，在"Expected Range"中选择"Use specified range"以确定待检验样本的取值范围，本例中设置 Lower 为"1"，Upper 为"3"，确立学生成绩等级的范围值。

（2）在"Expected Values"框中设置期望分布的频数，本例选择"Values"，点击"add"添加相应的值来代表设置分组的期望频数，本例"优秀""良好""及格"期望分布为 1∶2∶2。

（3）点击"OK"提交分析命令即可。

6.2.2 案例解析：在 SPSS 中分析不同学科的学生比例是否满足某一设定值

案例呈现

选择"中国高校信息化应用质量与效果评价调查问卷（华中师范大学学生）"中"个人信息"部分的科类调查。

您的基本信息：
科类　□文史　□理工　□艺体

第6章 教育研究数据的非参数检验

录入后的信息如图6.2.1所示。

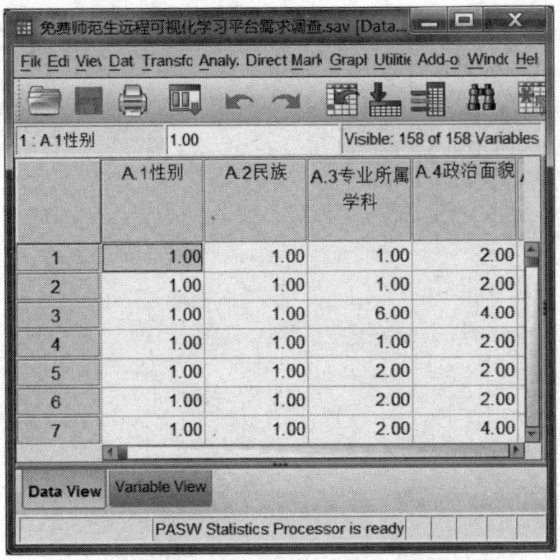

图6.2.1 检验数据

为了了解问卷调查的科类覆盖范围是否合理,推断文史、艺体、理工学生的比例是否满足2∶2∶1这一比例,该问题涉及分析某一个变量的各个水平是否有同样比例,可以使用卡方检验。在对学生科类进行界定中,"1"代表"文史";"2"代表"理工","3"代表"艺体"。原假设 H_0:文史、艺体、理工学生的比例满足2∶2∶1。

操作步骤

(1) 选择菜单:【Analyze】→【Nonparametric Tests】→【Legacy Dialogs】→【Chi-Square】,出现如图6.2.2所示窗口,将要检验的变量"科类"置入"Test Variable List"检验变量框,在【Expected Range】中选择"Use specified range"以确定待检验样本的取值范围,本例中设置 Lower 为"1",Upper 为"3",确立学生科类的范围值。

(2) 在"Expected Values"框中设置期望分布的频数,本例选择"Values",点击"OK"添加相应的值来代表设置分组的期望频数,本例"文史""理工""艺体"期望分布为2∶2∶1。

(3) 点击"OK"提交分析命令即可。同时也可以点击【Options】统计数据基本信息,方式与前面章节介绍的类似,此处不再赘述。

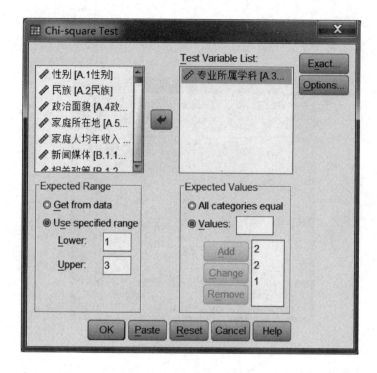

图 6.2.2　卡方检验窗口

结果分析

上一小节中我们实现了如何使用 SPSS 软件对教育数据进行卡方检验,本节对输出结果进行分析。

(1) 分析数据信息。

如表 6.2.1 所示,在 307 个观察数据中,文史、理工、艺体类学生实际人数分别为 110 人、120 人、77 人,按照理论分布,307 人在三类学科中的期望频数应为 122.8、122.8、61.4,实际观察频数与期望频数的差分布为 −12.8、−2.8、15.6。

表 6.2.1　数据统计信息

Frequencies

		A03 科类		
	Category	Observed N	Expected N	Residual
1	文史	110	122.8	−12.8
2	理工	120	122.8	−2.8
3	艺体	77	61.4	15.6
Total		307		

(2) 卡方检验结果。

如表 6.2.2 所示,相伴概率 $p=0.069(.Sig)>0.05$,因此不能拒绝原假设,可以认为样本来自的总体与指定的理论分布没有显著差异,即参与调研的学生所学科类的文史、理工、艺体类的关系满足 2∶2∶1。

表 6.2.2 卡方检验结果
Test Statistics

	A03 科类
Chi-Square[a]	5.362
df	2
Asymp. Sig.	0.069

a. 0 cells(0%) have expected frequencies less than 5. The minimum expected cell frequency is 61.4.

> **小贴士**
>
> 卡方检验是一种吻合性检验,一般要求待检验样本有较大的样本容量,比较适合于一个因素的多项分类的数据分析。卡方检验的数据是实际收集到的样本数据,而非频数数据。

6.3 推断两独立样本来自的两个总体的分布是否存在显著差异——两独立样本非参数检验

> **问题导入**
>
> 某科学课程要进行教学方式改革,先实施小范围的试验研究,分别对两个水平基本一致的班级使用不同的教学方式试验教学,探讨两种教学方式是否会对学生的成绩产生显著性影响,可以采用两独立样本非参数检验。那么,如何采用两独立样本非参数检验进行分析,并得到有价值的教育信息呢?

数据统计要求

教育研究数据的两独立样本非参数检验的数据类型。

(1) 样本数据是相互独立的,即在一个总体中随机抽样对另一个总体中的随机抽样没有影响的情况下所获得的样本。

(2) 因变量:离散型数据,如频数、学习成绩等。

6.3.1 两独立样本非参数检验的基本原理

核心概念

两独立样本的非参数检验是在总体分布不甚了解的情况下,通过对两组独立样本的分析,来推断样本来自的两个总体的分布是否存在显著差异的方法。独立样本是指在一个总体中随机抽样对另一个总体中的随机抽样没有影响的情况下所获得的样本。

在均值比较的两个独立样本的 T 检验过程中,假定了两个样本都来自于正态总体。然而,在实际中我们往往并不知道所抽取的样本的总体分布形式,可以通过两独立样本的非参数检验对数据进行推断,通过对两组独立样本的分析来推断样本来自的两个总体的分布是否存在显著差异。

原理解析

两独立样本非参数检验的基本思路。

两独立样本(曼—惠特尼 U 检验)的原假设是:两独立样本来自的两总体的分布无显著差异。

以推断"两种不同教学方式下学生的学习成绩是否显著性影响"为例,其基本思路:

第一,提出原假设。

H_0:分别使用传统教学方式和研究性教学方式进行教学,两个班级的学生成绩没有显著差异。则备选假设 H_1:分别使用传统教学方式和研究性教学方式进行教学,两个班级的学生成绩存在显著差异。

第二,选择检验统计量。

(1) 编秩。

将传统教学方式和研究性教学方式两个班级的数据 $(X_1, X_2, \cdots, X_m)$ 和 $(Y_1, Y_2, \cdots, Y_m)$ 混合后进行升序排列,求出每个数据的秩 R_i。

(2) 求平均秩。

分别对两组样本计算平均秩 $W_{X/m}$ 和 $W_{Y/n}$,并比较其差距。

(3) 比较两组样本秩。

两个班级的样本数据 $(X_1, X_2, \cdots, X_m)$ 和 $(Y_1, Y_2, \cdots, Y_m)$ 中,前者每个秩优于后者每个秩的个数为 U_1,后者每个秩优于前者每个秩的个数为 U_2,比较 U_1、U_2。

(4) 计算 Wilcoxon 统计量 W 和曼—惠特尼 U 统计量。

$$U = W - \frac{1}{2}k(k+1)$$

W 取值为数据较多的那一组样本的 W 值,若两组样本容量一样,取第一个变量所在样本组的 W 值,k 为样本 W 对应样本组的容量。若样本容量较大,则计算 Z 统

计量:

$$Z = \frac{U - \frac{1}{2}mn}{\sqrt{\frac{1}{12}mn(m+n+1)}}$$

第三,计算检验统计量和概率 p 值。

SPSS 自动计算 Z 统计量和对应的相伴概率 p 值。

第四,设定显著性水平 $\alpha = 0.05$,做出决策。

将显著性概率 α 和检验统计量概率 p 值比较,如果 $p > 0.05$,接受原假设,否则拒绝原假设。

两独立样本非参数检验的主要操作步骤以分析两种识字教学方法对学生的识字量是否有显著性影响为例。

(1) 选择菜单:【Analyze】→【Nonparametric Tests】→【Legacy Dialogs】→【2 Independent Samples】,将待检验变量"识字量"置入检验变量框"Test Variable List",将指定存放样本标志值的变量置入"识字教学法"的分组变量"Grouping Variable"中。

(2) 点击"Define Groups"定义两总体的标志值,在 Group1 和 Group2 框中以 1(注音识字法)、2(部件识字法)为标识变量进行区别。定义方式与两独立样本 T 检验类似。

(3) 点击"OK"提交分析命令即可。

> **知识卡片**
>
> 除上述曼—惠特尼 U 检验法(Mann-Whitney U),还有摩西极端反映检验法(Moses extreme reactions)、柯尔莫哥洛夫—斯米尔诺夫 Z 检验法(Kolmogorov-Smirnov Z)、瓦尔德—沃尔夫维兹游程检验法(Wald Wolfwitz Runs)。摩西极端反映检验法不仅能检验单个总体是否服从某一理论分布,还能验证两总体的分布是否存在显著差异;柯尔莫哥洛夫—斯米尔诺夫 Z 检验法用于检验两个独立样本是否来自于同一个分布的总体;瓦尔德—沃尔夫维兹游程检验法也是一种检验两个独立样本是否来自于同一总体的方法。具体各方法的介绍请查阅相关书籍。

6.3.2 案例解析:在 SPSS 中分析不同教学方式是否对学生的学习成绩有显著性影响

案例呈现

某小学尝试在"科学"这一课程上进行教学方式的改革,改革前先实施小范围的试验研究,旨在了解不同的教学方式是否对学生学习成绩产生显著影响以避免在牺牲升学率的情况下盲目改革。选择两个水平基本一致的班级作为控制样本和实验样本,其中 X 班级作为控制样本,使用传统教学方式——以教师为主体的讲授式教学;Y 班级作为实验样本,使用改革教学方式——以学生为主体的研究性学习。假设两种教学方法对学生的学习成绩没有显著性影响,一个学期后学生期末考试成绩如图 6.3.1 所示。

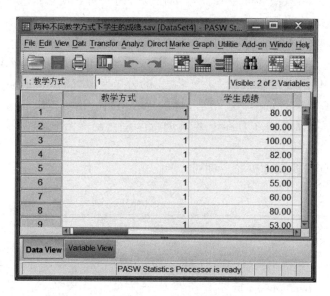

图 6.3.1 数据信息

操作步骤

(1)选择菜单:【Analyze】→【Nonparametric Tests】→【Legacy Dialogs】→【2 Independent Samples】,出现图 6.3.2 所示窗口,将待检验变量"学生成绩"置入检验变量框"Test Variable List",将指定存放样本标志值的变量置入"教学方式"的分组变量"Grouping Variable"中。

(2)点击"Define Groups"按钮定义两总体的标志值,在 Group1 和 Group2 框中以 1(传统的讲授式教学)、2(研究型教学)为标识变量进行区别。定义方式与两独立样本 T 检验类似。

第6章 教育研究数据的非参数检验

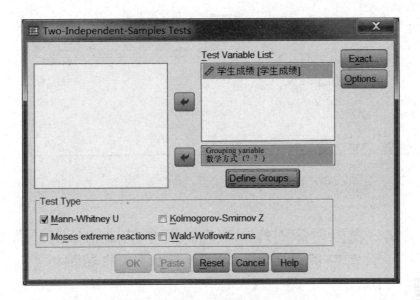

图 6.3.2　两独立样本非参数检验窗口

（3）点击"OK"按钮提交分析命令即可。

结果分析

上一小节在 SPSS 软件中进行两独立样本非参数检验，本节对输出结果进行分析。

（1）曼—惠特尼检验的秩（Ranks）统计量表

表 6.3.1 中列出了两个样本的值秩和（Sum of Ranks）以及平均秩（Mean Rank）。

表 6.3.1　曼—惠特尼检验的秩（Ranks）统计量表

Ranks

	教学方式	N	Mean Rank	Sun of Ranks
学生成绩	传统的讲授型教学	20	16.60	332.00
	研究型教学方式	20	24.40	488.00
	Total	40		

（2）曼—惠特尼 U 检验结果

如表 6.3.2 所示，曼—惠特尼 U 检验的概率值 .Sig 为 0.035，小于显著性水平 0.05，小概率事件发生了，应该拒绝原假设，可见，不同教学方式对学生成绩有显著影响。

表 6.3.2　曼—惠特尼 U 检验结果

	学生成绩
Mann-Whitney U	122.00
Wilcoxon W	332.000
Z	-2.118
Asymp. Sig. (2-tailed)	0.034
Exact Sig. [2*(1-tailed Sig.)]	0.035[a]

a. Not corrected for ties.
b. Grouping Variable：教学方式

6.4　推断两配对样本来自的两个总体的分布是否存在显著差异——两配对样本非参数检验

问题导入

在学期前后分别测试学生的跳远成绩,要检验学生在这一学期体育课前后跳远成绩是否存在显著性差异,可以采用两配对样本非参数检验的方法进行分析。那么,什么是两配对样本非参数检验,如何采用两配对样本非参数检验？

数据统计要求

教育研究数据的两配对样本非参数检验要求两个样本是配对的,即要求两组样本的样本数相同,且两组观测值的先后顺序一一对应。变量数据类型可为定距型数据、定类型数据、定序型数据。

6.4.1　两配对样本非参数检验的基本原理

核心概念

两配对样本的非参数检验是对总体分布不甚了解的情况下,通过对两组配对样本的分析,推断样本来自的两个总体的分布是否存在显著差异的方法。

配对样本的抽样是互相关联的,不是相互独立的。通过对两组配对样本的分析,推断样本来自的两个总体的分布是否存在显著差异。例如,新的教学手段是否对学习成绩的提高有影响等。

原理解析

两配对样本非参数检验的基本思路。

两配对样本的 Wilcoxon 符号秩检验的原假设是:两配对样本来自的总体的分布无显著差异。

以判断"学期前后学生的跳远成绩是否存在显著性差异"为例,其基本思路为:

第一,提出原假设。

H_0:本学期教学前后学生的跳远成绩相同,即差值的总体中位数 $M_d = 0$,则备选假设 H_1:教学前后学生的跳远成绩不相同,即差值的总体中位数 $M_d \neq 0$。

第二,选择检验统计量。

(1) 求差值。

利用第二组样本的各个观测值减去第一组对应样本的观察值,差值为正记为正号,否则记为负号,保存差值记录,即本例中用"目前跳远成绩"减去"初始跳远成绩",差值数据为 0、0.93、-0.03……(数据计算略去),本例中样本数 $n = 20$,计算出 20 个差值。

(2) 编秩。

将差值变量按照升序排序,并求出差值变量的秩。

(3) 求秩和。

分别计算正号秩总和 W_+ 和负号秩总和 W_-。

(4) 确定检验统计量。

在 H_0 成立的条件下,小样本下的检验统计量 $W = \min(W_+, W_-)$ 服从 Wilcoxon 符号秩分布。在大样本下则利用 W 构造 Z 统计量,它近似服从正态分布:

$$Z = \frac{W - n(n+1)/4}{\sqrt{n(n+1)(2n+1)/24}}$$

第三,计算检验统计量和概率 p 值。

SPSS 自动计算 Z 统计量和概率 p 值。

第四,设定显著性水平 $\alpha = 0.05$,做出决策。

将显著性概率 α 和检验统计量概率 p 比较,如果 $p > 0.05$,接受原假设,否则认为本学期教学前后,学生的跳远成绩存在显著差异。

基本操作

两配对样本非参数检验的主要操作步骤以分析使用交互式电子双板教学前后,学生的学习成绩是否存在显著性差异为例。

(1) 选择菜单:【Analyze】→【Nonparametric Tests】→【Legacy Dialogs】→【2 related Samples】,出现两配对样本非参数检验分析窗口,选择需要配对的参数,至少必须选择两项配对,将配对好的参数"教学前学习成绩—教学后学习成绩"放入配对变量框"Test Pairs List"中。

(2) 点击"OK"按钮提交分析命令。本例采用系统默认的检验方法威尔柯克森秩检验法(Wilcoxon),当变量是连续型时选择此类方法。

6.4.2 案例解析:在 SPSS 中分析学期前后学生的跳远成绩是否有显著性差异

案例呈现

初一体育课上,老师在开学之初对学生的立定跳远初始成绩进行测试,期末考试时再次记录学生跳远成绩,假设经过一学期体育课学习,学生跳远成绩没有差异,数据如图 6.4.1 所示。

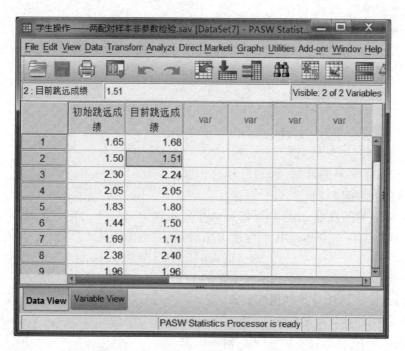

图 6.4.1 样本数据

操作步骤

(1)选择菜单:【Analyze】→【Nonparametric Tests】→【Legacy Dialogs】→【2 related Samples】,出现如图 6.4.2 所示窗口,选择需要配对的参数,至少选择两项配对,将配对好的参数"初始跳远成绩—目前跳远成绩"放入配对变量框"Test Pairs List"中。

(2)点击"OK"提交分析命令。本例采用系统默认的检验方法威尔柯克森秩检验法(Wilcoxon),当变量是连续型时选择此类方法。【Options】选项设置请参照前述知识。

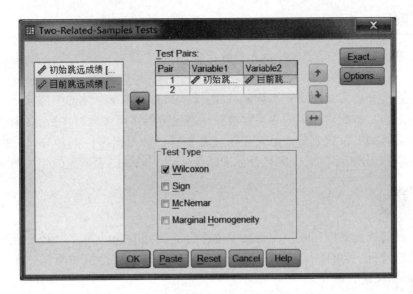

图 6.4.2　两配对样本非参数检验分析窗口

结果分析

根据上一小节中操作 SPSS 软件输出的分析结果,本节对输出结果进行分析。

(1) 威尔柯克森秩统计量表。

表 6.4.1 中列出了两个样本的值秩和(Sum of Ranks)以及平均秩(Mean Rank)。

表 6.4.1　威尔柯克森秩统计量表

		N	Mean Rank	Sum of Ranks
目前跳远成绩 – 初始跳远成绩	Negative Ranks	6[a]	10.58	63.50
	Positive Ranks	12[b]	8.96	107.50
	Ties	2[c]		
	Total	20		

a. 目前跳远成绩 < 初始跳远成绩
b. 目前跳远成绩 > 初始跳远成绩
c. 目前跳远成绩 = 初始跳远成绩

(2) 威尔柯克森检验结果。

如表 6.4.2 所示,显著性概率 Sig = 0.335 > 0.05,接受原假设,即认为经过一学期体育课学习,学生跳远成绩没有显著差异。

表 6.4.2　威尔柯克森检验结果

Test Statistics[b]

	目前跳远成绩 – 初始跳远成绩
Z	-0.964[a]
Asymp. Sig. (2 – Tailed)	0.335

a. Based on negative ranks.
b. Wilcoxon Signed Ranks Test

知识拓展

在非参数检验中,除了单样本非参数检验、两独立样本非参数检验、两配对样本非参数检验,还包括多独立样本非参数检验和多配对样本非参数检验。多独立样本非参数检验是通过分析多组独立样本数据,推断样本来自的多个总体的中位数或分布是否存在显著差异。多配对样本的非参数检验是通过分析多组配对样本数据,推断样本来自的多个总体的中位数或分布是否存在显著差异。如根据多位老师对同一批数学试卷打分的数据,分析多位老师的打分标准是否一致。具体内容请查阅相关书籍。

活动任务

从本书的综合案例和附带的光盘中选择合适的问卷及问题,对 SPSS 研究数据进行非参数检验,包括单样本非参数检验、两独立样本非参数检验和两配对样本非参数检验,并对结果进行解释。

参考文献

[1] 张屹. 教育技术学研究方法[M]. 北京:北京大学出版社,2010.
[2] 张屹,周平红. 教育技术学研究方法[M]. 第二版. 北京:北京大学出版社,2013.
[3] 薛薇. 基于 SPSS 的数据分析[M]. 北京:中国人民大学出版社,2006.
[4] 谢幼如,李克东. 教育技术学研究方法基础[M]. 北京:高等教育出版社,2006.
[5] 李克东. 教育技术学研究方法[M]. 北京:北京师范大学出版社,2003.
[6] 张厚粲,徐建平. 现代心理与教育统计学[M]. 北京:北京师范大学出版社,2004.

第 7 章

教育研究数据的方差分析

学习目标

1. 了解方差分析的含义与内容体系。
2. 掌握单因素方差分析的基本原理,能够熟练应用 SPSS 软件进行单因素方差分析,并能对分析结果进行合理解释。
3. 掌握多因素方差分析的基本原理,能够熟练应用 SPSS 软件进行多因素方差分析,并能对分析结果进行合理解释。
4. 掌握协方差分析的基本原理,能够熟练应用 SPSS 软件进行协方差分析,并能对分析结果进行合理解释。
5. 总结在进行方差分析中遇到的难点和采取的解决措施。

关键术语

随机变量　控制变量　观测变量　方差分析　单因素方差分析　多因素方差分析　协方差分析

知识导图

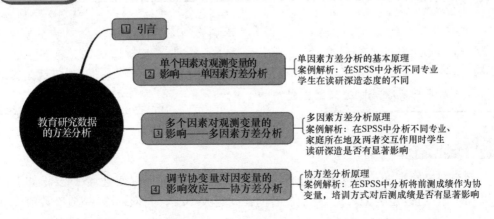

7.1 引　言

内容简介

教育研究数据的方差分析主要包括单因素方差分析、多因素方差分析和协方差分析。单因素方差分析通过在 SPSS 中分析所属专业对免费师范生读研深造态度的影响这个案例进行内容介绍。多因素方差分析通过在 SPSS 中分析专业、家庭所在地及其交互作用对免费师范生读研深造态度的影响这个案例进行内容介绍。协方差分析通过在 SPSS 中分析将前测成绩作为协变量的情况下，培训方式对后测成绩的影响这个案例进行内容介绍。本章的重难点是区分控制变量、随机变量、观测变量的作用，以及能根据教育统计数据选择恰当的方差分析方法。

方法解读

研究数据的方差分析包括单因素方差分析、多因素方差分析和协方差分析。单因素方差分析研究单个因素对观测变量的影响，如学生专业的不同是否会给学生的就业带来显著影响，学校类型是否会对教师参与信息化教研的次数有显著性影响等。多因素方差分析是分析多个因素对观测变量的作用，如分析学校所在地区和学校的类型是否对学校组织教师教育信息化培训次数有显著性影响，以及两者交互作用是否会对其产生显著性影响。协方差分析是将那些很难人为控制的因素作为协变量，并在排除协变量对观测变量影响的条件下，分析控制变量（可控）对观测变量的影响，如在控制教师工龄的前提下，分析新的工资制度是否会对教师的工资有显著性影响。

7.2 单个因素对观测变量的影响——单因素方差分析

问题导入

在"免费师范生远程可视化学习平台需求调查问卷"中，推断专业对学生的读研深造态度是否有显著影响，以便我们了解不同专业学生对读研深造态度的差异。运用单因素方差分析能够实现。那么，什么是单因素方差分析，如何运用单因素方差分析来准确地把握数据呢？

数据统计要求

教育研究数据的单因素方差分析涉及一个自变量和一个因变量，数据要求如下：
（1）自变量：定类型数据，是指没有内在固定大小或者高低顺序，一般以数值或者字符表示的分类数据,如学科分类变量中的文科、理工、艺体等,家庭所在地变量中的直辖市或省会城市、地级市、县级市或县城等。

(2) 因变量:定距型数据,如学习成绩、跳远成绩等连续数值型数据,也包括人数、商品件数等离散型数据。

知识卡片

方差分析涉及以下几种变量,如表7.2.1所示。

表7.2.1 方差分析涉及的变量类型

变量名称	变量释义	示例
控制因素(控制变量)	能够人为控制的影响因素	如教学手段、教学内容等
随机因素(随机变量)	难以人为控制的变量	如学生原有的智力水平
观察变量	受控制因素和随机因素影响的事物	如我们要研究的教学效果

7.2.1 单因素方差分析的基本原理

核心概念

单因素方差分析(One-Way ANOVA)也称作一维方差分析,即测试某一个控制变量的不同水平是否给观察变量造成了显著的差异和变动。顾名思义,单因素方差分析即研究单个因素对观测变量的影响。

原理解析

单因素方差分析的基本思路。

原假设 H_0:控制变量不同水平下观测变量各总体的均值无显著差异。

单因素方差也属于推断统计中的假设检验问题,其基本思路与参数检验基本一致。

以推断"不同地区对终身从教态度是否有显著影响"为例,其基本思路如下:

第一,提出原假设。

H_0:假设不同的地区没有对终身从教态度产生显著影响,控制变量地区在直辖市或省会城市、地级市、县级市或县城、乡镇、农村这五种水平下的效应同时为0,记为 $a_1 = a_2 = a_3 = a_4 = a_5 = 0$。其中 a_1、a_2、a_3、a_4、a_5 分别为直辖市或省会城市、地级市、县级市或县城等五个地区对从教态度的效应。

第二,选择检验统计量 F。

我们知道参数检验采用的是 T 检验量,而本节中的方差分析则采用的是 F 统计量,它服从 $(k-1, n-k)$ 个自由度的 F 分布,其公式如下:

$$F = \frac{\text{SSA}/(k-1)}{\text{SSE}/(n-k)} = \frac{\text{MSA}}{\text{MSE}}$$

其中,n 为总样本数,$k-1$ 和 $n-k$ 分别为 SSA 和 SSE 的自由度,MSA 是平均组间平方和,MSE 是平均组内平方和,其目的是消除水平数和样本数对分析带来的影响。具体的公式推导请参考统计类相关书籍。

第三,计算检验统计量观测值和概率 p 值。

计算 F 统计量的观测值以及相应的概率 p 值,SPSS 会自动将相关数据代入上述公式执行计算。如果地区对学生态度造成了显著影响,F 值将显著大于1;反之如果地区没有对学生态度造成显著影响,F 值接近1,学生态度的变差可归结为由随机变量造成的。

第四,设定显著性水平 α,做出决策。

设定显著性概率 $\alpha=0.05$,将 α 和 F 检验统计量概率 p 比较,如果 $p>0.05$,接受原假设,认为控制变量不同水平下观测变量各总体的均值无显著差异,即地区的不同对终身从教态度没有产生显著影响;反之拒绝原假设,认为控制变量不同水平下观测变量各总体的均值存在显著差异,即地区的不同对终身从教态度产生了显著影响。

基本操作

单因素方差分析的主要操作步骤以分析不同地区对学生终身从教态度影响为例。

（1）选择菜单:【Analyze】→【Compare Means】→【One-Way ANOVA】,进入单因素方差分析窗口。

（2）把"学生终身从教态度"移入观测变量框"Dependent List",将"地区"移入控制变量框"Factor"中。

（3）点击【Contrasts】,进入单因素方差分析子窗口,可以根据实际情况对"Significance level"进行修改,本例使用默认值。

（4）点击【OK】按钮提交给 SPSS 自动分析即可。

7.2.2 案例解析:在 SPSS 中分析不同专业学生读研深造态度是否有显著影响

案例呈现

选择"免费师范生远程可视化学习平台需求调查问卷"的"A 个人情况"部分的第3题和"B 基本信息"部分的第7题。

A. 3 您的专业所属学科:
□文科 □理科 □工科 □艺术 □体育 □其他

B. 7 您愿意读研深造吗?
□非常愿意 □愿意 □一般 □不愿意 □不确定

针对此项指标,推断专业对学生的读研深造态度是否有显著影响,以便我们了解不同专业的学生读研深造态度的差异。可见,专业类别为控制变量,读研深造态度为观测变量。零假设 H_0:不同专业学生的读研深造态度没有显著差异。

操作步骤

(1) 选择菜单:【Analyze】→【Compare Means】→【One-Way ANOVA】,出现图7.2.1所示窗口。将"读研深造态度"移入观测变量框"Dependent List",将"专业所属学科"移入控制变量框"Factor"中,如图7.2.1所示。

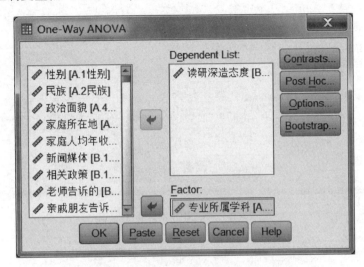

图 7.2.1　单因素方差分析窗口

"Dependent List"是需要分析的变量,可选入多个观察变量(因变量),"Factor"为控制变量,该控制变量有几个不同的取值表示有几个不同的水平,本例中控制变量"专业所属学科"有"文科""理科""工科""艺术""体育""其他"六个不同水平。

(2) 系统默认的显著性水平为0.05,点击【Contrasts】进入图7.2.2,可以根据实际情况对"Significance level"进行修改,本例使用默认值。

(3) 点击【OK】按钮提交给SPSS自动分析即可。在实际研究中我们如果需要获取更多信息,有必要对数据进行进一步检验,选择"Option"按钮,一般勾选的选项为统计描述(Descriptive)、方差齐性检验(Homogeneity-of-Variance)和均值折线图示(Means Plot),并设置了缺失值的处理方法,如图7.2.3所示。

结果分析

在上一小节中,在单因素方差分析中勾选了统计描述、方差齐性检验和均值折线图示,本小节我们将对输出结果进行分析。

在问卷中的"读研深造意愿"调查中,"1"代表"非常愿意";"2"代表"愿意";"3"代表"一般";"4"代表"不愿意";"5"代表"不确定",数值越小意愿越强烈。

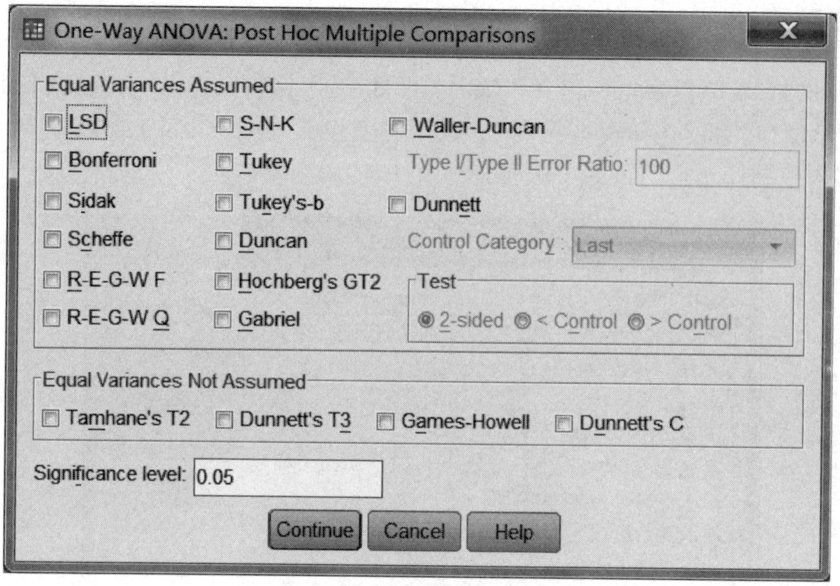

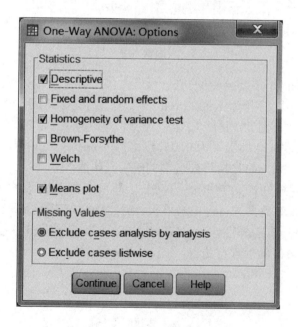

图 7.2.2　单因素方差分析子窗口

图 7.2.3　单因素方差分析子窗口

（1）基本描述统计结果。

如表 7.2.2 所示，统计了各样本总体的样本容量 N、均值 Mean、标准差 Std. Deviation、平均标准差 Std. Error Mean 等信息。

表 7.2.2　基本描述统计结果 Descriptives

读研深造态度

	N	Mean	Std. Deviation	Std. Error	95% Confidence Interval for Mean		Minimum	Maximum
					Lower Bound	Upper Bound		
文科	96	1.8542	1.09524	0.11178	1.6322	2.0761	1.00	5.00
理科	73	1.8356	1.06737	0.12493	1.5866	2.0847	1.00	5.00
工科	7	1.7143	0.48795	0.18443	1.2630	2.1656	1.00	2.00
艺术类	25	1.6400	0.90738	0.18148	1.2655	2.0145	1.00	5.00
体育	8	1.7500	1.03510	0.36596	0.8846	2.6154	1.00	4.00
其他	2	3.0000	1.41421	1.00000	−9.7062	15.7062	2.00	4.00
Total	211	1.8246	1.04770	0.07213	1.6825	1.9668	1.00	5.00

（2）数据方差齐性检验结果。

如表 7.2.3 所示，该结果为单因素方差分析的方差是否相等的检验结果，即检查是否满足方差分析的前提。不同专业学生的读研深造态度的方差齐次检验值为 0.556，F 统计量的两个自由度分别为 5 和 205，检验结果的相伴概率 P 值对应于 Sig. 为 0.733，显著水平 α 设为 0.05，则 Sig. $> \alpha$，基本满足单因素方差中方差相等的要求。

表 7.2.3　方差齐次性检验结果
Test of Homogeneity of Variances

读研深造态度

Levene Statistic	df1	df2	Sig.
0.556	5	205	0.733

（3）均值折线图示结果。

图 7.2.4 直观地印证了基本描述图中不同学科学生的读研深造的态度，艺术类学生读研深造意愿最强。

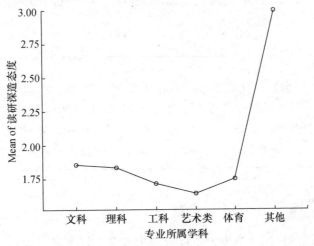

图 7.2.4　均值折线图示结果

（4）差异分析结果。

假设不同学科的学生在读研深造态度上没有差异,如表7.2.4所示,观测变量读研深造态度的离差平方总和为230.512;如果仅考虑学科这一因素的影响,则读研深造态度总变差中,不同学科可解释的变差为3.838,抽样误差引起的变差为226.674,它们的方差分别为0.768和1.106,相除所得的 F 统计量的观测值为0.694,对应的概率 p 值. Sig =0.628,而显著性概率 $\alpha=0.05$,可见 $p>\alpha$,则应该接受原假设,认为不同学科对学生读研深造态度没有产生显著影响,不同学科对读研深造态度的影响效应都近似于0。

表7.2.4　差异分析结果

ANOVA

读研深造态度

Sum of Squares	df	Mean Square	F	Sig.
Between Groups　3.838	5	0.768	0.694	0.628
Within Groups　226.674	205	1.106		
Total　230.512	210			

> **小贴士**
>
> 　　如果不勾选【Options】中的相关选择,那么输出仅表现为上例结果中展示的差异分析结果。而其他几个部分基本选项对我们全面获取数据信息和合理解释数据提供了依据。当然并不是说信息输出越多越好,具体的选择需要看实际的研究需求,否则冗余的输出信息只会造成信息负担。

7.3　多个因素对观测变量的影响——多因素方差分析

> **问题导入**
>
> 　　在"免费师范生远程可视化学习平台需求调查问卷"中,推断专业、家庭所在地是否会对学生的读研深造态度产生显著性影响,以及两者的交互作用是否会对学生读研深造态度产生显著性影响,因为涉及多个控制变量,需要采用多因素方差分析。那么,什么是多因素方差分析,如何采用多因素方差得到教育信息呢?

数据统计要求

　　教育研究数据的多因素方差分析涉及两个或两个以上自变量和一个因变量,数据要求如下:

（1）自变量：定类型数据，是指没有内在固定大小或者高低顺序，一般以数值或者字符表示的分类数据，如学科分类变量中的文科、理工、艺体等，家庭所在地变量中的直辖市或省会城市、地级市、县级市或县城等。

（2）因变量：定距型数据，如学习成绩、跳远成绩等连续数值型数据，也包括人数、商品件数等离散型数据。

知识卡片

多因素方差分析与单因素方差分析的不同之处

单因素方差分析：要求因变量服从正态分布；方差要齐性；适合完全随机试验设计。

多因素方差分析：因变量服从正态分布，且总体单元方差相同（单元就是各因素水平之间的每个组合）；因变量是连续变量，自变量是分类变量。

7.3.1 多因素方差分析原理

核心概念

与单因素方差分析不同，多因素方差分析的控制变量为两个或两个以上，其研究目的是要分析多个控制变量的作用及相互作用，以及其他随机因素是否对观察变量的分布产生显著影响。

从其定义可知，多因素方差分析有两方面的功能：第一，分析多个因素对观测变量的单独影响；第二，分析多个控制因素的交互作用对观测变量的影响。例如分析不同教学手段、不同教学内容对教学效果的影响时，可将学生成绩作为观测变量，教学手段和教学内容作为控制变量，利用多因素方差分析研究不同教学手段、不同教学内容对教学效果有什么影响，并可进一步研究哪种教学手段与哪种教学内容的组合能够更加优化教学效果。

原理解析

多因素方差分析的基本思路。

原假设 H_0：各控制变量不同水平下观测变量各总体的均值无显著差异，控制变量各效应和交互作用效应应该同时为0。

以推断"不同专业类别、不同地区以及两者的相互作用是否对终身从教态度产生显著影响"为例，其基本思路：

第一，提出原假设。

H_0：假设不同的专业类别、不同地区以及两者间的相互作用均没有对终身从教态

度产生显著影响,即控制变量各效应和交互作用效应同时为0,此例记为:

$H_{0a}: a_1 = a_2 = a_3 = a_4 = a_5 = a_6 = 0$(六个不同专业类别对态度无显著影响,效应为0)

$H_{0b}: b_1 = b_2 = b_3 = b_4 = b_5 = 0$(五个不同级别的地区对态度无显著影响,效应为0)

$H_{0a \times b}: (ab)_{11} = (ab)_{12} = \cdots = (ab)_{65} = 0$(专业类别、地区的相互作用对态度无显著影响,效应为0)

第二,选择检验统计量 F。

多因素方差分析采用的检验统计量为 F 统计量,本例中有专业类别、地区两个控制变量,则通常对应三个 F 检验统计量,各 F 检验统计量为:

$$F_a = \frac{SSA/(k-1)}{SSE/kr(l-1)} = \frac{MSA}{MSE}$$

$$F_b = \frac{SSA/(r-1)}{SSE/kr(l-1)} = \frac{MSA}{MSE}$$

$$F_{ab} = \frac{SSA/(k-1)(r-1)}{SSE/kr(l-1)} = \frac{MSAB}{MSE}$$

其中,控制变量 a 有 k 个水平,b 有 r 个水平,每个交叉水平下均有 l 个样本。具体的公式推导请参考统计类相关书籍。

第三,计算检验统计量观测值和概率 p 值。

计算 F 统计量的观测值以及相应的概率 p 值,SPSS 会自动将相关数据代入上述公式执行计算。如果控制变量对学生态度造成了显著影响,F 值将显著大于1;反之如果没有对学生态度造成显著影响,F 值接近1,学生态度的变差可归结为由随机变量造成的。

第四,设定显著性水平 α,做出决策。

设定显著性概率 $\alpha = 0.05$,将 α 依次与各个检验统计量 F 的概率 p 比较,如果 F_a 的概率 $P > 0.05$,接受原假设,认为控制变量 A 不同水平下观测变量各总体的均值无显著差异,即专业类别的不同对终身从教态度没有产生显著影响;反之拒绝原假设,认为控制变量不同水平下观测变量各总体的均值存在显著差异,即专业类别的不同对终身从教态度产生了显著影响。对控制变量地区、专业类别、地区相互作用的推断同理。

基本操作

多因素方差分析方法的主要操作步骤以分析不同性别、不同地区学生在就读免费师范生的态度差异情况为例。

(1)选择菜单:【Analyze】→【General Lineal Model】→【Univariate】,出现多因素方差分析窗口。

(2)将"终身从教态度"移入观测变量框"Dependent Variable",将"性别""家庭所在地"移入控制变量框"Fixed Factor(s)"中。

(3)点击"OK"按钮提交给 SPSS 自动分析即可。

7.3.2 案例解析:在 SPSS 中分析不同专业、家庭所在地及两者交互作用对学生读研深造态度是否有显著影响

案例呈现

选择"免费师范生远程可视化学习平台需求调查问卷"的"A 个人情况"部分的第 3 题、第 5 题和"B 基本信息"部分的第 7 题:

A.3 您的专业所属学科门类:
□文科　□理科　□工科　□艺术类　□体育　□其他

A.5 您家居住在:
□直辖市或省会城市　□地级市　□县级市或县城　□乡镇　□农村

B.7 您愿意读研深造吗?
□非常愿意　□愿意　□一般　□不愿意　□不确定

针对此项指标,推断专业类别、地区分别对学生读研深造态度是否有显著影响,同时推断两者共同作用是否对学生读研深造态度有显著影响。其中学生读研深造的态度是观测变量,专业类别、家庭所在地是控制变量。原假设 H_0:不同专业对学生读研深造态度没有显著影响;不同地区对学生读研深造态度没有显著影响;不同专业和不同地区没有对学生的读研深造态度产生交互影响。

操作步骤

(1) 选择菜单:【Analyze】→【General Lineal Model】→【Univariate】,出现图 7.3.1 所示窗口。将"读研深造态度"移入观测变量框"Dependent Variable",将"专业""家庭所在地"移入控制变量框"Fixed Factor(s)"中。其中,"Dependent Variable"是需要分析的变量,"Fixed Factor(s)"为控制变量。

(2) 系统默认的显著性水平为 0.05,点击【Options】进入图 7.3.2,可以根据实际情况对"Significance level"进行修改,本例使用默认值。

(3) 点击"OK"按钮提交给 SPSS 自动分析即可。

结果分析

上一小节利用 SPSS 软件进行多因素方差分析,本小节对输出结果进行分析。

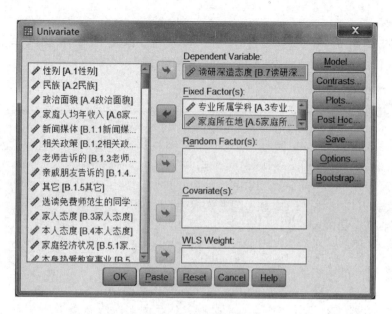

图 7.3.1　多因素分析窗口

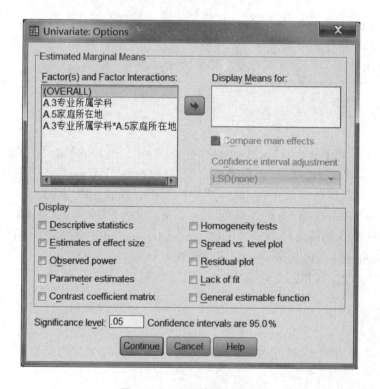

图 7.3.2　多因素分析窗口

从表 7.3.1 中可以看出,专业类别的 F 统计量为 0.761,相伴概率 Sig. 为 0.579,大于显著性水平 0.05,接受零假设,认为不同的专业类别对学生的读研深造态度没有显著性影响,这与上一节中单因素方差分析的结果一致;地区的 F 统计量为 0.595,相伴概率 Sig. 为 0.704,大于显著性水平 0.05,接受零假设,认为不同的地区对学生的读研深造态度没有显著性影响;专业类别、地区交互作用下得出的 F 统计量为 1.024,相伴概率 Sig. 为 0.433,大于显著性水平 0.05,接受零假设,认为不同的专业类别、不同的地区交互作用下,对学生的读研深造态度没有显著性影响。最终结论为:专业类别对学生的读研深造态度没有显著性影响,地区对学生的读研深造态度没有显著性影响,两者的交互作用对学生的读研深造态度没有显著性影响。

表 7.3.1　检验结果

Tests of Between-Subjects Effects

Dependent Variable:读研深造态度

Source	Type III Sum of Squares	df	Mean Square	F	Sig.
Corrected Model	27.785[a]	26	1.069	0.965	0.518
Intercept	168.210	1	168.210	151.866	0.000
A.3 专业所属学科	4.215	5	0.843	0.761	0.579
A.5 家庭所在地	3.295	5	0.659	0.595	0.704
A.3 专业所属学科 * A.5 家庭所在地	18.147	16	1.134	1.024	0.433
Error	202.695	183	1.108		
Total	929.000	210			
Corrected Total	230.481	209			

a. R Squared = 0.121 (Adjusted R Squared = −0.004)

7.4　调节协变量对因变量的影响效应——协方差分析

问题导入

在前面的两小节中,我们可以看到,无论是单因素方差分析还是多因素方差分析,控制因素的各个水平可以通过人为努力得到控制和确定。但在许多实际问题中,有些控制因素难以人为控制,但它们的确对观测变量产生较为显著的影响。这时候,我们可以采用协方差分析。那么,什么是协方差分析,如何利用协方差分析处理教育数据呢?

数据统计要求

教育研究数据的协方差分析涉及自变量、因变量以及协变量,数据要求如下:
(1) 自变量是定类型数据,因变量是连续型数据,协变量一般是定距型数据。
(2) 协变量与因变量之间是线性关系。
(3) 自变量与协变量互不相关,它们之间没有交互作用。

7.4.1 协方差分析原理

核心概念

协方差分析是利用线性回归的方法消除混杂因素的影响后进行的方差分析。协方差分析是针对在试验阶段难以控制或者无法严格控制的因素,在统计分析阶段进行统计控制,它在扣除协变量的影响后再对修正后的主效应进行方差分析,是一种把直线回归和方差分析结合起来的方法。

原理解析

协方差分析仍然沿承方差分析的基本思想,并在分析观测变量变差时,考虑协变量的影响,认为观测变量的变动受四个方面的影响,即控制变量的独立作用、控制变量的交互作用、协变量的作用和随机因素的作用,并在扣除协变量的影响后,再分析控制变量对观测变量的影响。

方差分析中的零假设 H_0:协变量对观测变量的线性影响是不显著的;在协变量影响扣除的条件下,控制变量各水平下观测变量的总体均值无显著差异,控制变量各水平对观测变量的效应同时为零。检验统计量仍然采用 F 统计量,它们是各均方与随机因素引起的均方的比。

显而易见,如果相对于随机因素引起的变差,协变量带来的变差比例较大,即 F 值较大,则说明协变量是引起观测变量变动的主要因素之一,观测变量的变动可以部分地用协变量来线性解释;反之,如果相对于随机因素引起的变差,协变量带来的变差比例较小,即 F 值较小,则说明协变量没有给观测变量带来显著的线性影响。在排除了协变量线性影响后,控制变量对观测变量的影响分析同方差分析。

基本操作

协方差分析方法的主要操作步骤以将学生的初始成绩作为协变量,分析不同教学方法对学生成绩的影响为例。

(1)选择菜单:【Analyze】→【General Lineal Model】→【Univariate】,出现方差分析窗口。

(2)将"学生成绩"移入观测变量框"Dependent Variable",将"不同教学方法"移入控制变量框"Fixed Factor(s)"中,把"初始成绩"移入协变量框"Convariate"框中。

(3)点击【Model】,在"Specify Model"中选择"custom"(设定),在"Bulid term(s)"(建构类型)中选择"interaction"(主效应),将"不同教学方法""初始成绩"选入右选项框中。继续选择【Continue】按钮回到主菜单。

(4)点击"OK"提交给 SPSS 自动分析即可。

小贴士

在进行协方差分析之前，要先检验回归斜率是否相等，即验证学生的前测成绩是否能够作为协变量。可绘制学生前测成绩与后测成绩的散点图，当两者呈现较为明显的线性关系，斜率相同时，可作为斜变量分析。

7.4.2　案例解析：在 SPSS 中分析将前测成绩作为协变量，培训方式对后测成绩是否有显著影响

案例呈现

对两组学生采用不用的培训方式进行英语教学，一组采用听说读写结合的方式，另一组采用观摩电影的方式，培训前后成绩如图 7.4.1 所示。

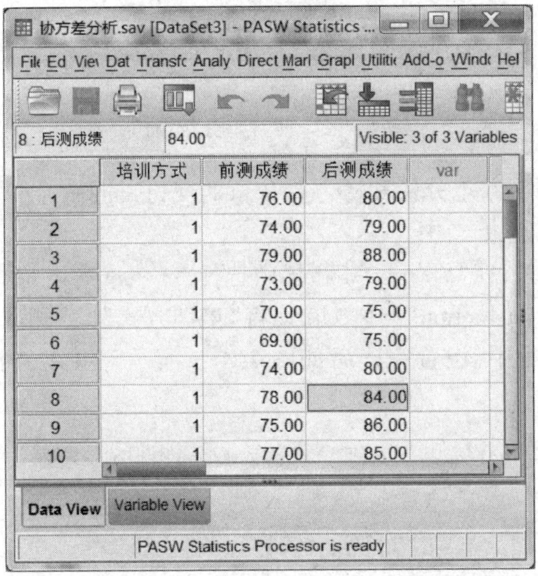

	培训方式	前测成绩	后测成绩	var
1	1	76.00	80.00	
2	1	74.00	79.00	
3	1	79.00	88.00	
4	1	73.00	79.00	
5	1	70.00	75.00	
6	1	69.00	75.00	
7	1	74.00	80.00	
8	1	78.00	84.00	
9	1	75.00	86.00	
10	1	77.00	85.00	

图 7.4.1　样本数据

针对上述案例，推断在控制前测成绩的前提下，两种培训方式是否会对学生的成绩产生显著性差异，其中培训方式作为控制变量，而前测成绩为协变量，后测成绩为观测变量。原假设 H_0：前测成绩对后测成绩的线性影响是不显著的；在前测成绩影响扣除的条件下，培训方式的总体均值无显著差异，培训方式对观测变量的效应同时为零。

操作步骤

(1) 选择菜单：【Analyze】→【General Lineal Model】→【Univariate】，出现如图

7.4.2 所示窗口。将"后测成绩"移入观测变量框"Dependent Variable",将"培训方式"移入控制变量框"Fixed Factor(s)"中,将"前测成绩"移入"Convariate"中。其中,"Dependent Variable"是需要分析的变量,"Fixed Factor(s)"为控制变量,"Convariate"为协变量。

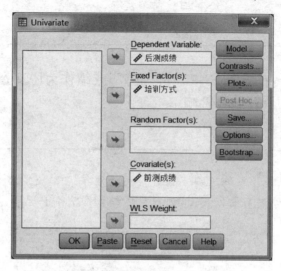

图 7.4.2 协方差分析窗口

可见,SPSS 多因素方差分析和协方差分析的窗口是同一个,窗口中的其他功能按钮都可应用于协方差分析当中。

（2）点击【Model】,在"Specify Model"中选择"custom"（设定）,在"Build term(s)"（建构类型）中选择"interaction"（主效应）,将"培训方式""前测成绩""培训方式 & 前测成绩"选入右选项框中,设置完毕后如图 7.4.3 所示。继续选择【Continue】按钮回到主菜单。

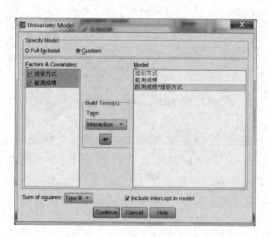

图 7.4.3 协方差分析窗口

（3）点击"OK"按钮提交给 SPSS 自动分析即可。

结果分析

上一小节在 SPSS 软件中进行了协方差分析,本节对输出结果进行分析。

从表 7.4.1 中可以看出,培训方式 * 前测成绩中 Sig. 大于 0.05,所以交互作用不显著,这就满足了斜率同质性假设的前提,可进行协方差分析。

前测成绩的离差平方和为 319.511, F 统计量为 77.549,相伴概率 Sig. 为 0.000,小于显著性水平 0.05,可认为前测成绩对学生的终身从教态度有显著性影响;培训方式的离差平方和为 2.043, F 统计量为 0.496,相伴概率 Sig. 为 0.489,大于显著性水平 0.05,接受零假设。最终结论为:前测成绩对学生的后测成绩有显著性影响,在排除前测成绩的影响下,不同培训方式对学生的后测成绩不存在显著性影响。

表 7.4.1 协方差检验结果
Tests of Between-Subjects Effects

Dependent Variable:后测成绩

Source	Type III Sum of Squares	df	Mean Square	F	Sig.
Corrected Model	1079.223[a]	3	359.741	87.313	0.000
Intercept	13.932	1	13.932	3.381	0.081
培训方式	2.043	1	2.043	0.496	0.489
前测成绩	319.511	1	319.511	77.549	0.000
培训方式 * 前测成绩	0.001	1	0.001	0.000	0.986
Error	82.402	20	4.120		
Total	157171.000	24			
Corrected Total	1161.625	23			

a. R Squared = 0.929 (Adjusted R Squared = 0.918)

小贴士

通过与方差分析的结果对比可知,同样的实验数据,运用方差分析和协方差分析的结果会很不同,这是由于协方差分析排除了协变量对因变量的影响造成的,这种把回归分析和方差分析结合起来的方法正是协方差分析的实质和优点所在。

知识拓展

方差分析方法除了本书介绍的单因素方差分析、多因素方差分析、协方差分析这三种外,还有重复测量设计、多元方差分析等。重复测量设计的方差分析是对同一因变量进行重复测量,可以是同一条件下进行的重复测度,目的在于研究各种处理之间是否存在显著性差异的同时,研究被试之间的差异;也可以是不同条件下的重复测度,目的在于研究各种处理间是否存在显著性差异的同时,研究形成重复测量条件间的差异以及这些条件与处理间的交互效应。多元方差分析,其观测变量个数为两个以上,是检验各个因素对因变量的影响以及各因素间交互作用的统计方法。具体内容请查阅相关书籍。

教育研究数据的其他高级统计方法如相关分析、回归分析、聚类分析等会在后面相关章节进行介绍。

活动任务

针对"免费师范生远程可视化学习平台需求调查问卷"数据,请在本章案例的基础上分析:(1) 不同专业类别的学生支教态度是否存在显著差异;(2) 不同专业类别和不同地区对学生的支教态度是否产生显著影响;(3) 请对分析结果进行解释。

参考文献

[1] 张屹. 教育技术学研究方法[M]. 北京:北京大学出版社,2010.
[2] 张屹,周平红. 教育技术学研究方法[M]. 第二版. 北京:北京大学出版社,2013.
[3] 薛薇. 基于 SPSS 的数据分析[M]. 北京:中国人民大学出版社,2006.
[4] 谢幼如,李克东. 教育技术学研究方法基础[M]. 北京:高等教育出版社,2006.
[5] 李克东. 教育技术学研究方法[M]. 北京:北京师范大学出版社,2003.
[6] 张厚粲,徐建平. 现代心理与教育统计学[M]. 北京:北京师范大学出版社,2004.

第 8 章

教育研究数据的相关分析

学习目标

1. 掌握线性相关分析及偏相关分析的概念和基本思路。
2. 了解常用相关系数的数学定义及基本计算原理。
3. 能够熟练运用 SPSS 软件执行相关分析。
4. 在教育研究中能够判别如何合理运用相关分析。

关键术语

线性相关分析　偏相关分析　线性相关系数　偏相关系数

知识导图

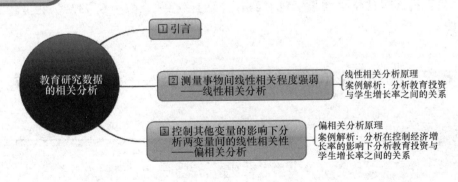

8.1 引　言

内容简介

客观事物之间往往存在着相互关联的关系,如:一个地区的教育质量与居民收入之间存在正比关系;不同的教学方式与学生学习成绩之间存在一定的关联。但如何判断这些因素之间是否存在密切的关系呢？这种密切程度又是如何确定的呢？相关分析则是研究不同变量间的密切程度的一种方法，本节将做详细介绍。

本章主要包括两部分内容：SPSS中的线性相关分析、偏相关分析。主要讲述线性相关分析和偏相关分析的主要原理及核心概念，带领大家认识常用相关系数的数学定义知识。并以分析教育投资与学生增长率之间的关系为例介绍SPSS软件中的线性相关分析主要原理、操作步骤及结果分析；以控制当地经济增长的影响估计教育投资与学生增长率之间的相关关系为例阐述偏相关分析的操作步骤及结果分析等内容。

本章的重点是线性相关分析和偏相关分析的主要原理、操作步骤及结果分析。学习者通过本章的知识学习可全面了解线性相关分析及偏相关分析的主要原理、操作步骤和结果分析技巧，可掌握分析两变量间相关程度的技巧与方法。

方法解读

客观事物之间的相互关系可分为两种：函数关系和统计关系。函数关系可依照一定的函数公式确定两事物之间的因果关系，如 $y = ax + b$ 等。统计关系无法利用函数公式描述，如教育投资与学生增长率的关系等。当两变量之间的关系无法运用函数关系测量时，SPSS中的相关分析能够直观地测量两变量之间的关联程度，揭示事物之间统计关系的强弱程度。

本章中的相关分析主要包括线性相关分析和偏相关分析。线性相关分析主要通过图形和线性相关系数 r 描述两变量间的线性相关程度。如：在"教育投资"调查后，可利用 SPSS 中的相关分析计算出"教育投资数"与"学生增长率"之间的线性相关系数为 0.82，依据评判标准可知两者之间存在较强的正相关。偏相关分析也称为净相关分析，它在控制其他变量的线性影响的条件下，利用偏相关系数（净相关系数）来描述两变量间的关系。如：在"教育投资"调查中，控制"经济增率"这一因素的影响后，测算"教育投资"与"学生增长率"两因素之间的偏相关系数为 0.737，仍然呈较强的相关性。

8.2 测量事物间线性相关程度强弱——线性相关分析

问题导入

在科学研究过程中，两事物之间会存在一种非一一对应的统计关系，即当一个变量取一定值时，另一个变量无法依据确定的函数取唯一确定的值。如：教育投资与学生增长率、子女身高和家长身高、受教育程度和收入水平之间的关系等。这些事物之间存在一定的关系，却不能用一个数学公式来确定。线性相关分析则是研究两变量之间统计关系的一种方法。什么是线性相关分析呢？线性相关分析的基本原理是什么呢？如何通过SPSS软件直观地测量两变量之间的线性相关关系呢？本节将带您一起认识线性相关分析。

数据统计要求

（1）相关模型的基本关系假设是两组变量之间为线性关系，即每对典型变量之间为线性关系。并且每个典型变量与本组所有观测变量的关系也是线性关系。可以通过审阅简单的相关矩阵，检验两组观测变量之间的关系是否为线性关系。如果两组之间不存在线性相关，可以采取一些方法改造原来的观测变量，如取对数等。

（2）要求各组内的观测变量中所有单变量为正态分布，多变量之间联合分布为多元正态分布。变量在正态分布情况下，可以获得较高的相关系数。多元正态分布对于统计检验的有效性十分重要，然而在实际中很难检验多变量之间是否呈多元正态分布。

（3）相关分析还要求各组内的观测变量之间不能有高度的多重共线性，否则将不能产生变式，以至不能进行相关分析。

8.2.1 线性相关分析原理

核心概念

线性相关：如果两个变量中的一个变量随着另一个变量的增大而增大，或一个变量随另一个变量的增大而减小，则表明这两个变量间可能存在线性相关关系。

线性相关分析：描述两变量间是否有线性相关关系，分析线性相关关系的方向和密切程度的分析方法。

原理解析

利用 SPSS 进行线性相关分析的常用方法一般有两种：**绘制散点图**和**计算相关系数**。

1. 散点图

散点图是一种直观的图形化相关分析方式，它将数据的分布规律以点的形式呈现在坐标中。可以直观地观察变量之间的关系、相关性程度并预测数据可能的发展方向。反映相关关系强弱程度的常见散点图如图 8.2.1 所示。

在 SPSS 软件中可绘制如表 8.2.1 所示的四种散点图。

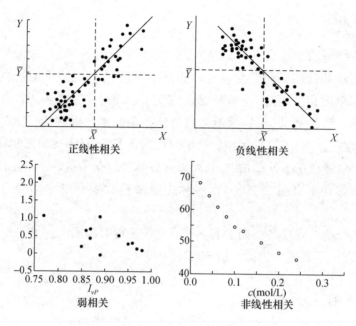

图 8.2.1　常见散点图

表 8.2.1　散点图类型

散点图类型	含义	图片
简单散点图（Simple）	表示一对变量间统计关系的散点图	
重叠散点图（Matrix）	表示多对变量间统计关系的散点图	

(续表)

散点图类型	含义	图片
矩阵散点图(Overlay)	以方形矩阵的形式在多个坐标轴上分别显示多对变量间的统计关系	
三维散点图(S-D)	以立体图的形式展现三对变量间的统计关系	

> **小贴士**
>
> 矩阵散点图的关键是弄清各矩阵单元中的横纵变量。以 2×2 矩阵散点图为例，变量分别为 x_1 和 x_2，矩阵散点图的横纵变量为：
>
> | x_1 | (x_1, x_2) |
> |---|---|
> | (x_2, x_1) | x_2 |

2. 相关系数

虽然散点图能够直观地呈现变量间的相关关系，但不够精准。它没有从量化的角度给出具体的数据，对数据关系的呈现较为粗糙。而相关系数分析则以数值的方式准确描述了变量间的线性相关程度。常用的相关系数主要有 Pearson 简单相关系数、Spearman 等级相关系数和 Kendallτ 相关系数等。

- **Pearson 简单相关系数**

Pearson 简单相关系数用来度量定距型变量间的线性相关关系。如测量经济增长率和入学增长率、身高和体重等变量之间的线性相关关系时可用 Pearson 简单相关系数，它的数学定义为：

$$r = \frac{\sum_{i=1}^{n}(x_i - \bar{x})(y_i - \bar{y})}{\sqrt{\sum_{i=1}^{n}(x_i - \bar{x})^2 \sum_{i=1}^{n}(y_i - \bar{y})^2}} \tag{8.1}$$

其中 n 为样本数,和分别为两变量的值。由公式 8.1 可进一步计算简单相关系数为：

$$r = \frac{1}{n}\sum_{i=1}^{n}\left(\frac{x_i - \bar{x}}{s_x}\right)\left(\frac{y_i - \bar{y}}{s_y}\right) \tag{8.2}$$

从公式中可看出,简单相关系数是 n 个和分别标准化后的积的平均数。由公式 8.1 和 8.2 可知,简单相关系数中 x 与 y 的相关系数等同于 y 与 x 的相关系数,由于相关系数是 x 和 y 标准化后的结果,因此简单相关系数是无量纲的。

SPSS 将自动计算 Pearson 简单相关系数、T 检验统计量的观测值和对应的概率 p 值。

- **Spearman 等级相关系数**

为使用 Pearson 相关系数,必须假设数据是成对地服从正态分布,并且数据至少在逻辑范畴内必须是等间距的数据。但对不服从正态分布的数据、总体分布类型未知的数据可采用 Spearman 秩相关系数代替 Pearson 线性相关系数。Spearman 等级相关系数用来度量定序变量间的线性相关系数。此系数的测算思想与 Pearson 简单相关系数完全相同,相应的指标特征也相似。在计算 Spearman 相关系数时,由于数据是非定距的,因此计算时用两变量的秩代替并代入式 8.1 中,可被简化为：

$$r = 1 - \frac{\sigma \sum D_i^2}{n(n^2 - 1)} \tag{8.3}$$

可见,当两变量的正相关性较强时,Spearman 相关系数 r 趋向于 1；当两个变量为完全正线性相关时,$r=1$；当两变量为完全负相关时,$r = -1$；当两变量的正相关性较弱时,r 趋向于 0。

- **Kendallτ 相关系数**

Kendallτ 相关系数采用非参数检验方法度量定序变量间的线性相关系数。它利用变量秩计算同序对数目和异序对数目。相应的公式在此不再一一解释,SPSS 将自动计算 Kendallτ 相关、Z 检验统计量的观测值和对应的概率 p 值。

3. 线性相关系数的测算

利用相关系数进行分析需完成两个步骤：**计算线性相关系数 r,推断两总体间是否存在显著的线性关系。**

- 测算线性相关系数 r

相关系数反映了两变量间线性相关程度的强弱。不同取值水平反映了不同相关关系,用符号来表示是正相关还是负相关,r 值的大小表示了相关的程度。$|r| > 0.8$ 表示两变量存在较强的线性关系,$|r| < 0.3$ 表示两变量存在较弱的线性关系。其相关系数和相关程度如表 8.2.2 所示。

表8.2.2 相关系数与两变量关系表

样本相关系数(r值)		两变量关系	
$r > 0$	$0 < r < 1$	正线性相关	一定程度的正相关
	$r = 1$		完全正相关
$r = 0$		无线性相关关系	
$r < 0$	$-1 < r < 0$	负线性相关	一定程度的负相关
	$r = -1$		完全负相关

- 显著性检验

由于抽样的随机性等原因,样本相关系数通常不能直接用来说明两变量是否具有显著的线性相关性。需要通过假设检验的方式对两总体变量间是否存在显著线性相关进行推断。其基本步骤是,

(1) 提出零假设 H_0:即两总体线性相关。

(2) 选择检验统计量:对应不同的相关系数选择不同的检验统计量。

(3) 计算检验统计量的观测值和对应的概率 p 值。

(4) 显著性决策:根据给定的显著性水平 α 值(0.05),若概率 p 值小于 α 值应拒绝零假设,认为两总体不是零相关。反之概率 p 值若大于 α 值,则不能拒绝零假设,可认为两总体零相关。

基本操作

计算两总体的线性相关系数的主要操作步骤如下。

(1) 选择菜单:【Analyze】→【Correlate】→【Bivariate】,进入"Bivariate Correlations"对话框。

(2) 把将要测算的相关系数的变量选入"Variables"框。

(3) 在"Correlation Coefficients"框中选择计算哪种相关系数。

(4) 在"Test of Significance"框中选择输出相关系数检验的概率 p 值。

(5) 选中"Flag significance correlations"选项,表示分析结果中可输出型号标记,表明变量间的相关性是否显著。

(6) 在【Options】中的"Statistics"选项中可选中"Cross-product deviations and covariances",表示输出各变量的离差平方和、样本方差、两变量的差积离差和协方差。

8.2.2 案例解析:分析教育投资与学生增长率之间的关系

案例呈现

某省教育部门为了解该地区的基础教育建设与发展情况,对各个市区近4年的基础教育投资、学生人数及学校规模等方面展开了调研,整理部分数据如图8.2.2所示。教育部门尝试利用散点图和线性相关系数描述教育投资与学生增长率的关系。

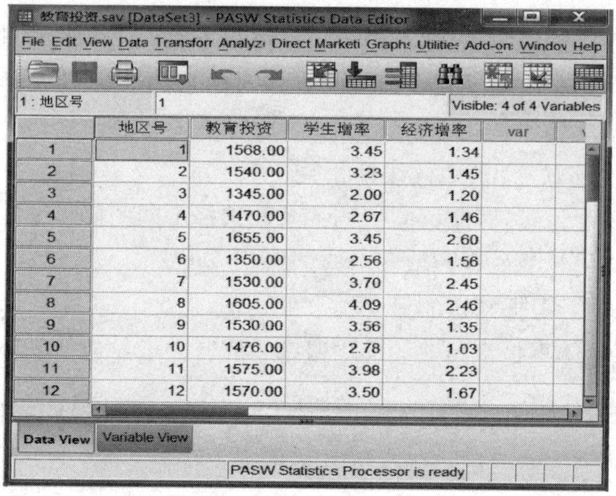

	地区号	教育投资	学生增率	经济增率	var
1	1	1568.00	3.45	1.34	
2	2	1540.00	3.23	1.45	
3	3	1345.00	2.00	1.20	
4	4	1470.00	2.67	1.46	
5	5	1655.00	3.45	2.60	
6	6	1350.00	2.56	1.56	
7	7	1530.00	3.70	2.45	
8	8	1605.00	4.09	2.46	
9	9	1530.00	3.56	1.35	
10	10	1476.00	2.78	1.03	
11	11	1575.00	3.98	2.23	
12	12	1570.00	3.50	1.67	

图8.2.2 数据结构图

操作步骤

结合本节的教育研究案例,详细阐述线性相关分析操作步骤。

1. 绘制散点图

(1) 选择菜单:【Graphs】→【Legacy Dialogs】→【Scatter/Dot】,进入"Scatter/Dot"对话框,选择"Simple Scatter"后单击"Define"按钮,如图8.2.3所示。

(2) 在"Simple Scatter"对话框中,将左侧变量"学生增长%"调入"Y Axis"选项框中,将"教育投资(万元)"调入"X Axis"选项框中,如图8.2.4所示。

(3) 单击"Title"按钮,在"Title"栏内输入文本显示信息,点击"Continue"按钮返回上一级对话框,再点击"OK"即可,输出结果如图8.2.5所示。从整体来看,教育投资越多,学生增长率越大。

第 8 章 教育研究数据的相关分析

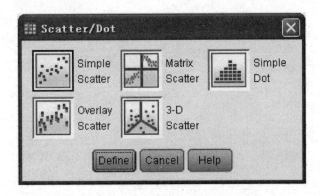

图 8.2.3 "Simple Scatter"对话框

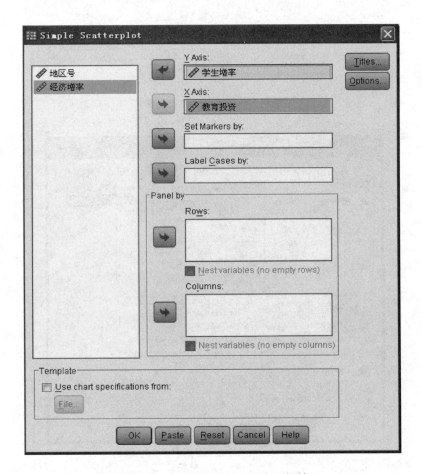

图 8.2.4 "Simple Scatterplot"对话框

2. 计算线性相关系数

(1) 选择菜单:【Analyze】→【Correlate】→【Bivariate】,将参与计算相关系数的变量"教育投资"和"学生增率"移入到"Variables"框中,选中"Pearson"相关系数,如图 8.2.6 所示。

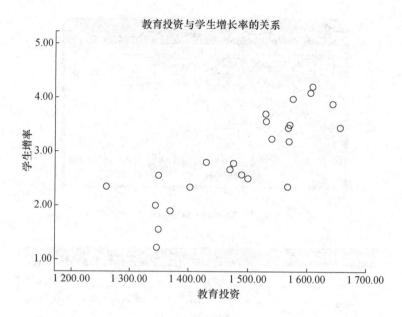

图 8.2.5　输出结果散点图

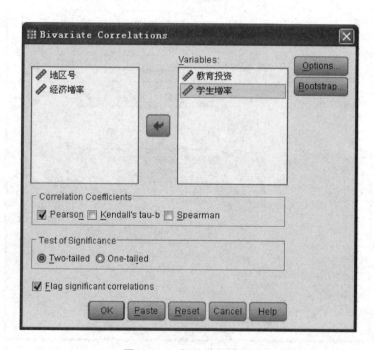

图 8.2.6　相关分析窗口

（2）点击【OK】按钮执行默认选项即可，也可根据实际需要选择【Options】按钮定义其他选项，输出结果如图 8.2.7 所示。

Correlations

		教育投资	学生增率
教育投资	Pearson Correlation	1	0.820**
	Sig. (2-tailed)		0.000
	N	24	24
学生增率	Pearson Correlation	0.820**	1
	Sig. (2-tailed)	0.000	
	N	24	24

** Correlation is significant at the 0.01 level(2-tailed).

图 8.2.7　相关分析结果

由图 8.2.7 可知,教育投资与学生增长的线性相关系数为 0.820,说明两者之间存在较强的正相关性。其相关系数检验的 Sig. (2-tailed) 近似于 0。当显著性水平为 0.05 或者 0.01 时都应该拒绝原假设,认为两总体之间不是零相关的。

8.3　控制其他变量的影响下分析两变量间的线性相关性——偏相关分析

问题导入

相关分析中研究两事物之间的线性相关性是通过计算相关系数等方式实现的,并通过数值的大小来判断事物之间线性关系的强弱。但对于一个较复杂的变量而言,其影响因素是多方面的。仅仅利用线性相关系数来表示两事物间的关系往往存在夸大的趋势。例如:在对学生的体能调查中,研究学生的体能素质与运动量之间的关系时,体能素质还受自身身高、父母体重等因素影响。此时单纯利用相关系数来评价变量间的相关性就有失偏颇,有必要在剔除其他相关因素影响的条件下计算变量间的相关。如何在 SPSS 中控制其他变量的影响下分析两变量之间的相关关系将是本章研究的重点。

8.3.1　偏相关分析原理

核心概念

偏相关分析:也称为净相关分析,它在控制其他变量的线性影响的条件下分析两变量间的线性相关,利用偏相关系数(净相关系数)来描述其关系。

偏相关系数:控制变量个数为 1 时,偏相关系数称为一阶偏相关;控制两个变量时,偏相关系数称为二阶偏相关;控制零个变量时,偏相关系数称为零阶偏相关系数也就是相关系数。在分析 x_1 和 y 之间的净相关时,当控制了 x_2 的线性作用后,x_1 和 y 之间的一阶偏相关定义为:

$$r_{y1,2} = \frac{r_{y1} - r_{y2}r_{12}}{\sqrt{(1 - r_{y2}^2)(1 - r_{12}^2)}}$$

其中,r_{y1}、r_{y2}分别表示y和x_1的相关系数、y和x_2的相关系数。偏相关系数的取值范围及大小含义与相关系数相同。

原理解析

SPSS中的偏相关分析需要两个步骤:第一,计算样本偏相关系数;第二,通过假设检验对两样本来自的两总体是否存在显著的偏相关进行推断。

1. 计算偏相关系数

利用样本数据计算总体间的偏相关系数,反映两变量间的净相关程度强弱。偏相关系数的取值范围及大小含义与相关系数相同,在此不再赘述。

2. 推断两总体是否存在显著的净相关

检验偏相关分析显著性的主要操作步骤如下:

(1) 提出零假设H_0:两总体的偏相关系数与零无显著差异。
(2) 选择检验统计量:对应不同的相关系数选择不同的检验统计量。
(3) 计算检验统计量的观测值和对应的概率p值。
(4) 显著性决策:根据给定的显著性水平α值(0.05),若概率p值小于α值应拒绝零假设,认为两总体不是零相关。反之概率p值若大于α值,则不能拒绝零假设,可认为两总体零相关。

基本操作

在SPSS软件中计算偏相关系数的操作步骤如下:

(1) 选择菜单:【Analyze】→【Correlate】→【Partial】。
(2) 将进行偏相关分析的变量添加到"Variables",控制变量添加到"Controlling for"中。
(3) 在"Test of Significance"框中选择输出偏相关检验的概率p值。
(4) 在【Options】的"Statistics"选项中,选中"Zeo-order Correlations",表示输出零阶偏相关系数。

8.3.2 案例解析:分析在控制经济增长率的影响下分析教育投资与学生增长率之间的关系

案例呈现

在前面的"教育投资"案例中我们可以看到教育投资与学生增长率之间存在着较强的相关性,但在控制经济增率的影响下,教育投资与学生增长率之间是否还存在相关性呢?我们用偏相关分析来进行推断。

操作步骤

（1）选择菜单：【Analyze】→【Correlate】→【Partial】。将变量"教育投资、学生增率"添加到"Variables"，控制变量"经济增率"添加到"Controlling for"中，设置完毕如图 8.3.1 所示。

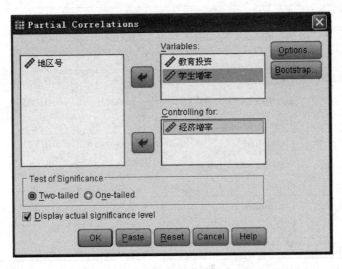

图 8.3.1　偏相关分析窗口

（2）在【Options】的【Statistics】选项中，选中"Zeo-order Correlations"，表示输出零阶偏相关系数。操作界面如 8.3.2 所示。

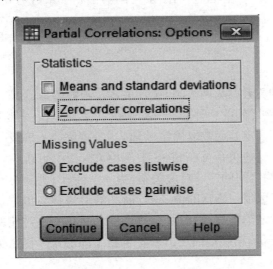

图 8.3.2　偏相关分析窗口

（3）点击【OK】按钮执行，输出结果如表 8.3.1 所示。

表 8.3.1 偏相关分析结果

Control Variables			教育投资	学生增率	经济增率
-none-^a	教育投资	Correlation	1.000	0.820	0.565
		Significance(2-tailed)		0.000	0.004
		df	0	22	22
	学生增率	Correlation	0.820	1.000	0.556
		Significance(2-tailed)	0.004		0.005
		df	22	0	22
	经济增率	Correlation	0.565	0.556	1.000
		Significance(2-tailed)	0.004	0.005	
		df	22	22	0
经济增长	教育投资	Correlation	1.000	0.737	
		Significance(2-tailed)		0.000	
		df	0	21	
	学生增率	Correlation	0.737	1.000	
		Significance(2-tailed)	0.000		
		df	21	0	

a. Cells contain zero-order(Pearson) correlations.

如表 8.3.1 所示，在没有控制"经济增率"时，"教育投资"与"学生增率"两因素之间的相关系数为 0.820，两者呈现较强的正相关；在控制了"经济增率"这一因素的影响之后，"教育投资"与"学生增率"两因素之间的偏相关系数为 0.737，仍然呈较强的相关性。

知识拓展

客观事物之间的关系归为两大类：统计关系及函数关系。

统计关系：两事物之间的一种非一一对应的关系，即当一个变量 x 取一定值时，另一个变量 y 无法依据一定的函数取确定的值。如：家庭收入和支出、子女体重和父母体重之间的关系等。这些关系可在 SPSS 中的相关分析中明确。

函数关系：两事物之间的一一对应关系，当一个变量 x 取一定值时，另一变量 y 可依据确定的函数公式取唯一确定的值。如：商品的销售额与销售量之间的关系，给出单价和销售量可以确定销售额，销售额与销售量之间是一一对应的关系，这个关系可被 $y=f(x)$ 这个数学函数精确地描述出来。事物之间的这种函数关系可在 SPSS 中利用回归分析明确。

活动任务

在本章案例"教育投资"数据基础上对"教育投资"与"经济增长"进行相关分析,要求做出散点图,求出相关系数并解释分析结果。

参考文献

[1] 张屹,周平红. 教育技术学研究方法[M]. 第二版. 北京:北京大学出版社,2013.
[2] 张屹,等. 信息化环境下教育研究案例精选[M]. 北京:北京大学出版社,2012.
[3] 薛薇. 基于 SPSS 的数据分析[M]. 北京:中国人民大学出版社,2006.
[4] 杨晓明. SPSS 在教育统计中的应用[M]. 北京:高等教育出版社,2004.
[5] 谢幼如,李克东. 教育技术学研究方法基础[M]. 北京:高等教育出版社,2006.
[6] 李克东. 教育技术学研究方法[M]. 北京:北京师范大学出版社,2003.

第 9 章

教育研究数据的因子分析

学习目标

1. 明确适合进行因子分析的数据类型,进行因子分析的过程中涉及的方法。
2. 阐述因子分析的原理和基本思路,能够将其应用到实际案例操作中。
3. 熟练应用 SPSS 软件对问卷进行因子分析,对分析出来的结果能够进行合理的解释。
4. 归纳因子分析的基本内容、特点及进行因子分析的主要步骤。
5. 总结在进行因子分析时遇到的难点和采取的解决措施。

关键术语

方差最大法　主成分分析法　碎石图　因子载荷　变量共同度　方差贡献率

知识导图

9.1 引　言

内容简介

因子分析是一种高级统计分析方法，它的基本思路包括四个主要步骤：因子分析的前提条件、构造因子变量、利用旋转使得因子变量更具有可解释性、计算因子变量的得分，其中进行因子分析的前提条件是确定待分析的原有若干变量是否适合进行因子分析。本章通过在 SPSS 中分析网络文化安全水平案例的操作分析对因子分析进行内容的介绍。本章的重难点是从众多原始变量中构造出少数具有代表意义的因子变量，并利用因子得分系数进行综合评价。

方法解读

在进行科学研究中，为了对研究对象有更全面、完整的把握和认识，人们往往需要对反映事物的多个变量进行大量的观测，因此，某个分析对象的描述会有许多指标，但多变量大样本为科研提供丰富信息之余，还增加了问题分析的复杂度。在大多数情况下，这些指标之间并非相互独立的，它们存在一定的相关关系。例如，某地区高校数、在校生数、在校教师数、教育投入经费等是明显相关的，这些相关的指标完全有简化的可能。我们需要在众多指标中，找出少数几个综合性指标，来反映原来指标所反映的主要信息。而因子分析正是解决这个问题的有效方法，它确保在丢失最少信息的前提下将原始的众多指标压缩成少数几个综合指标，这些综合指标称为因子变量。

9.2　实测变量转化为少数几个不相关的综合指标——因子分析

问题导入

研究中我们往往会设置若干指标来收集我们想要的信息，但并非是指标越多信息越全面，在很多情况下冗余的指标会加重数据分析的负担，同时让我们无法透彻地了解事物的本质，因子分析作为一种化繁为简、去冗存精的分析方法为更精确的分析事物提供了实用的方法。那么什么是因子分析、如何进行因子分析以实现"精简"这一过程呢？本节将以实例带您学习因子分析的核心知识。

数据统计要求

一般情况下，因子分析的数据要求为定距型数据，包括连续数值型数据，如身高、体重等，也包括人数、商品件数等离散型数据。

> **小贴士**
>
> 因子分析的过程会自动将数据标准化,所以在进行因子分析之前可以不进行标准化处理。

9.2.1 因子分析的基本原理

核心概念

因子分析是将多个实测变量转化为少数几个不相关的综合指标的多元统计分析方法。这种方法是在尽可能不损失信息或减少损失信息的情况下,将多个变量减少为少数几个潜在的因子,这几个因子可以高度地概括数据中的信息。

原理解析

因子分析的基本思想是通过对变量的相关系数矩阵内部结构的分析,从中找出少数几个能控制原始变量的随机变量 $F_i(i=1,2,\cdots,m)$,选取公共因子的关注是使其尽可能多地包含原始变量中的信息,建立模型 $X = A \cdot F + e$,忽略 e,以 F 代替 X,用它再现原始变量 X 的众多分量之间的相关关系,达到简化变量降低维数的目的。因子分析的基本思路如图 9.2.1 所示。

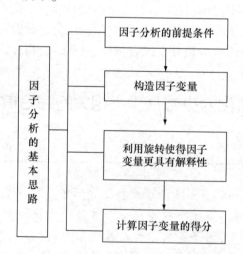

图 9.2.1　因子分析的基本思路

1. 因子分析的前提条件

由于因子分析是从众多原始变量中构造出少数具有代表意义的因子变量,因此原有变量间应具有较强的相关性,否则无法找出公共因子变量。这就要求在进行因子分析前对原有变量做相关分析,确定待分析的原有若干变量是否适合进行因子分析。在 SPSS 中提供了几种检验方法,常用的有以下两种:

（1）巴特利特（Bartlete）球形检验：主要观察统计量的相伴概率 p 值，若小于用户给定的显著性水平，则拒绝零假设，认为适合因子分析；反之，则认为不宜于做因子分析。

（2）KMO 检验：KMO 的取值范围在 0 和 1 之间，KMO 值越接近 1，越适合做因子分析。Kaiser 给出的度量标准是：KMO > 0.9 时非常适合因子分析；0.8 < KMO < 0.9 时适合；0.7 < KMO < 0.8 时一般；0.6 < KMO < 0.7 时不太适合；KMO < 0.5 时不适宜做因子分析。

2. 构造因子变量

主成分分析法计算原理为：计算出原有指标间的相关矩阵，计算该矩阵的特征根和特征向量，最后将特征根由大到小排列，从而计算出其对应的主成分。为了减少指标量，我们认为当前 p 个主成分的累计贡献率达到 85% 以上时，则这 p 个主成分已能反映原有变量的大部分信息。

3. 利用旋转使得因子变量更具有可解释性

在实际分析中，为了对因子变量的含义有更为清楚的认识，可以通过因子矩阵的旋转来达到这个目的，SPSS 中提供的旋转方法有正交旋转、斜交旋转、方差极大法等，其中最常用的是方差极大法。

4. 计算因子变量的得分

因子变量确定后，可得出每一样本数据在不同因子上的具体数据值，即因子得分。在之后的分析中可以用因子变量来替换原有变量进行数据建模，实现降维和简化问题的目的。

基本操作

因子分析方法的主要操作步骤：【Analyze】→【Data Reduction】→【Factor】。

小贴士

在因子分析中，研究者还应当考虑以下几个方面。

第一，可从相关矩阵中筛选题项。

题项间如果没有显著的相关，或相关太小，则题项间抽取的因素与研究者初始构建的层面可能差距很大；题项间如果有极其显著的正/负相关，则因素分析较易构建有意义的内容。因子分析前，可从题项间相关矩阵分布情形，看哪些题项间有密切关系。

第二，样本大小。

题项与受试者的比例最好为 1:5，受试总样本总数不得少于 100 人，因为样本数足够大，才能确保因子分析结果的可靠性。

9.2.2 案例解析：运用 SPSS 综合评价网络文化安全水平

案例呈现

以"网络文化安全"调查问卷为例，利用 SPSS 中因子分析命令对问卷中网络不良信息指标进行因子分析。

操作步骤

（1）选择菜单：【Analyze】→【Data Reduction】→【Factor】，出现如图 9.2.2 所示窗口。

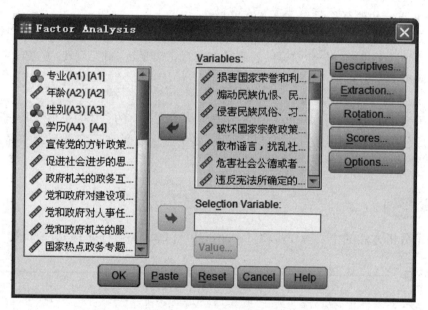

图 9.2.2 因子分析窗口

（2）"Variables"框用于选入需要进行因子分析的变量，至少需要选入两个。本例将问卷中有关网络不良信息的指标选项逐个选入该框中；"Selection Variable"框用于存放选择变量的矩形框，用于限制有特殊值的样本子集的分析。本例不选。

（3）单击打开因子分析"Descriptives"选项钮指定输出结果，如图 9.2.3 所示。"Statistics"用于选择输出哪些相关统计量，其中"Univariate descriptives"用于输出各个变量的基本描述统计量，如平均数、标准差等，"Initial solution"用于输出因子分析的初始解，如因子分析未转轴前的共同性、特征值及累积百分比等。"Correlation Matrix"则提供了几种检验变量是否适合做因子分析的检验方法及输出结果，其中"Coefficients"表示输出相关系数矩阵，"Significance levels"输出相关系数矩阵检验的显著性概率 p 值，"Reproduced"显示重置相关矩阵，上三角形矩阵代表残差值，而主对角线及下三角形代表相关系数,"Determinant"输出相关系数矩阵的行列式值,"Inverse"表示相关系数矩阵的逆矩阵(与相关系数矩阵的积为单位阵),"Anti-image"输出反映像的共变量及相关矩阵。本例中选择"Initial solution"和"KMO and Bartlett's test of sphericity"选项,单击"Continue"按钮返回检验界面。

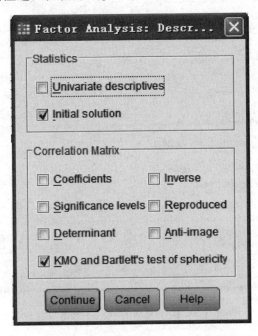

图 9.2.3　因子分析的"Descriptives"窗口

(4) 单击打开【Extraction】选项钮指定提取因子的方法,如图 9.2.4 所示。Method 用于选择因子提取方法,默认为"Principal components"主成分分析法,另外还有"Unweighted least squares"未加权最小平方法,"Generalized least square"一般化最小平方法,"Maximum likelihood"最大似然法,"Principal-axis factoring"主轴法,"Alpha factoring"α 因素抽取法,"Image factoring"映像因素抽取法。Analyze 用于指定分析矩阵的选项,其中"Correlation matrix"为相关系数矩阵,当原有变量存在数量级的差异时,选择该选项。"Covariance matrix"为协方差矩阵,Display 用于指定输出项,其中"Unrotated factor solution"显示未旋转的因子载荷矩阵,"Scree plot"显示因子的碎石图。Extract 用于控制提取过程和提取结果,确定提取的因子数目,在"Eigenvalues greater than"后面输入特征根值(默认为1),表示提取因子时,只提取特征根值大于1者,可任意输入 0 至变量总数之间的值,"Fixed Number of factors"后输入限定提取的因子个数。本例采用的设置如图 9.2.4 所示。

(5) 单击打开【Rotation】选项钮选择因子旋转方法,如图 9.2.5 所示。Method 用于选择因子荷载矩阵的旋转方法,其中"None"表示不旋转,"Varimax"为最大方差法,属正交旋转法之一,"Quartimax"表示四次方最大值法,属正交旋转法之一;"Equamax"为相等最大值法,属正交旋转法之一;"Direct Oblimin"为直接斜交旋转法,属斜交旋转法;"Promax"属斜交旋转法之一。Display 用于指定输出与因子旋转相关

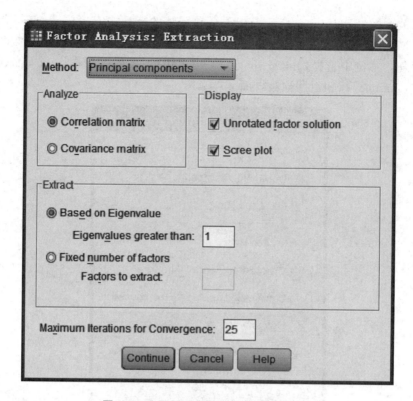

图 9.2.4　因子分析的"Extraction"窗口

的信息,其中"Rotated solution"显示旋转后的因子载荷矩阵,"Loading plot(s)"绘出因子载荷散点图。"Maximum Iterations for Convergence"表示旋转时迭代最多次数,即执行步骤的次数上限(默认为 25)。本例采用的设置如图 9.2.5 所示。

(6)单击打开【Scores】选项钮后可对因子得分进行设置,"Save as variable"框勾选时可将新建立的因子得分保存至 SPSS 数据文件中,并产生新的变量名称(默认为 fact_1、fact_2、fact_3、fact_4 等)。在"Method"框中表示计算因子得分的方法,其中"Regression"表示回归法。"Display factor coefficient matrix"选项勾选时可显示因子得分函数中的各因子得分系数。在本例中,取默认值。单击"Continue"按钮确定。本例设置如图 9.2.6 所示。

(7)单击打开【Options】选项钮后可指定因子载荷矩阵的输出方法,并可选择缺失数据的处理方法,如图 9.2.7 所示。"Missing Values"选项框中选择缺失值的处理方式,其中"Exclude cases listwise"观察值:在所有变量中没有遗漏值时才加以分析,"Exclude cases pairwise"(成对方式排除):在成对相关分析中出现遗漏值的观察值舍弃。"Replace with mean"(用平均数置换):以变量平均值取代遗漏值。"Coefficient Display Format"选项框选择因子载荷矩阵的输出方式,其中"Sorted by size"表示根据第一因子得分的降序输出因子载荷矩阵,"Suppress small coefficients Absolute value below"选项后输入数值,表示只输出大于该值的因子载荷(默认值为 0.10)。本例采用默认设置。

第 9 章　教育研究数据的因子分析

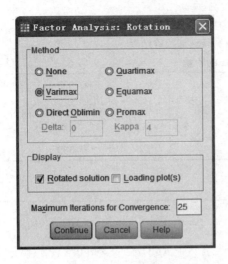

图 9.2.5　因子分析的"Rotation"窗口

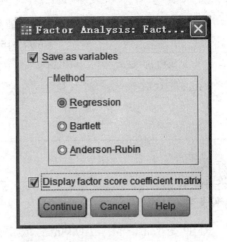

图 9.2.6　因子分析的"Scores"窗口

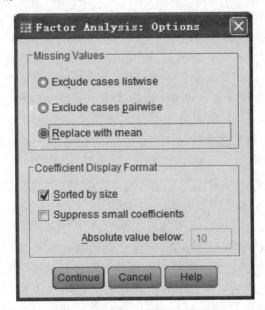

图 9.2.7　因子分析的"Options"窗口

结果分析

（1）考察原有变量是否适合做因子分析。在考察原有变量是否适合采用因子分析提取因子时，需利用变量的相关系数矩阵、反映象相关矩阵、巴特利特球度检验和 KMO 检验方法进行分析。

表 9.2.1 中给出了 KMO 检验和巴特例特球形检验的结果。其中 KMO 值为 0.835，根据 Kaiser 给出的标准，适合做因子分析。巴特例特球形检验给出的相伴概率为 0.000，小于显著性水平 0.05，因此拒绝零假设，认为相关系数矩阵与单位阵有显著

差异,原有变量适合做因子分析。

表 9.2.1　KMO 检验和巴特例特球形检验结果

KMO 和 Bartlett 的检验

取样足够度的 Kaiser-Meyer-Olkin 度量。		0.835
Bartlett 的球形度检验	近似卡方	2286.505
	df	630
	Sig.	0.000

知识卡片

KMO 是 Kaiser-Meyer-Olkin 的取样适当性量数。KMO 测度的值越高(接近 1.0 时),表明变量间的共同因子越多,研究数据适合用因子分析。通常按以下标准解释该指标值的大小:KMO 值达到 0.9 以上为非常好,0.8~0.9 为好,0.7~0.8 为一般,0.6~0.7 为差,0.5~0.6 为很差。如果 KMO 测度的值低于 0.5 时,表明样本偏小,需要扩大样本。巴特利特球形检验的目的是检验相关矩阵是否是单位矩阵(identity matrix),如果是单位矩阵,则认为因子模型不合适。巴特利特球形检验的虚无假设为相关矩阵是单位阵,如果不能拒绝该假设的话,就表明数据不适合用于因子分析。一般说来,显著水平值越小(<0.05)表明原始变量之间越可能存在有意义的关系,如果显著性水平很大(如 0.10 以上)表明数据不适宜于因子分析。

(2) 表 9.2.2 输出的是因子分析的初始解,显示了所有变量的共同度数据。第一列为原始变量名;第二列为根据因子分析初始解计算出的变量共同度,对原有 36 个变量采用主成分分析法提取所有特征值,原有变量的所有方差都可以被解释,变量的共同度均为 1,实际上,因子个数小于原有变量的个数才是因子分析的目的,所以一般不提取全部特征值;第三列为根据因子分析计算出的最终变量共同度。以第一行"损害国家荣誉和利益"变量以及第二行"煽动民族仇恨、民族歧视,破坏民族团结"为例,0.733 和 0.761 分别表示 m 个因子变量解释了改变量方差的 73.3% 和 76.1%,这两个变量的信息丢失较少。

表 9.2.2　因子分析的初始解

公因子方差

	初始	提取
损害国家荣誉和利益	1.000	0.733
煽动民族仇恨、民族歧视,破坏民族团结	1.000	0.761
侵害民族风俗、习惯	1.000	0.707
破坏国家宗教政策,宣扬邪教和封建迷信	1.000	0.654

(续表)

	初始	提取
散布谣言,扰乱社会秩序,破坏社会稳定	1.000	0.682
危害社会公德或者民族优秀文化传统	1.000	0.617
违反宪法所确定的基本原则	1.000	0.446
煽动抗拒、破坏宪法和法律、行政法规实施	1.000	0.594
容易使人曲解和误解法律、法规的信息	1.000	0.513
含有法律、行政法规禁止的其他内容	1.000	0.623
散布淫秽、色情、赌博、暴力、凶杀、恐怖或者教唆犯罪	1.000	0.714
虚假欺骗内容	1.000	0.703
容易使人上瘾、产生依赖和幻想的网络游戏和娱乐软件	1.000	0.597
容易使人道德弱化的网络信息和软件	1.000	0.622
带有挑逗性和引诱不良行为的信息和软件	1.000	0.599
容易使人产生歧义的网络内容	1.000	0.612
危害国家安全	1.000	0.809
泄露国家秘密	1.000	0.694
颠覆国家政权	1.000	0.765
破坏国家统一、主权和领土完整	1.000	0.730
损害国家经济利益	1.000	0.546
侮辱或者诽谤他人,侵害他人合法权益	1.000	0.545
未经同意擅自获取、更改、发布他人隐私信息	1.000	0.712
窃取、擅自发布商业秘密	1.000	0.593
剽窃、盗用他人知识产权	1.000	0.670
散布虚假信息,扰乱正常的金融秩序	1.000	0.672
商业欺诈信息	1.000	0.619
破坏他人商业信誉和商品声誉	1.000	0.633
擅自使用或仿制他人的商标、名号	1.000	0.592
销售虚假产品、对商品和服务做虚假宣传	1.000	0.590
各种网络病毒	1.000	0.584
垃圾邮件	1.000	0.533
网络蠕虫	1.000	0.584
恶意进行信息耗费的网络信息和软件	1.000	0.648
各种流氓软件	1.000	0.752
恶意攻击各种门户网站的黑客行为	1.000	0.596

提取方法:主成分分析。

> **知识卡片**
>
> 变量共同度即变量方差,指每个原始变量在每个共同因子的负荷量的平方和,也就是指原始变量方差中由共同因子所决定的比率。共同性表明了原始变量方差中能被共同因子解释的部分,共同性越大,变量能被因子说明的程度越高,即因子可解释该变量的方差越多。共同性的意义在于说明,如果用共同因子替代原始变量后,原始变量的信息被保留的程度。因子分析通过简化相关矩阵,提取可解释相关的少数因子。一个因子解释的是相关矩阵中的方差,而解释方差的大小称为因子的特征值。一个因子的特征值等于所有变量在该因子上的负荷值的平方总和。变量 Z_j 的共同度 h^2 的数学定义为:$h^2 = \sum_{i=1}^{m} a_{ji}^2$,该公式表明变量 Z_j 的共同度是因子载荷矩阵 A 中第 j 行元素的平方和。变量的共同度刻画了因子全体对变量 Z_j 信息解释的程度,是评价变量 Z_j 信息丢失程度的重要指标。如果大多数原有变量的变量共同度均较高(如高于0.8),则说明提取的因子能够反映原有变量的大部分信息(80%以上),仅有较少的信息丢失,因子分析的效果较好。因此,变量共同度是衡量因子分析效果的重要依据。

(3) 表9.2.3 结果是案例数据做因子分析后的因子提取和因子旋转结果。第一列到第四列描述了因子分析的初始解对原有变量总体的刻画情况,第一列是因子编号,后面三列分别是特征根值、方差贡献率和累积方差贡献率,它们描述了初始因子解的情况。如第一行的10.248表示第一个因子的特征根值,刻画了原有36个变量总方差的28.467%,是10.248/36的结果;第二个因子的特征根值为2.697,解释原有36个变量总方差为7.493%,是2.697/36的结果;这时累积方差贡献率是35.959%,是(28.467%+7.493%)的结果。后面数据依此类推。第五列至第七列是从初始解中提取了9个公共因子,各列含义同前,可见,提取的9个公共因子描述了原变量方差的64%,小于80%,该公共因子勉强可以反应原变量信息。第八列至第十列是旋转后的因子对原变量总体的刻画情况,描述了最终因子解的情况。各列含义同前。另外,因子旋转后累积方差比没有改变,即没有影响原有变量的共同度,但重新分配了各个因子解释原有变量的方差,改变了各因子的方差贡献,从而使因子更容易解释。

表9.2.3 因子解释原有变量总方差

解释的总方差

成分	初始特征值			提取平方和载入			旋转平方和载入		
	合计	方差的%	累积%	合计	方差的%	累积%	合计	方差的%	累积%
1	10.248	28.467	28.467	10.248	28.467	28.467	3.643	10.120	10.120
2	2.697	7.493	35.959	2.697	7.493	35.959	3.517	9.769	19.889
3	1.826	5.072	41.032	1.826	5.072	41.032	3.371	9.364	29.253

（续表）

成分	初始特征值			提取平方和载入			旋转平方和载入		
	合计	方差的%	累积%	合计	方差的%	累积%	合计	方差的%	累积%
4	1.799	4.996	46.028	1.799	4.996	46.028	2.822	7.838	37.091
5	1.603	4.453	50.480	1.603	4.453	50.480	2.548	7.077	44.167
6	1.384	3.844	54.324	1.384	3.844	54.324	2.430	6.750	50.917
7	1.258	3.495	57.819	1.258	3.495	57.819	1.646	4.573	55.490
8	1.187	3.297	61.116	1.187	3.297	61.116	1.627	4.519	60.009
9	1.042	2.894	64.010	1.042	2.894	64.010	1.440	4.000	64.010
10	0.986	2.738	66.748						
11	0.974	2.704	69.452						
12	0.909	2.524	71.976						
13	0.884	2.457	74.433						
14	0.764	2.123	76.557						
15	0.740	2.057	78.613						
16	0.731	2.029	80.643						
17	0.681	1.892	82.535						
18	0.645	1.792	84.327						
19	0.574	1.595	85.922						
20	0.538	1.495	87.417						
21	0.494	1.372	88.789						
22	0.461	1.280	90.069						
23	0.399	1.108	91.177						
24	0.384	1.066	92.243						
25	0.335	0.930	93.173						
26	0.326	0.905	94.078						
27	0.304	0.845	94.923						
28	0.298	0.826	95.749						
29	0.271	0.754	96.503						
30	0.233	0.647	97.150						
31	0.217	0.603	97.753						
32	0.204	0.567	98.321						
33	0.188	0.523	98.844						
34	0.156	0.434	99.278						
35	0.148	0.411	99.689						
36	0.112	0.311	100.000						

提取方法：主成分分析。

> **知识卡片**
>
> 因子的方差贡献(特征值)的数学定义为：$S_i^2 = \sum_{j=1}^{n} a_{ji}^2$，该式表明，因子 F_i 的方差贡献是因子载荷矩阵 A 中第 i 列元素的平方和。因子 F_i 的方差贡献反映了因子 F_i 对原有变量总方差的解释能力。该值越高，说明相应因子的重要性越高。因此，因子的方差贡献和方差贡献率是衡量因子重要性的关键指标。
>
> 特征值是每个变量某一共同因素的因素负荷量的平方总和(一直行所有因素负荷量的平方和)。在因素分析的共同因素抽取中，特征值大的共同因素会最先被抽取，其次是次大者，最后抽取的共同因素的特征值最小，通常会接近0(在主成分分析中，有几个题项，便有几个成分，因而特征值的总和刚好等于变量的总数)。将每个共同因素的特征值除以总题数，为共同因素可以解释的变异量，因素分析的目的，即在因素结构的简单化，希望以最少的共同因素，能对总变异量作最大的解释，因而抽取的因素越少越好，但抽取因素的累积解释的变异量则越大越好。

(4) 除了根据特征根值确定因子数外，我们还可以绘制特征根数与特征根值的碎石图，通过观察碎石图确定因子数，如图9.2.8。

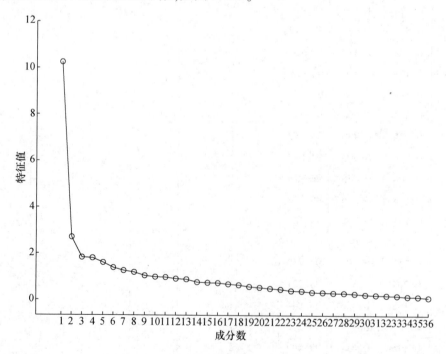

图 9.2.8　因子的碎石图

从图9.2.8中可以看出，横轴表示公共因子数，纵轴为特征根值，当提取前9个因子时,特征根值较大,变化非常明显,对解释原有变量的贡献较大;当提取 9 个以后的公共因子时,特征根值较小,变化也很小,对原有变量的贡献很小,由此可见提取前 9 个公共因子对原变量信息的刻画有显著作用。

知识卡片

确定因子数通常有以下三个标准。

第一,根据特征值确定因子数。一般选取特征根值大于 1 或等于 1 的主成分作为初始因子;因为每个变量的方差为 1,该准则认为每个保留下来的因子至少应该能解释一个变量的方差,否则达不到精简数据的目的。

第二,根据观察碎石图确定因子数。根据因子被提取的顺序绘出特征值随因子个数变化的散点图,根据图的形状来判断因子的个数。散点曲线的特点是由高到低,先陡后平,最后几乎成一条直线。曲线开始变平的前一个点被认为是提取的最大因子数。后面的散点类似于山脚下的碎石,可舍弃而不会丢失很多信息。

第三,根据因子的累计方差贡献率确定因子数。通常选取累计方差贡献率大于 0.85 时的特征根个数为因子个数。

(5) 如表 9.2.4 所示,最终的因子载荷矩阵是因子分析的核心内容。由表 9.2.4 可知,36 个变量在第一个因子上的载荷都较高,说明它们与第一个因子的相关程度较高,第一个因子很重要;其他几个因子与原有变量的相关性较小,它们对原有变量的解释作用不显著,这 9 个因子的实际含义较模糊。

表 9.2.4　因子荷载矩阵

成分矩阵ª

	成分								
	1	2	3	4	5	6	7	8	9
损害国家荣誉和利益	0.627	-0.308	0.213	-0.360	-0.184	0.024	0.076	-0.164	-0.050
煽动民族仇恨、民族歧视,破坏民族团结	0.571	-0.337	0.346	-0.438	-0.037	-0.031	0.022	-0.072	0.044
侵害民族风俗、习惯	0.568	-0.174	0.139	-0.427	0.239	0.085	0.059	0.232	-0.177
破坏国家宗教政策,宣扬邪教和封建迷信	0.553	-0.192	0.336	-0.073	-0.059	0.310	-0.303	0.044	0.009
散布谣言,扰乱社会秩序,破坏社会稳定	0.450	-0.339	-0.057	0.147	0.097	0.297	-0.475	0.093	-0.086
危害社会公德或者民族优秀文化传统	0.534	0.084	-0.433	-0.097	0.131	0.180	-0.122	0.105	-0.229
违反宪法所确定的基本原则	0.228	-0.144	-0.042	0.028	-0.046	0.083	0.082	0.586	0.108

(续表)

	成分								
	1	2	3	4	5	6	7	8	9
煽动抗拒、破坏宪法和法律、行政法规实施	0.516	-0.231	-0.263	0.063	-0.030	0.254	0.273	-0.104	0.226
容易使人曲解和误解法律、法规的信息	0.539	0.098	-0.034	-0.289	0.038	-0.165	0.020	0.088	0.304
含有法律、行政法规禁止的其他内容	0.643	-0.098	-0.303	-0.169	-0.051	0.104	0.096	-0.170	0.168
散布淫秽、色情、赌博、暴力、凶杀、恐怖或者教唆犯罪	0.617	0.249	0.108	0.047	-0.327	0.093	0.365	0.018	-0.093
虚假欺骗内容	0.490	0.328	-0.084	0.158	-0.103	-0.339	0.358	-0.211	0.159
容易使人上瘾、产生依赖和幻想的网络游戏和娱乐软件	0.417	0.271	0.024	-0.065	0.424	-0.144	-0.038	-0.028	-0.377
容易使人道德弱化的网络信息和软件	0.469	0.116	0.122	0.011	0.585	-0.014	-0.017	-0.126	-0.125
带有挑逗性和引诱不良行为的信息和软件	0.599	0.299	-0.087	0.097	0.099	0.240	0.044	-0.158	-0.200
容易使人引起歧义的网络内容	0.272	0.379	-0.024	-0.140	0.512	0.084	-0.117	-0.237	0.188
危害国家安全	0.739	-0.441	0.059	0.133	-0.011	-0.111	-0.058	-0.176	0.005
泄露国家秘密	0.631	-0.463	0.093	0.151	0.025	-0.076	-0.019	-0.172	0.118
颠覆国家政权	0.590	-0.431	0.151	0.371	0.225	-0.090	0.038	0.047	0.093
破坏国家统一、主权和领土完整	0.456	-0.478	0.102	0.388	0.155	-0.221	0.226	-0.015	-0.089
损害国家经济利益	0.653	-0.098	0.085	0.104	0.030	0.148	0.224	0.072	0.119
侮辱或者诽谤他人,侵害他人合法权益	0.516	0.121	0.344	-0.270	-0.055	0.190	-0.098	0.149	-0.041
未经同意擅自获取、更改、发布他人隐私信息	0.563	0.023	0.061	0.368	-0.243	-0.200	0.092	0.175	-0.344
窃取、擅自发布商业秘密	0.582	-0.002	-0.315	0.168	-0.079	-0.135	0.160	-0.019	-0.275
剽窃、盗用他人知识产权	0.633	0.175	0.021	-0.162	-0.259	-0.322	-0.151	0.116	-0.078
散布虚假信息,扰乱正常的金融秩序	0.661	-0.045	-0.242	-0.056	0.074	-0.327	-0.116	-0.095	0.193
商业欺诈信息	0.548	0.212	-0.178	-0.191	0.033	-0.375	0.129	0.216	0.018
破坏他人商业信誉和商品声誉	0.558	0.229	-0.116	-0.041	0.224	-0.054	0.174	0.403	0.092
擅自使用或仿制他人的商标、名号	0.541	0.080	-0.489	-0.024	-0.055	0.125	0.014	-0.025	0.184
销售虚假产品、对商品和服务做虚假宣传	0.506	0.083	-0.320	-0.147	-0.318	0.291	0.101	0.050	-0.074
各种网络病毒	0.553	0.182	0.174	-0.012	-0.398	-0.207	0.013	-0.109	-0.034
垃圾邮件	0.353	0.472	0.332	-0.134	-0.010	-0.084	0.163	-0.132	0.081
网络蠕虫	0.403	0.363	0.248	0.295	-0.061	0.161	0.125	0.078	0.298

(续表)

	成分								
	1	2	3	4	5	6	7	8	9
恶意进行信息耗费的网络信息和软件	0.243	0.397	0.352	0.420	0.098	0.055	−0.084	0.268	0.198
各种流氓软件	0.371	0.367	0.246	0.088	−0.126	0.254	0.479	−0.271	−0.167
恶意攻击各种门户网站的黑客行为	0.555	0.216	−0.165	0.354	−0.047	0.227	−0.158	−0.098	0.003

提取方法：主成分分析。
a. 已提取了 9 个成份。

另外，根据该表我们可以写出本案例的因子分析模型：

损害国家荣誉和利益 = $0.627F_1 - 0.308F_2 + 0.213F_3 - 0.360F_4 - 0.184F_5 + 0.024F_6 + 0.076F_7 - 0.164F_8 - 0.050F_9$

煽动民族仇恨、民族歧视，破坏民族团结的 = $0.571F_1 - 0.337F_2 - 0.346F_3 - 0.438F_4 - 0.037F_5 - 0.031F_6 + 0.022F_7 - 0.072F_8 + 0.044F_9$

……

恶意攻击各种门户网站的黑客行为 = $0.555F_1 + 0.216F_2 - 0.165F_3 + 0.354F_4 - 0.047F_5 + 0.227F_6 - 0.158F_7 - 0.098F_8 + 0.003F_9$

为了更加便于分析，我们做了矩阵旋转，输出结果见表 9.2.5。

表 9.2.5 旋转后的因子载荷矩阵

旋转成分矩阵[a]

	成分								
	1	2	3	4	5	6	7	8	9
损害国家荣誉和利益	0.310	0.247	0.730	0.155	−0.041	0.006	0.110	0.010	−0.062
煽动民族仇恨、民族歧视，破坏民族团结	0.318	0.074	0.787	0.155	−0.045	0.064	−0.050	0.004	0.038
侵害民族风俗、习惯	0.159	0.151	0.614	−0.003	−0.097	0.379	0.059	0.068	0.348
破坏国家宗教政策，宣扬邪教和封建迷信	0.227	0.092	0.546	0.036	0.216	0.044	−0.002	0.494	0.041
散布谣言，扰乱社会秩序，破坏社会稳定	0.319	0.191	0.154	0.004	−0.061	0.104	0.003	0.705	0.096
危害社会公德或者民族优秀文化传统	−0.004	0.532	0.066	0.135	−0.112	0.379	0.189	0.283	0.199
违反宪法所确定的基本原则	0.112	0.102	0.087	−0.035	0.071	−0.130	0.057	0.106	0.615
煽动抗拒、破坏宪法和法律、行政法规实施	0.391	0.633	0.134	−0.036	0.100	−0.038	−0.067	−0.020	0.073
容易使人曲解和误解法律、法规的信息	0.101	0.257	0.330	0.442	0.117	0.147	−0.165	−0.098	0.248
含有法律、行政法规禁止的其他内容	0.246	0.644	0.275	0.244	0.000	0.096	−0.050	0.013	0.019

(续表)

	成分								
	1	2	3	4	5	6	7	8	9
散布淫秽、色情、赌博、暴力、凶杀、恐怖或者教唆犯罪	−0.030	0.207	0.302	0.416	0.337	0.040	0.303	0.445	−0.029
虚假欺骗内容	0.105	0.126	−0.060	0.728	0.240	0.151	0.055	0.181	−0.163
容易使人上瘾、产生依赖和幻想的网络游戏和娱乐软件	0.052	0.013	0.103	0.162	0.036	0.707	0.231	0.028	0.040
容易使人道德弱化的网络信息和软件	0.275	0.045	0.136	0.055	0.147	0.703	−0.051	0.062	0.002
带有挑逗性和引诱不良行为的信息和软件	0.070	0.442	0.123	0.077	0.317	0.429	0.253	0.151	−0.087
容易使人引起歧义的网络内容	−0.070	0.165	0.030	0.166	0.223	0.597	−0.366	0.021	−0.106
危害国家安全	0.709	0.248	0.339	0.255	−0.005	0.071	0.124	0.206	−0.045
泄露国家秘密	0.710	0.205	0.296	0.181	0.028	0.013	0.001	0.160	−0.038
颠覆国家政权	0.804	0.065	0.114	0.066	0.144	0.128	0.031	0.175	0.172
破坏国家统一、主权和领土完整	0.813	0.020	0.041	−0.006	0.004	0.086	0.221	−0.030	0.095
损害国家经济利益	0.417	0.353	0.290	0.037	0.321	0.109	0.077	0.026	0.202
侮辱或者诽谤他人,侵害他人合法权益	−0.039	0.072	0.587	0.111	0.286	0.170	0.083	0.199	0.158
未经同意擅自获取、更改、发布他人隐私信息	0.349	0.090	0.054	0.235	0.222	0.046	0.661	0.099	0.158
窃取、擅自发布商业秘密	0.300	0.431	−0.007	0.236	−0.020	0.197	0.464	−0.007	0.079
剽窃、盗用他人知识产权	0.050	0.137	0.345	0.617	0.094	0.093	0.319	0.073	0.158
散布虚假信息,扰乱正常的金融秩序	0.362	0.338	0.127	0.594	−0.042	0.212	−0.048	0.033	0.090
商业欺诈信息	0.071	0.232	0.156	0.509	0.027	0.268	0.172	−0.211	0.360
破坏他人商业信誉和商品声誉	0.101	0.279	0.097	0.222	0.242	0.350	0.063	−0.069	0.545
擅自使用或仿制他人的商标、名号	0.093	0.683	−0.003	0.282	0.048	0.090	−0.024	0.097	0.130
销售虚假产品、对商品和服务做虚假宣传	−0.081	0.648	0.241	0.097	0.069	−0.046	0.254	0.109	0.113
各种网络病毒	0.111	0.140	0.340	0.467	0.290	−0.061	0.347	−0.031	−0.095
垃圾邮件	−0.099	0.011	0.303	0.261	0.481	0.251	0.058	−0.239	−0.087
网络蠕虫	0.105	0.146	0.045	0.123	0.722	0.031	0.004	0.019	0.107
恶意进行信息耗费的网络信息和软件	0.069	−0.176	−0.112	0.119	0.696	0.131	0.021	0.179	0.225
各种流氓软件	0.012	0.286	0.246	−0.152	0.550	0.184	0.341	−0.273	−0.243
恶意攻击各种门户网站的黑客行为	0.167	0.433	−0.087	0.191	0.377	0.171	0.175	0.361	−0.062

提取方法：主成分分析。

旋转法：具有 Kaiser 标准化的正交旋转法。

a. 旋转在 15 次迭代后收敛。

知识卡片

　　因子载荷是因素结构中原始变量与因素分析时抽取共同因素的相关。在因子不相关的前提下,因子载荷 a_{ji} 是变量 Z_j 和因子 F_i 的相关系数,反映了变量 Z_j 与因子 F_i 的相关程度。因子载荷 a_{ji} 值小于等于1,绝对值越接近1,表明因子 F_i 与变量 Z_j 的相关性越强。同时,因子载荷 a_{ji} 也反映了因子 F_i 对解释变量 Z_j 的重要作用和程度。因子载荷作为因子分析模型中的重要统计量,表明了原始变量和共同因素之间的相关关系。因子分析的理想情况,在于个别因素负荷量 a_{ji} 不是很大就是很小,这样每个变量才能与较少的共同因素产生密切关联,如果想要以最少的共同因素数来解释变量间的关系程度,则 U_j 彼此间或与共同因素间就不能有关联存在。一般说来,负荷量为0.3或更大被认为有意义。所以,当要判断一个因子的意义时,需要查看哪些变量的负荷达到了0.3或0.3以上。

(6) 从表9.2.5的纵向数据来看,可以比较清晰地看出每个公共因子的基本含义,如第一个因子变量,其中指标"破坏国家统一、主权和领土完整""颠覆国家政权"和"泄露国家秘密"三个指标较高,分别为0.813、0.804、0.710。这说明第一个因子变量基本反映了"网络在对危害国家利益方面的不良影响"这一指标。将旋转后的因子载荷矩阵重新整理以后,如表9.2.5所示。

(7) 因子命名的解释。采用方差最大法对因子载荷实施正交旋转可以使因子具有命名解释性,因子的命名解释性有助于对因子分析结果的解释评价,对因子的进一步应用有重要意义。根据整理后的旋转因子载荷矩阵,"危害国家安全""泄露国家秘密""颠覆国家政权""破坏国家统一、主权和领土完整"几个变量在第一个因子上有较高载荷,第一个因子主要解释了这几个变量,可解释为国家安全,依此类推,可得到步骤(9)的"不良信息评估指标体系表"。这样,与旋转前相比,因子含义更为清晰。

表9.2.6　整理后的旋转因子载荷矩阵

	成分								
	1	2	3	4	5	6	7	8	9
危害国家安全	0.709								
泄露国家秘密	0.710								
颠覆国家政权	0.804								
破坏国家统一、主权和领土完整	0.813								
危害社会公德或者民族优秀文化传统		0.532							

(续表)

	成分								
	1	2	3	4	5	6	7	8	9
含有法律、行政法规禁止的其他内容		0.644							
擅自使用或仿制他人的商标、名号		0.683							
销售虚假产品、对商品和服务做虚假宣传		0.648							
煽动抗拒、破坏宪法和法律、行政法规实施		0.633							
损害国家荣誉和利益			0.730						
煽动民族仇恨、民族歧视,破坏民族团结的			0.787						
侵害民族风俗、习惯的			0.614						
破坏国家宗教政策,宣扬邪教和封建迷信			0.546						
侮辱或者诽谤他人,侵害他人合法权益			0.587						
剽窃、盗用他人知识产权				0.617					
散布虚假信息,扰乱正常的金融秩序				0.594					
商业欺诈信息				0.509					
虚假欺骗内容				0.728					
恶意进行信息耗费的网络信息和软件					0.696				
各种流氓软件					0.550				
网络蠕虫					0.722				
容易使人道德弱化的网络信息和软件						0.703			
容易使人引起歧义的网络内容						0.597			
容易使人上瘾、产生依赖和幻想的网络游戏和娱乐软件						0.707			
未经同意擅自获取、更改、发布他人隐私信息							0.661		
窃取、擅自发布商业秘密							0.464		
散布谣言,扰乱社会秩序,破坏社会稳定								0.705	
破坏国家宗教政策,宣扬邪教和封建迷信								0.494	
违反宪法所确定的基本原则									0.545
破坏他人商业信誉和商品声誉									0.615

> **正交旋转法(Orthogonal Rotations)**,就是要求各个因子在旋转时都要保持直角关系,即不相关。在正交旋转时,每个变量的共同性(Commonality)是不变的。不同的正交旋转方法有不同的作用。在正交旋转法中,常用于社会科学研究的方式是 Varimax 旋转法。该方法是在旋转时尽量弄清楚在每一个因子上各个变量的因子负荷情况,即让因子矩阵中每一列的值尽可能变成1或0,该旋转法的作用是突出每个因子的性质,可以更清楚哪些变量是属于它的。由此可见,Varimax 旋转法可以帮助找出多个因子,以澄清概念的内容。Quartimax 旋转法则可以尽量弄清楚每个变量在各个因子上的负荷情况,即让每个变量在某个因子上的负荷尽可能等于1,而在其他因子上则尽可能等于0。该方法可以增强第一因子的解释力,而使其他因子的效力减弱。可见 Quartimax 旋转法适合于找出一个最强效力的因子。Equamax 旋转法则是一种折中的做法,即尽可能简化因子,也可弄清楚负荷情况。其缺点是两方面可能都未照顾好。
>
> **斜交旋转(Oblique Rotarion)** 方法是要求在旋转时各个因子之间呈斜交的关系,表示允许该因子与因子之间有某种程度上的相关。斜交旋转中,因子之间的斜交可以是任意的,所以用斜交因子描述变量可以使因子结构更为简洁。选择直接斜交旋转时,必须指定 Delta 值。该值的取值范围在 -1~0 之间,0 值产生最高相关因子,大的负数产生旋转的结果与正交接近。Promax 斜交旋转方法也允许因子彼此相关,它比直接斜交旋转更快,因此适用于大数据集的因子分析。
>
> 综上所述,不同的因子旋转方式各有其特点。因此,究竟选择何种方式进行因子旋转取决于研究问题的需要。

(8)因子得分是因子分析的最终体现。在因子分析的实际应用中,当因子确定以后,便可计算各因子在每个样本上的具体数值,这些数值称为因子得分,形成的变量称为因子变量。表9.2.7的输出结果给出了用回归法计算出的因子得分函数的系数,依据表9.2.7可写出以下因子得分函数:$F_1 = 0.017 \times$ "损害国家荣誉和利益" $+ 0.031 \times$ "煽动民族仇恨、名族歧视、破坏民族团结的" $+ \cdots + (-0.001) \times$ "恶意攻击各种门户网站的黑客行为";$F_2 = 0.020 \times$ "损害国家荣誉和利益" $+ (-0.072) \times$ "煽动民族仇恨、名族歧视、破坏民族团结的" $+ 0.132 \times$ "恶意攻击各种门户网站的黑客行为"。计算第一个因子得分变量的变量值时,"破坏国家统一、主权和领土完整的"和"颠覆国家政权"的权重较高,在计算第二个因子得分变量的变量值时,"擅自使用或仿制他人的商标、名号"和"煽动抗拒、破坏宪法和法律、行政法规实施"的权重较高。

成分得分系数矩阵

表 9.2.7　因子得分系数矩阵

	成分								
	1	2	3	4	5	6	7	8	9
损害国家荣誉和利益	0.017	0.020	0.276	-0.019	-0.072	-0.061	0.024	-0.072	-0.130
煽动民族仇恨、民族歧视,破坏民族团结	0.031	-0.072	0.310	0.010	-0.057	-0.027	-0.091	-0.066	-0.040
侵害民族风俗、习惯	-0.059	-0.050	0.225	-0.136	-0.123	0.174	0.041	-0.001	0.207
破坏国家宗教政策,宣扬邪教和封建迷信	-0.032	-0.061	0.192	-0.075	0.075	-0.045	-0.071	0.306	-0.020
散布谣言,扰乱社会秩序,破坏社会稳定	0.011	-0.005	-0.011	-0.063	-0.071	0.034	-0.035	0.468	0.020
危害社会公德或者民族优秀文化传统	-0.122	0.165	-0.056	-0.063	-0.161	0.169	0.115	0.168	0.083
违反宪法所确定的基本原则	-0.019	-0.003	-0.007	-0.068	0.054	-0.133	0.004	0.044	0.490
煽动抗拒、破坏宪法和法律、行政法规实施	0.105	0.293	-0.030	-0.128	0.069	-0.112	-0.152	-0.113	-0.009
容易使人曲解和误解法律、法规的信息	-0.019	0.027	0.068	0.191	0.024	-0.042	-0.236	-0.124	0.143
含有法律、行政法规禁止的其他内容	0.014	0.250	0.026	0.027	-0.038	-0.052	-0.146	-0.076	-0.073
散布淫秽、色情、赌博、暴力、凶杀、恐怖或者教唆犯罪	-0.137	-0.036	0.062	0.126	0.066	-0.081	0.125	0.288	-0.075
虚假欺骗内容	0.015	-0.063	-0.129	0.393	0.031	-0.020	-0.087	0.099	-0.181
容易使人上瘾、产生依赖和幻想的网络游戏和娱乐软件	-0.028	-0.120	-0.013	-0.025	-0.120	0.398	0.191	0.005	-0.030
容易使人道德弱化的网络信息和软件	0.082	-0.084	-0.015	-0.076	-0.010	0.374	-0.058	0.002	-0.068
带有挑逗性和引诱不良行为的信息和软件	-0.052	0.130	-0.025	-0.131	0.056	0.175	0.127	0.055	-0.143
容易使人引起歧义的网络内容	-0.029	0.046	-0.030	0.041	0.071	0.279	-0.329	0.008	-0.128
危害国家安全	0.206	-0.019	0.024	0.054	-0.057	-0.029	-0.002	0.038	-0.132
泄露国家秘密	0.231	-0.009	0.018	0.038	-0.005	-0.059	-0.095	0.009	-0.111
颠覆国家政权	0.291	-0.090	-0.078	-0.034	0.060	0.015	-0.062	0.020	0.071
破坏国家统一、主权和领土完整	0.322	-0.091	-0.089	-0.067	-0.019	0.037	0.127	-0.123	0.017
损害国家经济利益	0.099	0.084	0.030	-0.118	0.140	-0.043	-0.048	-0.079	0.096
侮辱或者诽谤他人,侵害他人合法权益	-0.129	-0.071	0.233	-0.056	0.083	0.013	0.005	0.112	0.084
未经同意擅自获取、更改、发布他人隐私信息	0.071	-0.104	-0.073	0.007	0.004	-0.022	0.445	0.003	0.078
窃取、擅自发布商业秘密	0.051	0.100	-0.111	0.000	-0.117	0.065	0.301	-0.079	-0.014
剽窃、盗用他人知识产权	-0.081	-0.100	0.069	0.265	-0.071	-0.049	0.150	0.010	0.066
散布虚假信息,扰乱正常的金融秩序	0.089	0.029	-0.074	0.283	-0.094	0.013	-0.154	-0.052	-0.013
商业欺诈信息	-0.030	-0.020	-0.023	0.202	-0.081	0.054	0.055	-0.200	0.229
破坏他人商业信誉和商品声誉	-0.026	0.022	-0.055	0.000	0.063	0.088	-0.035	-0.105	0.387

(续表)

	成分								
	1	2	3	4	5	6	7	8	9
擅自使用或仿制他人的商标、名号	−0.039	0.282	−0.103	0.061	−0.015	−0.059	−0.128	0.007	0.036
销售虚假产品、对商品和服务做虚假宣传	−0.151	0.273	0.053	−0.087	−0.021	−0.111	0.122	0.028	0.033
各种网络病毒	−0.019	−0.047	0.088	0.178	0.062	−0.133	0.159	−0.077	−0.124
垃圾邮件	−0.049	−0.057	0.115	0.063	0.187	0.053	−0.033	−0.197	−0.095
网络蠕虫	0.032	0.025	−0.044	−0.021	0.367	−0.112	−0.134	−0.039	0.074
恶意进行信息耗费的网络信息和软件	0.032	−0.156	−0.104	0.018	0.343	−0.017	−0.081	0.111	0.193
各种流氓软件	−0.011	0.130	0.096	−0.253	0.228	0.049	0.207	−0.250	−0.229
恶意攻击各种门户网站的黑客行为	−0.001	0.132	−0.142	−0.013	0.124	0.005	0.023	0.204	−0.107

提取方法：主成分分析。
旋转法：具有 Kaiser 标准化的正交旋转法。

另外，可利用因子得分变量对样本中不同性质学科(工学、文学、法学、史学、理学、教育学、管理学、经济学)学生的网络文化安全水平进行综合评价等研究。首先对 9 个主因子计算其因子得分，得到因子得分表，然后以各自的贡献率为权数采用线性加权平均求和的方法，对不同性质学科学生的网络文化安全水平得分进行计算得到综合得分和总排名。当我们的调查对象为不同市区时，同理也可对不同市区进行综合评价。

(9) 根据步骤(7)因子命名的结果，对调查问卷中的"不良信息"评价指标进行重新分类，得到"不良信息评估指标体系"，如表 9.2.8 所示。

表 9.2.8　不良信息评估指标体系

一级指标	二级指标
国家安全	危害国家安全
	泄露国家秘密
	颠覆国家政权
	破坏国家统一、主权和领土完整
国家荣誉和民族、宗教团结	损害国家荣誉和利益
	煽动民族仇恨、民族歧视，破坏民族团结
	侵害民族风俗、习惯
	破坏国家宗教政策，宣扬邪教和封建迷信
散布谣言，扰乱社会秩序，破坏社会稳定	违法违规
	危害社会公德或者民族优秀文化传统
	含有法律、行政法规禁止的其他内容
	违反宪法所确定的基本原则
	销售虚假产品、对商品和服务做虚假宣传
	煽动抗拒、破坏宪法和法律、行政法规实施

（续表）

一级指标	二级指标
侵犯他人利益	剽窃、盗用他人知识产权
	散布虚假信息，扰乱正常的金融秩序
	擅自使用或仿制他人的商标、名号
	商业欺诈信息
	破坏他人商业信誉和商品声誉
	侮辱或者诽谤他人，侵害他人合法权益
	虚假欺骗内容
网络危害	容易使人道德弱化的网络信息和软件
	容易使人引起歧义的网络内容
	容易使人上瘾、产生依赖和幻想的网络游戏和娱乐软件
	恶意进行信息耗费的网络信息和软件
	各种流氓软件
	网络蠕虫

知识卡片

社会科学中因子分析通常应用在三个层面：

第一，显示变量间因子分析的组型（Pattern）。

第二，侦测变量间之群组（Clusters），每个群组所包括的变量彼此相关性很高，同构型较大，将关系密切的个别变量合并为一个子群。

第三，减少大量变量数目，使之成为一组包含变量较少的统计自变量（称为因子），每个因子与原始变量间有某种线性关系存在，而以少数因子层面来代表多数、个别、独立的变量。

因子分析具有简化数据变量的功能，以较少层面来表示原来的数据结构，它根据变量间彼此的相关，找出变量间潜在的关系结构，变量间简单的结构关系称为"成分"（Components）或"因子"（Factors）。

知识拓展

本章主要学习了教育研究数据高级统计分析中的因子分析，当然对教育研究数据的高级统计分析方法还有聚类分析、回归分析等，例如"利用学习成绩，对学生进行分类"，需要用到下一章高级统计分析中的聚类分析。

活动任务

请根据本书附录提供的数据或者是实践研究中获取的数据,进行因子分析,精简问卷指标。

参考文献

[1] 张屹. 教育技术学研究方法[M]. 北京:北京大学出版社,2010.
[2] 张屹,周平红. 教育技术学研究方法[M]. 第二版. 北京:北京大学出版社,2013.
[3] 薛薇. 基于 SPSS 的数据分析[M]. 北京:中国人民大学出版社,2006.
[4] Harman H H. Modern factor analysis[M]. University of Chicago Press,1976.
[5] 郭志刚. 社会统计分析方法——SPSS 软件应用[M]. 北京:中国人民大学出版社,1999.
[6] 杨晓明. SPSS 在教育统计中的应用[M]. 北京:高等教育出版社,2004.
[7] 卢纹岱. SPSS for Windows 统计分析[M]. 第三版. 北京:电子工业出版社,2006.

第 10 章

教育研究数据的聚类分析

学习目标

1. 阐述聚类分析的概念和基本思路。
2. 根据要求选择不同的聚类方法进行分析。
3. 熟练应用 SPSS 18.0 软件进行层次聚类和 K-Means 聚类分析。
4. 归纳聚类分析的基本知识。
5. 总结在聚类分析中遇到的难点和解决的措施。

关键术语

层次聚类　K-Means 聚类　个体或小类间距离

知识导图

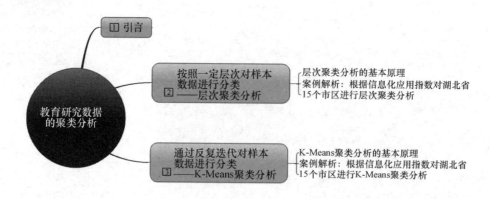

10.1 引　言

内容简介

聚类分析是统计学中研究"物以类聚"问题的多元统计分析方法,常见的聚类分析方法有层次聚类和 K-Means 聚类。层次聚类是指聚类过程按照一定层次进行,本章将通过在 SPSS18.0 中根据信息化应用水平指数来对湖北省 15 个市区的中小学进行层次聚类分析对内容进行介绍。K-Means 聚类也称快速聚类,是一个反复迭代的分类过程,本章将通过在 SPSS18.0 中根据信息化应用水平对湖北省 15 个市区的中小学执行 K-Means 聚类来对内容进行介绍。本章的重难点是根据要求选择不同的聚类方式,并能对结果进行准确的分析。

方法解读

聚类分析在统计分析的应用领域已经得到了极为广泛的应用。聚类分析是一种建立分类的多元统计分析方法,它能够将一批样本(或变量)数据根据其诸多特征,按照在性质上的亲疏程度在没有先验知识的情况下进行自动分类,产生多个分类结果。类内部的个体在特征上具有相似性,不同类间个体特征的差异性较大。在聚类分析中,个体之间的"亲疏程度"是极为重要的,它将直接影响最终的聚类结果,对"亲疏程度"的测量主要是对个体间的差异程度进行测量,通过某种距离来测度。由于变量类型一般有定距型和非定距型之分,所以个体间聚类的定义也因此不同。

为定义个体间的距离,应先将每个样本数据看成是 k 维空间上的一个点。通过定义并计算某种点与点之间的距离来测度个体间的"亲疏程度"。通常,点与点之间的距离越小,意味着它们越"亲密",越有可能聚成一类;反之意味着它们越"疏远",越有可能分属于不同的类。

1. 定距型变量个体间距离的计算方式

如果所涉及的 k 个变量都是定距型变量,那么个体间距离的定义通常有如下几种方式:

(1) 欧氏(Euclidean)距离。

两个个体 x, y 间的欧氏距离数学定义为:

$$d(x,y) = \sqrt{\sum_{i=1}^{k}(x_i - y_i)^2}$$

式中, x_i 为个体 x 的第 i 个变量的变量值, y_i 为个体 y 的第 i 个变量的变量值。

(2) 平方欧式(Squared Euclidean)距离。

两个个体 x, y 间的平方欧氏距离数学定义为:

$$d(x,y) = \sum_{i=1}^{k}(x_i - y_i)^2$$

式中，x_i 为个体 x 的第 i 个变量的变量值，y_i 为个体 y 的第 i 个变量的变量值。

(3) 切比雪夫(Chebychev)距离。

切比雪夫距离得名自俄罗斯数学家切比雪夫。两个个体 x,y 间的切比雪夫距离数学定义为：

$$d(x,y) = \text{Max}|x_i - y_i|$$

式中，x_i 为个体 x 的第 i 个变量的变量值，y_i 为个体 y 的第 i 个变量的变量值。

(4) Block 距离。

两个个体 x,y 间的 Block 距离数学定义为：

$$d(x,y) = \sum_{i=1}^{k}|x_i - y_i|$$

(5) 明考斯基(Minkowski)距离。

两个个体 x,y 间的明考斯基距离数学定义为：

$$d(x,y) = \sqrt[P]{\sum_{i=1}^{k}|x_i - y_i|^P}$$

式中，x_i 为个体 x 的第 i 个变量的变量值，y_i 为个体 y 的第 i 个变量的变量值。P 可以任意指定。

(6) 夹角余弦(Cosine)距离。

两个个体 x,y 间的夹角余弦距离数学定义为：

$$d(x,y) = \frac{\sum_{i=1}^{k}(x_i y_i)^2}{\sqrt{(\sum_{i=1}^{k}x_i^2)(\sum_{i=1}^{k}y_i^2)}}$$

式中，x_i 为个体 x 的第 i 个变量的变量值，y_i 为个体 y 的第 i 个变量的变量值。

(7) 用户自定义(Customized)距离。

$$d(x,y) = \sqrt[r]{\sum_{i=1}^{k}|x_i - y_i|^P}$$

式中，x_i 为个体 x 的第 i 个变量的变量值，y_i 为个体 y 的第 i 个变量的变量值。P、r 可以任意指定。

2. 非定距型变量个体间距离的计算方式

如果所涉及的 k 个变量都是非定距型变量，那么个体间距离的定义通常有如下几种方式：

(1) 卡方(Chi-Square)距离。

两个个体 x,y 间的卡方距离数学定义为：

$$d(x,y) = \sqrt{\sum_{i=1}^{k}\frac{(x_i - E(x_i))^2}{E(x_i)} + \frac{(y_i - E(y_i))^2}{E(y_i)}}$$

式中，x_i 为个体 x 的第 i 个变量的变量值(频数)，y_i 为个体 y 的第 i 个变量的变量值(频数)。分别为期望频数。

（2）Phi(Phi-Square)距离。

两个个体 x,y 间的 Phi 距离数学定义为：

$$d(x,y) = \sqrt{\frac{\sum_{i=1}^{k}\frac{(x_i - E(x_i))^2}{E(x_i)} + \frac{(y_i - E(y_i))^2}{E(y_I)}}{n}}$$

式中，x_i 为个体 x 的第 i 个变量的变量值(频数)，y_i 为个体 y 的第 i 个变量的变量值(频数)。分别为期望频数，n 为总频数。

3. 二值变量个体间距离的计算方式

如果所涉及的 k 个变量都是二值变量，那么个体间距离的定义通常有如下几种方式：

（1）简单匹配(Simple Matching)系数。

简单匹配系数是建立在两个体 k 个变量值同时为 0(或 1)和不同时为 0(或 1)的频数表基础之上的。该频数表如表 10.1.1 所示。

表 10.1.1 简单匹配系数的频数表

		个体 y	
		1	0
个体 x	1	a	b
	0	c	d

在表 10.1.1 中，a 为两个体同时为 1 的频数，d 为两个体同时为 0 的频数，$a+d$ 反映了两个体的相似程度；b 为个体 x 为 1 且个体 y 为 0 的频数，c 为个体 x 为 0 且个体 y 为 1 的频数，$c+d$ 反映了两个体的差异程度。在表 10.1.1 基础上，简单匹配系数重点考察两个体的差异性，其数学定义为：

$$d(x,y) = \frac{b+c}{a+b+c+d}$$

由上式可知，简单匹配系数排除了同时拥有或同时不拥有某特征的频数，反映了两个体间的差异程度。

（2）雅科比(Jaccard)系数。

雅科比系数与简单匹配系数有相似之处，也是在表 10.1.1 基础上定义的，其数学定义为：

$$d(x,y) = \frac{b+c}{a+b+c}$$

10.2 按照一定层次对样本数据进行分类——层次聚类分析

> **问题导入**
>
> 　　2010年我国发布了《教育信息化十年发展规划纲要（2010—2020）》，明确提出了"制定中小学校数字校园建设标准，实现硬件环境、资源、应用水平等全面达标"的要求，并提出了加快推动中小学数字化校园的建设，为了解湖北省基础教育中学校信息化建设及应用情况，华中师范大学国家数字化工程技术研究中心和湖北省电教馆于2012年10月联合成立调研小组，对湖北省中小学的信息化应用、数字化人才培养、数字化资源建设、数字化环境建设、数字化管理、信息化保障体制等六个方面进行调研。课题组于2012年12月组织了本次调研，通过在SPSS18.0中对数据进行分析计算，得出了各市区中小学信息化应用水平指数，并根据信息化应用水平指数对14个市区进行分类。本章内容要解决的问题是，如何根据信息化应用水平指数对14个市区进行分类？

数据统计要求

（1）各变量的变量值不拥有数量级上的差异。

聚类分析是以各种距离来度量两个体间"亲疏"程度的。从第一节中各种距离的定义来看，数量级将对距离产生较大的影响，并影响最终的聚类结果，通常使用标准化处理来消除数量级。

（2）各变量间不应有较强的线性相关关系。

聚类分析是以各种距离来度量两个体间"亲疏"程度的。从各种距离的定义来看，所选择的每个变量都会在距离中做出"贡献"。如果所选变量之间存在较高的线性关系，能够相互替代，那么计算距离时同类变量将重复"贡献"，将在距离中有较高的权重，因而使最终的聚类结果偏向该类变量。

10.2.1 层次聚类分析的基本原理

核心概念

层次聚类分析：层次聚类就是通过对数据集按照某种方法进行层次分解，直到满足某种条件为止。层次聚类有两种类型，分别是Q型聚类和R型聚类。按照分类原理的不同，可以分为凝聚和分裂两种方法。

原理解析

(1) Q 型聚类。

Q 型聚类是对样本进行聚类，它使具有相似特征的样本聚集在一起，使差异性大的样本分离开来。

(2) R 型聚类。

R 型聚类是对变量进行聚类，它使具有相似特征的变量聚集在一起，差异性大的变量分离开来，可在相似变量中选择少数具有代表性的变量参与其他分析，以减少变量个数，达到变量降维的目的。

(3) 凝聚方式聚类。

凝聚的层次聚类是一种自底向上的策略，首先将每个个体作为一个类，如有 n 个个体，分成 n 类，然后按照合适的度量方式计算所有个体间距离，并按照"亲疏程度"将最亲密的两个个体首先聚成一类，形成 $n-1$ 类；然后再次度量剩余个体和小类间的亲疏程度，将当前最亲密的个体或小类再聚成一类；以此类推，直到所有的个体都在一个类中，或者某个终结条件被满足。绝大多数层次聚类方法属于这一类，它们只是在类间相似度的定义上有所不同。

(4) 分解方式聚类。

分解方式聚类与凝聚的层次聚类相反，采用自顶向下的策略，它首先将所有个体置于同一个类中，然后按照合适的度量方式计算所有个体间距离，将大类中最"疏远"的个体分离出去，形成两类，接下来，再次度量大类中剩余个体的"亲疏程度"，并将最"疏远"的类分离出去。重复上述过程，直到每个个体自成一类，或者达到了某个终止条件。

基本操作

层次聚类分析方法的主要操作步骤。

(1) 选择菜单:【Analyze】→【Classify】→【Hierarchical Cluster Analysis】，进入"Hierarchical Cluster Analysis"对话框。

(2) 把聚类分析要依据的变量选到"Variable(s)"框中。

(3) 把将要分类的变量作为标记变量选到"Label Cases by"中。

(4) 在"Cluster"框中选择"Cases"。

(5) 在"Display"框中勾选"Statistics"和"Plots"。

(6) 点击对话框右侧的"Method"按钮指定距离的计算方法，在"Cluster Method"中选择计算个体与小类、小类与小类之间聚类的方法，在"Transform Values"下选择标准化处理的方法。

(7) 点击【Statistics】按钮指定输出哪些统计量。

(8) 点击【Plots】绘制按钮指定输出哪种聚类分析图。

(9) 点击【Save】按钮将聚类分析的结构以变量的形式保存到数据编辑窗口中。

10.2.2 案例解析:根据信息化应用指数对湖北省15个市区进行层次聚类分析

案例呈现

为了了解湖北省基础教育信息化应用水平的发展现状,华中师范大学国家数字化工程技术研究中心和湖北省电教馆于2012年10月联合成立调研小组,对湖北省中小学的信息化应用、数字化人才培养、数字化资源建设、数字化环境建设、数字化管理、信息化保障体制等六个方面进行调研。将数据搜集并处理,经过因子分析后,得出湖北省各市区中小学信息化应用水平数据,如图10.2.1所示。那么如何针对各市中小学校的信息化应用水平对不同市区学校进行层次聚类分析呢?

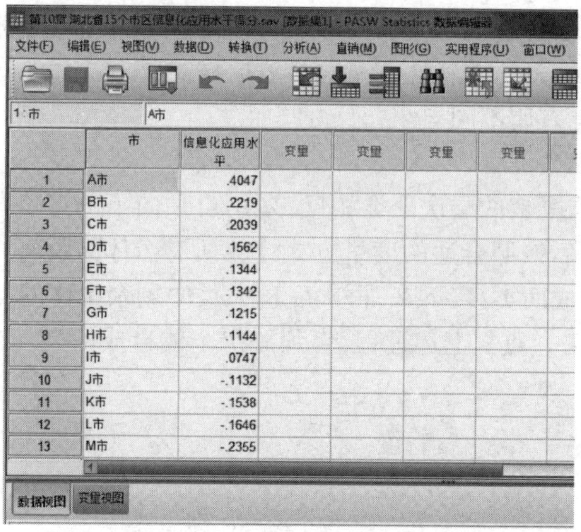

图 10.2.1 聚类分析数据文件

操作步骤

根据上述案例,在SPSS18.0中进行分析的具体操作步骤如下所示。

(1) 选择菜单:【Analyze】→【Classify】→【Hierarchical Cluster Analysis】,进入"Hierarchical Cluster Analysis"对话框,如图10.2.2所示。

(2) 把参与层次聚类分析的变量"信息化应用水平"选到"Variable(s)"框中,如图10.2.3所示。

(3) 把字符型变量"市区"作为标记变量选到"Label Cases by"中。

(4) 在"Cluster"框中选择"Cases"。

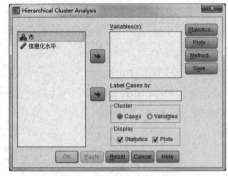 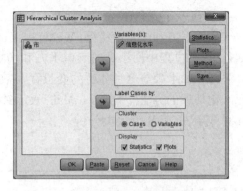

图 10.2.2　聚类分析窗口　　　　　图 10.2.3　聚类分析窗口

（5）在"Display"框中勾选"Statistics"和"Plots"。其中"Statistics"表示输出聚类分析的相关统计量，"Plots"表示输出聚类分析的相关图形，如图 10.2.4 所示。

（6）点击对话框右侧的【Method】按钮指定距离的计算方法，在"Cluster Method"中选择计算个体与小类、小类与小类之间聚类的方法，选择如图 10.2.5 所示。

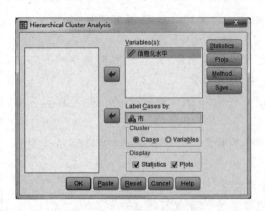 

图 10.2.4　聚类分析窗口　　　　　图 10.2.5　层次聚类分析的方法窗口

SPSS 中共提供了如下六种选择。

① 组间平均链锁（Between-groups Linkage）距离。

个体与小类间的组间平均链锁距离是该个体与小类中每个个体距离的平均值。

② 组内平均链锁（Within-groups Linkage）距离。

个体与小类间的组内平均链锁距离是该个体与小类中每个个体距离以及小类内每个个体间距离的平均值。

③ 最近邻居（Nearest Neighbor）距离。

个体与小类间的最近邻居距离是该个体与小类中每个个体距离的最小值。

④ 最远邻居（Furthest Neighbor）距离。

个体与小类间的最远邻居距离是该个体与小类中每个个体距离的最大值。

⑤ 重心（Centroid Clustering）距离。

个体与小类间的重心距离是该个体与小类的重心点的距离。小类的重心点通常是由小类中所有样本在各个变量上的均值所确定的数据点。

⑥ 离差平方和(Ward's Method)法。

离差平方和法是由沃德(Ward)提出的,因此也称 Ward 法。离差平方和聚类的原则是,聚类过程中使小类内离差平方和增加最小的两小类应首先合并为一类。

(7) 如果参与聚类分析的变量存在数量级上的差异,在"Transform Values"下选择标准化处理的方法。"By Variable"表示针对变量,适于 Q 型聚类分析;"By case"表示针对样本,适于 R 型聚类分析。

知识卡片

消除变量数量级的方法

图 10.2.5【Transform Values】中给出标准化【Standardize】变量的方法,即消除变量数量级的方法,使不同量纲的数据可以进行比较,具体有以下几种方法。

(1) "None"表示不进行任何处理。

(2) "Z Scores"表示计算 Z 分数。它将各变量值减去均值后除以标准差。标准化后的变量值平均值为 0,标准差为 1。

(3) "Range −1 to 1"表示将各种变量值除以全距,处理以后变量值的范围在 −1 ~ +1 之间。该方法适于变量值中有负值的变量。

(3) "Range 0 to 1"表示将各变量值减去最小值后除以全距。处理以后变量值的范围在 0 ~ +1 之间。

(4) "Maximum magnitude of 1"表示将各变量值除以最大值,处理以后变量值的最大值为 1。

(5) "Mean of 1"表示将各变量值除以均值。

(6) "Standard deviation of 1"表示将各变量值除以标准差。

(8) 点击"Statistics"按钮指定输出哪些统计量。"Agglomeration Schedule"合并进程表示输出聚类分析的凝聚状态表;"Proximity Matrix"相似性矩阵表示输出个体间的距离矩阵;"Cluster Membership"聚类成员框中,"None"表示不输出样本所属类,"Single solution"表示制定输出分成 n 类时各样本所属类,是单一解。具体如图 10.2.6 所示。

(9) 点击【Plots】绘制按钮制定输出哪种聚类分析图,如图 10.2.7 所示。

(10) 点击【Save】按钮将聚类分析的结果以变量的形式保存到数据编辑窗口中。

至此,完成了聚类分析的操作过程,SPSS 将根据用户的选择自动完成聚类分析,并将结果显示到输出窗口中。

第10章 教育研究数据的聚类分析

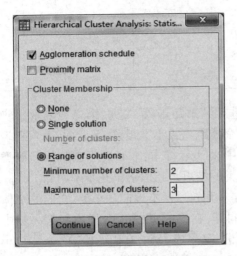

图 10.2.6 层次聚类分析的统计量窗口

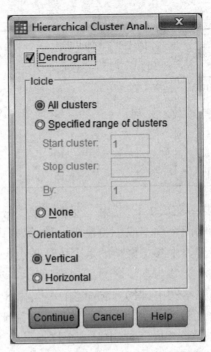

图 10.2.7 层次聚类分析的绘制窗口

结果分析

(1) 层次聚类分析凝聚状态。

根据信息化应用指数对湖北省基础教育信息化15个市区执行层次聚类分析后，得出的层次聚类分析凝聚状态表结果如表10.2.1所示。

表 10.2.1 层次聚类分析凝聚状态表

Agglomeration Schedule

Stage	Cluster Combined		Coefficients	Stage Cluster First Appears		Next Stage
	Cluster 1	Cluster 2		Cluster 1	Cluster 2	
1	5	6	0.000	0	0	4
2	7	8	0.007	0	0	4
3	11	12	0.011	0	0	7
4	5	7	0.016	1	2	6
5	2	3	0.018	0	0	10
6	4	5	0.030	0	4	9
7	10	11	0.046	0	3	11
8	13	14	0.053	0	0	11
9	4	9	0.057	6	0	10

(续表)

Stage	Cluster Combined		Coefficients	Stage Cluster First Appears		Next Stage
	Cluster 1	Cluster 2		Cluster 1	Cluster 2	
10	2	4	0.090	5	9	12
11	10	13	0.118	7	8	13
12	1	2	0.260	0	10	13
13	1	10	0.365	12	11	14
14	1	15	0.626	13	0	0

在表10.2.1中，第一列表示聚类分析进行到第几步；第二列、第三列表示本步聚类中哪两个样本或小类聚成一类；第四列是个体距离或小类距离；第五列、第六列表示本步聚类中参与聚类的是个体还是小类，其中，0表示样本，非0表示由第几步聚类生成的小类参与本步聚类；第七列表示本步聚类的结果将在以下第几步中用到。

在本例中，聚类分析的第一步，由5号样本和6号样本聚成一小类，它们的个体距离为0，这个小类将在下面第四步中用到。同理，在第四步中，7号样本与第一步中聚成的小类（以该小类中第一个样本号5为标记）又聚成一类，它们的距离（个体与小类间的距离，这里采用组间平均锁链距离）为0.016，形成的小类将在下边第六步中用到。经过14步聚类过程，最后聚成一大类。

（2）层次聚类分析中的类成员表。

聚类分析后，SPSS会自动为我们提供分类的类别及其成员，具体如表10.2.2所示。

表10.2.2 聚类成员关系表
Cluster Membership

Case	5 Clusters	4 Clusters	3 Clusters	2 Clusters
1:A市	1	1	1	1
2:B市	2	2	1	1
3:C市	2	2	1	1
4:D市	2	2	1	1
5:E市	2	2	1	1
6:F市	2	2	1	1
7:G市	2	2	1	1
8:H市	2	2	1	1
9:I市	2	2	1	1
10:J市	3	3	2	1
11:K市	3	3	2	1

（续表）

Case	5 Clusters	4 Clusters	3 Clusters	2 Clusters
12：L市	3	3	2	1
13：M市	4	3	2	1
14：N市	4	3	2	1
15：O市	5	4	3	2

由表10.2.2可知，当聚成五类时，A市自成一类；B市、C市、D市、E市、F市、G市、H市、I市聚为第二类；J市、K市、L市聚为第三类；M市、N市为第四类；O市为第五类。若聚为四类，则A市自成一类；B市、C市、D市、E市、F市、G市、H市、I市聚为第二类；J市、K市、L市、M市、N市聚为第三类；O市为第四类。可见，SPSS能够产生任意类数的分类结果。

（3）冰挂图分析。

通过聚类分析得出的冰挂图如图10.2.8所示。

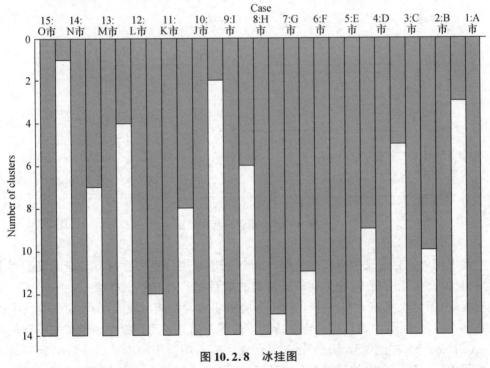

图10.2.8　冰挂图

图10.2.8是一幅纵向显示的冰挂图。观察冰挂图应从最后一行开始，由图可知，当聚成十四类时，E、F市聚为一类，其他各自聚成一类；聚为四类时，N、M、L、K、J市聚为一类，O市为一类，I、H、G、F、E、D、C、B市聚为一类，A市为一类。

（4）树状图分析。

根据聚类分析，可得到湖北省15个市区信息化应用指数聚类分析的树状图，如图10.2.9所示。

在图 10.2.9 所示的树状图中,树状图以躺倒树的形式展现了聚类分析中每一次类合并的情况。SPSS 自动将各类间的距离映射到 0 到 25 之间,并将聚类过程近似地表示在图上。E 市、F 市、G 市、H 市距离最近,最早聚为一类;B 市和 C 市相似性较高,较早聚为一类;K 市和 L 市相似性较高聚为一类;M 市和 N 市聚为一类;如果聚为四类,则 E、F、G、H、D、I、B、C 市聚为一类,A 市为一类,K、L、J、M、N 市聚为一类,O 市自成一类。

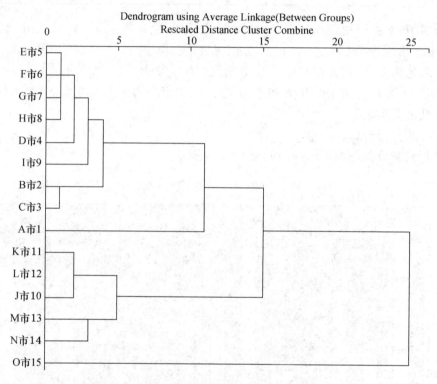

图 10.2.9　聚类分析树状图

(5) 碎石图分析。

确定聚类数目是聚类分析的关键。SPSS 层次聚类分析可将所有可能的聚类解全部输出,但在实际应用中,应如何确定聚类的数目呢?对此并没有统一的唯一正确的确定标准,但可以从如下方面进行考虑:各类的重心间距离应较大;各类所包含的个体数目都不应过多;分类数目应符合分析的目的等。另外还可根据个体距离或小类距离在 Excel 或 SPSS 中绘制碎石图(散点图),利用碎石图这个辅助工具来帮助确定最终的聚类数目。碎石图中的横轴为各类的距离(从凝聚状态表中获得),纵轴为类数目,如图 10.2.10 所示。

由图 10.2.10 的碎石图可知,随着类的不断凝聚、类数目的不断减少,类间的距离在逐渐增大。在聚成四类后,类间的距离迅速增大,形成极为"平坦的碎石路"。根据类间距离小则形成类的相似性大,类间距离大则形成类的相似性小的原则,可以找到"山脚"下的"拐点"碎石,以它作为确定分类数目的参考。在本例中,可以考虑聚成四类。

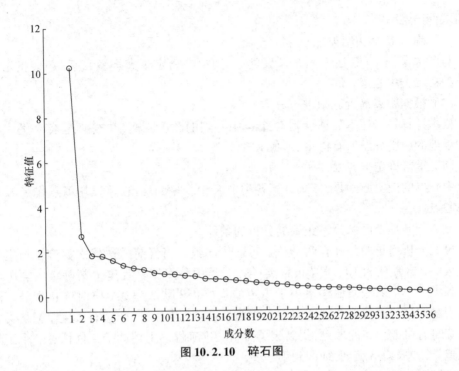

图 10.2.10　碎石图

10.3　通过反复迭代对样本数据进行分析——K-Means 聚类分析

问题导入

本节仍利用上述 2012 年 12 月湖北省 15 个市区基础教育学校信息化应用水平指数的数据，要求分成 5 类，初始类中心点由 SPSS18.0 自行确定，如何在 SPSS18.0 中快速地根据信息化应用水平指数对 15 个市区进行分类呢？

10.3.1　K-Means 聚类分析的基本原理

核心概念

K-Means 聚类也称快速聚类，它仍将数据看成 K 维空间上的点，仍以距离作为测度个体"亲疏程度"的指标，并以牺牲多个解为代价换得高的执行效率。

原理解析

K-Means 聚类分析的核心步骤如下。
（1）指定聚类数目。
在 K-Means 聚类中，应首先要求用户自行给出需要聚成多少类，SPSS 会根据用户的需求得出唯一解。

(2) 确定 K 个初始类中心。

与层次聚类不同,在 K-Means 聚类中,用户在指定了聚类数目后,还应指定这 K 个类的初始类中心点。

(3) 根据距离最近原则进行分类。

依次计算每个样本数据点到 K 个类中心点的欧氏距离,并按照距 K 个类中心点聚类最近的原则分派所有样本,形成 K 个分类。

(4) 重新确定 K 个类中心。

中心点的确定原则是,依次计算各类中 K 个变量的均值,并以均值点作为 K 个类的中心点。

(5) 判断是否已满足终止聚类分析的条件。

聚类分析终止的条件有两个:第一,迭代次数。当目前的迭代次数等于指定的迭代次数(SPSS 默认为 10)时终止聚类;第二,类中心点偏移程度。新确定的类中心点距上各类中心点的最大偏移量小于指定的量(SPSS 默认为 0.02)时终止聚类。同故意适当增加迭代次数或合理调整中心点偏移量的判定标准,能够有效克服初始类中心点指定时有可能存在的偏差,提高聚类分析的准确性。上述两个条件任意一个满足则结束聚类,如果均不满足,则回到第三步。

可见,与层次聚类不同,K-Means 聚类是一个反复迭代的分类过程。在聚类过程中,样本所属的类会不断调整,直到达到稳定为止。

基本操作

偏相关系数分析的主要操作步骤。

(1) 选择菜单【Analyze】→【Classify】→【K-Means Cluster Analysis】,打开"K-Means"聚类分析窗口。

(2) 把参与"K-Means"聚类分析的变量选到"Variables"框中。

(3) 选择一个字符型变量作为标记变量选到"Label Cases by"中。

(4) 在"Number of Clusters"中输入聚类数目,该数应小于样本数。

(5) 如果用户自行指定初始类中心点,则勾选"Read Initial"复选框,并指定数据集或数据文件名。

(6) 在"Method"框中制定聚类过程是否调整类中心点。

(7) 单击【Iterate】按钮确定终止聚类的条件。

(8) 点击【Save】将聚类分析的结果以 SPSS 变量的形式保存到数据编辑窗口中。

(9) 单击【Options】确定输出哪些相关分析结果和缺失值的处理方式。

10.3.2 案例解析：根据信息化应用指数对湖北省 15 个市区进行 K-Means 聚类分析

案例呈现

为了了解湖北省基础教育信息化应用水平的发展现状，华中师范大学国家数字化工程技术研究中心和湖北省电教馆于 2012 年 10 月联合成立调研小组，对湖北省中小学的信息化应用、数字化人才培养、数字化资源建设、数字化环境建设、数字化管理、信息化保障体制等六个方面进行调研。将数据搜集并处理，经过因子分析后，得出湖北省各市区中小学信息化应用水平数据。那么如何针对各市中小学的信息化应用水平对不同市区学校进行 K-Means 聚类分析呢？

操作步骤

（1）选择菜单【Analyze】→【Classify】→【K-Means Cluster Analysis】，打开 "K-Means" 聚类分析窗口。

（2）把参与 "K-Means" 聚类分析的变量 "信息化应用水平" 选到 "Variables" 框中。

（3）选择字符型变量 "市区" 作为标记变量选到 "Label Cases by" 中。

（4）在 "Number of Clusters" 中输入聚类数目 5。

（5）在 "Method" 框中选择 "Iterate and classify" 表示在聚类分析的每一步都重新确定类中心点（SPSS 默认）。其中 "Iterate and classify" 表示在聚类分析的每一步都重新确定类中心点（SPSS 默认）；"Classify only" 表示聚类分析过程中类中心点为初始类中心点，此事件进行一次迭代。如图 10.3.1 所示。

（6）单击【Iterate】按钮确定终止聚类的条件为最大迭代次数为 10，如图 10.3.2 所示。

（7）点击【Save】将聚类分析的结果以 SPSS 变量的形式保存到数据编辑窗口中，并勾选复选框 "Cluster membership"，如图 10.3.3 所示。

（8）单击【Options】按钮，在统计量选项框中勾选 "Initial cluster centers" 表示以聚类分析产生的类为控制变量，勾选 "ANOVA table" 复选框，表示以聚类分析产生的类为控制变量，以 k 个变量为观测变量进行单因素方差分析，并输出各变量的方差分析表，还可以指定输出样本分类信息及距所属类中心点的距离，如图 10.3.4 所示。

结果分析

输出分析结果，结合案例解释输出结果。

（1）湖北省信息化应用指数的 K-Means 聚类初始聚类中心表。

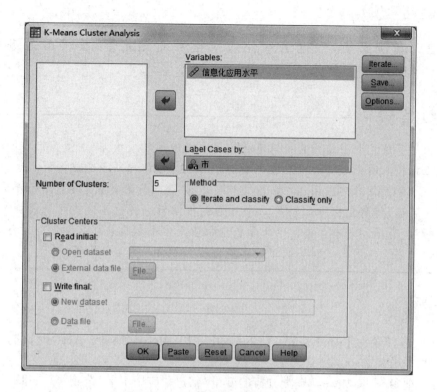

图 10.3.1　K-Means 聚类分析窗口

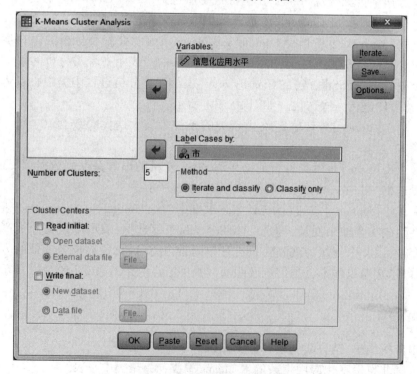

图 10.3.2　K-Means 聚类分析的迭代窗口

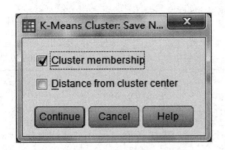 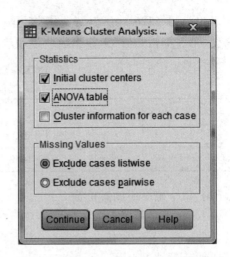

图 10.3.3　K-Means 聚类分析的保存窗口　　图 10.3.4　K-Means 聚类分析的选项窗口

表 10.3.1 显示了 5 个类的初始类中心的情况。5 个初始类中心点的数据分别是 0.4047、0.2219、-0.1646、-0.5826、-0.2890。由此可见,第 1 类是最优的,第 2 类次之,随后为第 3 类、第 5 类指数,第 4 类指数最不理想。

表 10.3.1　初始聚类中心
Initial Cluster Centers

	Cluster				
	1	2	3	4	5
信息化应用水平	0.4047	0.2219	-0.1646	-0.5826	-0.2890

(2) 迭代历史记录分析。

表 10.3.2 展示了 5 个类中心点每次迭代时的偏移情况,由该表可知,第 1 次迭代后分别偏移了 0、0.077、0.021、0、0.027;第 2 类重点偏移最大。第 2 次迭代后 5 个类的中心点偏移量均小于指定的判定标准(0.02),聚类分析结束。

表 10.3.2　迭代历史记录分析
Iteration History[a]

Iteration	Change in Cluster Centers				
	1	2	3	4	5
1	0.000	0.077	0.021	0.000	0.027
2	0.000	0.000	0.000	0.000	0.000

a. Convergence achieved due to no or small change in cluster centers. The maximum absolute coordinate change for any center is 0.000. The current iteration is 2. The minimum distance between initial centers is 0.124.

(3) 最终聚类中心分析。

由表 10.3.3 所知,5 个类的最终聚类中心点的数据分别是 0.4047、0.1452、

−0.1439、−0.5826、−0.2623。由此仍然可见第 1 类是最优的,第 2 类次之,随后为第 3 类、第 5 类指数,第 4 类指数最不理想。

表 10.3.3 最终聚类中心
Final Cluster Centers

	Cluster				
	1	2	3	4	5
信息化应用水平	0.4047	0.1452	−0.1439	−0.5826	−0.2623

(4)每个聚类中的案例数。

表 10.3.4 显示了 5 个类中的类成员情况,由此表可知,第一类有 1 个市区,第二类有 8 个市区,第三类有 3 个市区,第四类有 1 个市区,第五类有 2 个市区。这里没有输出详细分类结果。

表 10.3.4 每个聚类中的案例数
Number of Cases in each Cluster

Cluster	1	1.000
	2	8.000
	3	3.000
	4	1.000
	5	2.000
Valid		15.000
Missing		0.000

(5)不同类别均值比较情况。

表 10.3.5 展示了不同的指数均值比较情况,各数据项的含义依次为:组间均方、组间自由度、组内均方、组内自由度。虽然该分析与单因素方差分析的设计初衷并不一致,但通过该表仍可以看出信息化应用水平的均值在 5 类中的差异是显著的。

表 10.3.5 均值对比表
ANOVA

	Cluster		Error		F	Sig.
	Mean Square	df	Mean Square	df		
信息化应用水平	0.218	4	0.002	10	114.243	0.000

知识拓展

本章内容中介绍的层次聚类和 K-Means 聚类均为基于距离的聚类分析方法,常见的还有基于相同率的聚类分析、基于相关系数的聚类分析、基于主因子的聚类分析、基于主成分的聚类分析。

活动任务

从本书的综合案例和附带的光盘中选择合适的问卷及数据,利用 SPSS 对其进行聚类分析,并对结果进行分析。

参考文献

[1] 张屹. 教育技术学研究方法[M]. 北京:北京大学出版社,2010.
[2] 张屹,周平红. 教育技术学研究方法[M]. 第二版. 北京:北京大学出版社,2013.
[3] 薛薇. SPSS 统计分析方法及应用[M]. 第三版. 北京:电子工业出版社,2013.
[4] 谢幼如,李克东. 教育技术学研究方法基础[M]. 北京:高等教育出版社,2006.
[5] 李克东. 教育技术学研究方法[M]. 北京:北京师范大学出版社,2003.

第 11 章

教育研究数据的回归分析

学习目标

1. 阐述一元线性回归分析的概念,熟练应用 SPSS 软件进行一元线性回归分析。
2. 阐述多元线性回归分析的概念,熟练应用 SPSS 软件进行多元线性回归分析。
3. 阐述回归分析的基本原理,掌握回归分析与相关分析的区别与联系。
4. 了解回归分析对数据的基本要求,能够选择合适的数据进行回归分析。
5. 能够对回归分析结果进行合理的解释。

关键术语

一元线性回归分析　多元线性回归分析　拟合优度检验　显著性检验　残差分析

知识导图

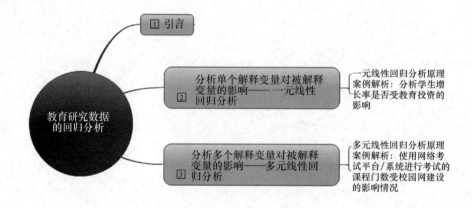

11.1 引　　言

内容简介

回归分析是一种应用极广的数量分析方法。它用于分析事物之间的统计关系,侧重考察变量之间的数量变化规律,并通过一定的数学表达式来表述这种关系,帮助人们准确把握变量受其他一个或多个变量影响的程度,进而为预测提供科学依据。"回归"一词是英国统计学家盖尔顿(F. Galton)在研究父亲身高和其成年儿子的身高关系时提出的。从大量的父亲身高和其成年儿子身高数据的散点图中,盖尔顿发现了一条贯穿其中的线,能够描述父亲身高和其成年儿子身高之间的关系,并可用于预测父亲身高及其成年儿子的平均身高。盖尔顿将这种现象称为"回归"。后来,人们借用"回归"这个名词,将研究事物之间统计关系的数量分析方法称为回归分析。回归分析包括线性回归分析和非线性回归分析。

本章主要学习线性回归分析中的一元线性回归分析和多元线性回归分析。首先讲解概念、基本原理以及操作步骤,然后通过教学方式对学生成绩的影响以及使用网络考试平台的课程门数的影响因素两个案例分别对一元线性回归分析和多元线性回归分析进行介绍。

方法解读

对于线性回归中两个变量,一般认为其中是一个可以精确测量或控制的非随机变量,而另一个或几个是随机变量,但它们之间的变化关系是不确定的,它们之间存在着相关关系。一元线性回归分析用来分析单个解释变量对被解释变量的影响,多元线性回归分析主要用来分析多个解释变量对被解释变量的影响。

11.2　分析单个解释变量对被解释变量的影响
——一元线性回归分析

问题导入

近年来,在教育方面的投资越来越多,教育投资的增多能否对学生增长率产生影响?如果有影响,如何运用数据客观地表述这种影响呢?这就是我们这节所要探讨的问题。

数据统计要求

回归分析是研究变量间统计关系的方法,侧重考察回归分析的类型。一般回归分析要求因变量与自变量都是定量变量,如教育投资、立项课题数等。当因变量是定量变量,自变量中有定性变量时,这种回归分析成为含有哑变量的回归分析。

> **小贴士**
>
> 哑变量(Dummy Variable),也叫虚拟变量,引入哑变量的目的是,将不能够定量处理的变量量化。如职业、性别对收入的影响,需要通过引入"哑变量"来完成,这样可以在线性回归分析中考察定性因素对因变量的影响。
>
> 此外,因变量是定性变量的回归分析称为 Logistic 回归分析。

11.2.1 一元线性回归分析原理

核心概念

一元线性回归是指在回归分析中,只包含一个自变量和一个因变量,且两者的关系可用一条直线近似表示。

原理解析

一元线性回归模型是指只有一个解释变量的线性回归模型,用于揭示被解释变量与另一解释变量之间的线性关系。然而在现实生活中,某一事物(被解释变量)总会受到多方面因素(多个解释变量)的影响。一元线性回归分析是在不考虑其他影响因素或在认为其他影响因素确定的条件下,分析一个解释变量是如何线性影响被解释变量的,因而是比较理想化的分析。下面以一个实例讲解一元线性回归分析的原理。

测得某种物质在不同温度 x 下吸附另一种物质的重量 y 如表 11.2.1 所示。

表 11.2.1 某种物质在不同温度下吸附另一种物质的重量

温度 x_i (C°)	1.5	1.8	2.4	3.0	3.5	3.9	4.4	4.8	5.0
吸附量 y_i (mg)	4.8	5.7	7.0	8.3	10.9	12.4	13.1	13.6	15.3

如果我们重复做这些试验,在同一个温度 x 下,所测得吸附另一种物质的重量 y 也不完全一致。把这 9 对数据画出散点图 11.2.1,从图上我们发现随着温度 x 的增加,吸附量 y 也增加,且这些点 (x_i, y_i) $(i=1,2,\cdots,9)$,近似在一条直线附近,但又不完全在一条直线上。引起这些点 (x_i, y_i) 与直线偏离的原因有两个,其一是本身温度和吸附量存在的内在关系,其二是在温度 x_i 下观察吸附量 y_i 存在着一些不可控的因素。

这样我们可以把观测结果 y 看成是由两部分叠加而成的,一部分是由 x 的线性函数引起的,记为 $\beta_0 + \beta_1 x$,其中 $y = \beta_0 + \beta_1 x$ 就是图 11.2.1 中显示的那条直线,β_0、β_1 还需要估计;另一部分是由随机因素引起的,记为 ε。即

$$y = \beta_0 + \beta_1 x + \varepsilon \tag{11.1}$$

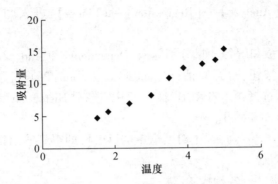

图 11.2.1　温度与吸附量关系图

由于我们把 ε 看成是随机误差,由中心极限定理知,假定 ε 服从 $N(0,\sigma^2)$ 是合理的,这也就意味着假定

$$y \sim N(\beta_0 + \beta_1 x, \sigma^2)$$

其中,$E(y) = \beta_0 + \beta_1 x$。

在(11.1)中 x 是一般变量,它可以精确测量也可以加以控制,y 是可观测其值的随机变量,β_0、β_1 是未知参数,ε 是不可观测的随机变量,假定 ε 服从 $N(0,\sigma^2)$。

综上所述,我们得到一般的数学模型。通过观测,获得了 n 组独立的观测数据 (x_i, y_i),$i = 1,2,\cdots,n$,则一元线性回归模型为:

$$\begin{cases} y_i = \beta_0 + \beta_1 x_i + \varepsilon_i, i = 1,2,\cdots,n \\ \text{各 } \varepsilon_i \text{ 独立分布,均服从 } N(0,\sigma^2) \end{cases} \quad (11.2)$$

也可以简单地记为,

$y_1, y_2, \cdots, y_n$ 相互独立,且 $y_i \sim N(\beta_0 + \beta_1 x_i, \sigma^2)$,$i = 1,2,\cdots,n$。

当由观测值获得未知参数 β_0、β_1 的估计 $\hat{\beta}_0$、$\hat{\beta}_1$ 后,得到的方程

$$\hat{y} = \hat{\beta}_0 + \hat{\beta}_1 x$$

称为 y 关于 x 的**一元线性回归方程**。

对于一元线性回归模型,我们要解决如下三个问题:

第一,根据观测值 (x_i, y_i) $(i = 1,2,\cdots,n)$ 去估计未知参数 $\hat{\beta}_0$、$\hat{\beta}_1$,从而建立 y 与 x 的数量关系式(称为回归方程)。

第二,对以上得到的数量关系式的可信度进行统计检验。

第三,对某个 x,在一定的可靠度下来预测 y 在什么区间中。

基本操作

一元线性回归分析的主要操作步骤。

(1) 确定回归方程中解释变量与被解释变量。
(2) 绘制散点图,初步分析解释变量与被解释变量之间是否存在线性关系。
(3) 确定回归模型。

① 选择菜单：【Analyze】→【Regression】→【Linear】，进入"Linear Regression"对话框。

② 将被解释变量和解释变量分别拖入"Dependent"和"Independent"中。

③ 选择【Plots】按钮，打开对话框"Linear Regression：Plots"，选择对话框下的"﹡ZRESID"拖入 Y 中，选择"﹡ZPRED"拖入 X 中，选择"Histogram"和"Normal probability plot"，然后点击【Continue】。

④ 单击"Linear Regression"主对话框中的【OK】，即得到输出结果。

（4）建立回归方程。

（5）对回归方程进行各种检验。

11.2.2 案例解析：分析学生增长率是否受教育投资的影响

案例呈现

在某教育投资调查中，调查了一些地区教育投资与学生增长率之间的关系，分析学生增长率是否受教育投资的影响。

操作步骤

（1）绘制散点图，初步分析解释变量与被解释变量之间是否存在线性关系，如图 11.2.2 所示。

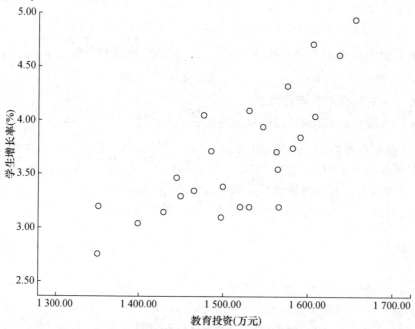

图 11.2.2　教育投资与学生增长率关系散点图

(2) 打开 SPSS 数据文件"教育投资.sav",选择菜单:【Analyze】→【Regression】→【Linear】,进入"Linear Regression"对话框。在对话框中将"学生增长率"拖入"Dependent"中,"教育投资"拖入"Independent"中,如图 11.2.3 所示。

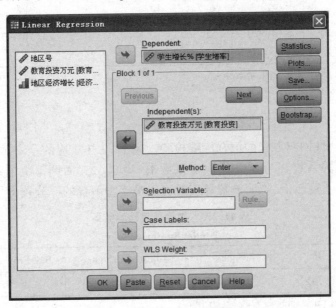

图 11.2.3 一元线性回归分析窗口

(3) 点击【Plots】按钮,打开对话框"Linear Regression:Plots",选择对话框下的"＊ZRESID"拖入 Y 中,选择"＊ZPRED"拖入 X 中,选择"Histogram"和"Normal probablility plot",然后点击【Continue】,如图 11.2.4 所示。

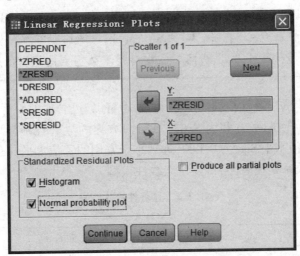

图 11.2.4 一元线性回归"Plots"选项

单击【Continue】按钮,返回"Linear Regression"对话框,单击【OK】按钮,即可得到回归分析结果,如表 11.2.2 所示。

表 11.2.2　一元线性回归分析结果

Coefficients[a]

Model		Unstandardized Coefficients		Standardized Coefficients	t	Sig.
		B	Std. Error	Beta		
1	(Constant)	-4.920	1.366		-3.601	0.001
	教育投资万元	0.006	0.001	0.791	6.331	0.000

a. Dependent Variable: 学生增长%

结果分析

（1）一元线性回归方程的拟合优度检验。表 11.2.3 反应的是一元线性回归模型的拟合情况，相关系数 R 为 0.791，决定系数 R^2 为 0.625，而调整决定系数为 0.610。可见，模型拟合优度较低，说明被解释变量可以被模型解释的部分较少。

表 11.2.3　拟合优度检验结果

Model Summary[b]

Model	R	R Square	Adjusted R Square	Std. Error of the Estimate
1	0.791[a]	0.625	0.610	0.38143

a. Predictors: (Constant), 教育投资(万元)
b. Dependent Variable: 学生增长%

知识卡片

一元线性回归方程的拟合优度检验采用 R^2 统计量，该统计量为判定系数或决定系数，R^2 取值在 0~1 之间。R^2 越接近于 1，说明回归方程对样本数据点的拟合优度越高；R^2 越接近于 0，说明回归方程对样本数据点的拟合优度越低。

（2）回归方程的显著性检验。从表 11.2.4 可以看出，离差平方和为 9.323，残差平方和为 3.492，而回归平方和为 5.831。回归方程的显著性检验中，统计量为 F = 40.077，对应的置信水平 Sig. 为 0.000，远远小于常用的置信水平 0.05，被解释变量与解释变量的线性关系是显著的，可以建立线性模型。

表 11.2.4　显著性检验结果

ANOVA[b]

Model		Sum of Squares	df	Mean Square	F	Sig.
1	Regression	5.831	1	5.831	40.077	0.000[a]
	Residual	3.492	24	0.145		
	Total	9.323	25			

a. Predictors: (Constant), 教育投资(万元)
b. Dependent Variable: 学生增长率%

知识卡片

SPSS 会自动计算检验统计量的观测值和对应的概率 p 值,如果 p 值小于 0.05,则应拒绝原假设,认为回归系数与零存在显著差异,被解释变量 y 与解释变量 x 的线性相关显著,可以用线性模型描述和反映它们之间的关系;反之,如果 p 值大于 0.05,则应接受原假设,认为回归系数与零不存在显著差异,被解释变量 y 与解释变量 x 的线性相关不显著,用线性模型描述和反映它们之间的关系是不恰当的。

(3) 回归方程的系数以及对回归方程系数的检验结果(系数显著性检验采用 T 检验)。如表 11.2.2 所示,回归方程的常数项 B 为 -4.920,自变量系数为 0.006。对回归方程系数的检验结果,常数项系数对应的 p 值为 0.001,远比常用的 0.05 要小,常数项显著,回归方程中不可以去掉常数项;自变量系数检验对应的 p 值为 0.000,小于 0.05,因此可以认为该系数是显著的,可以得到学生增长率(用 y 表示)关于教育投资(用 x 表示)的回归方程为:$y = -4.920 + 0.006x$。

知识卡片

SPSS 会自动计算检验统计量的观测值和对应的概率 p 值,如果 p 值小于 0.05,则应拒绝原假设,认为回归系数与零存在显著差异,x 应该保留在回归方程中;反之,如果 p 值大于 0.05,则应接受原假设,认为回归系数与零不存在显著差异,被解释变量 y 与解释变量 x 的线性相关不显著,x 不应该保留在回归方程中。

(4) 关于残差的统计结果,如表 11.2.5 所示。

表 11.2.5　残差统计结果

Residuals Statistics[a]

	Minimum	Maximum	Mean	Std. Deviation	N
Predicted Value	2.7416	4.4726	3.7173	0.48295	26
Residual	-0.76178	0.59332	0.00000	0.37373	26
Std. Predicted Value	-2.020	1.564	0.000	1.000	26
Std. Residual	-1.997	1.556	0.000	0.980	26

a. Dependent Variable:学生增长率%

小贴士

所谓残差是指由回归方程计算所得的预测值与实际样本值之间的差距。

（5）图 11.2.5 为标准化残差的直方图，用来表示残差的分布情况。

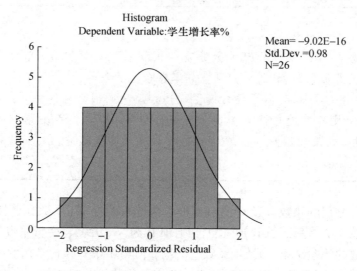

图 11.2.5 标准化残差的直方图

图 11.2.6 为正态分布图（P-P 图），该图是用来观察标准化残差的分布是否符合正态分布，如果是，则图中的散点应该近似一条直线，且与对角线近似重叠。由图 11.2.6 可以看出，标准化残差的分布符合正态分布。

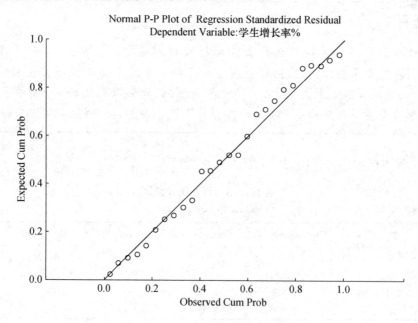

图 11.2.6 正态分布图（P-P 图）

图 11.2.7 为回归分析的残差图，用来反映因变量与预测值的关系。

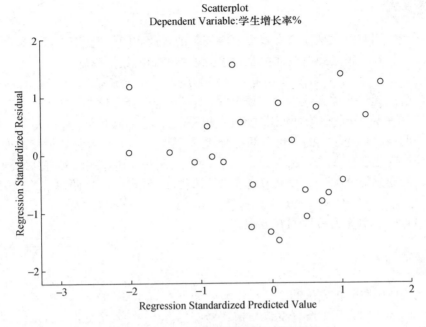

图 11.2.7　一元线性回归分析的残差图

11.3　分析多个解释变量对被解释变量的影响 ——多元线性回归分析

问题导入

高等教育中使用网络考试平台对学生进行测试已成为考试的一种主要的形式。使用网络考试的课程门数是否受校园网建设水平的影响？这就是这节我们所要探讨的问题。

数据统计要求

多元线性回归分析要求自变量和因变量的数据类型都是定量变量。如果自变量中有定性变量,则需通过引入哑变量(Dummy Variables)来完成。

11.3.1　多元线性回归分析原理

核心概念

多元线性回归分析是指在回归分析中,包括两个或两个以上的自变量,且因变量和自变量之间是线性关系。

原理解析

多元线性回归模型是指含有多个解释变量的线性回归模型,用于揭示被解释变量与其他多个解释变量之间的线性关系。多元线性回归的数学模型为:

$$y = \beta_0 + \beta_1 x_1 + \beta_2 x_2 + \beta_3 x_3 + \cdots + \beta_k x_k \tag{11.3}$$

式(11.3)是一个 k 元线性回归模型,其中有 k 个解释变量。β_0、β_1、$\beta_2\cdots\beta_k$ 都是模型中的未知参数,分别称为回归常数和回归系数,ε 称为随机误差,也是一个随机变量。它表明被解释变量 y 的变化由两部分解释。第一,由 k 个解释变量 x 的变化引起的 y 的线性变化部分,即 $y = \beta_0 + \beta_1 x_1 + \beta_2 x_2 + \beta_3 x_3 + \cdots + \beta_k x_k$;第二,由其他随机因子引起的 y 的变化部分,即 ε。随机误差的期望值为 0,对式(11.3)两边求期望值,则有

$$E(y) = \beta_0 + \beta_1 x_1 + \beta_2 x_2 + \beta_3 x_3 + \cdots + \beta_k x_k \tag{11.4}$$

式(11.4)称为多元线性回归方程。

基本操作

多元线性回归分析方法的主要操作步骤如下。
（1）确定回归方程中解释变量与被解释变量。
（2）确定回归模型。
① 选择菜单:【Analyze】→【Regression】→【Linear】,进入"Linear Regression"对话框。
② 将被解释变量和解释变量分别拖入"Dependent"和"Independent"中。
③ 点击【Plots】按钮,打开对话框"Linear Regression:Plots",选择对话框下的"﹡ZRESID"拖入 Y 中,选择"﹡ZPRED"拖入 X 中,选择"Histogram"和"Normal probability plot",然后点击【Continue】。
④ 单击【Linear Regression】主对话框中的【OK】,即得到输出结果。
（3）建立回归方程。
（4）对回归方程进行各种检验。

11.3.2 案例解析:使用网络考试平台/系统进行考试的课程门数受校园网建设的影响情况

案例呈现

在"高等教育信息化建设及应用水平"调查问卷中,对高等教育信息化建设及应用现状进行了五个方面的调查,包括基础设施建设及其应用情况、资源建设及其应用情况、应用系统建设与应用情况、标准规范建设与应用情况、管理体制及运行机制情况。将应用系统建设与应用情况中"使用网络考试平台/系统进行考试的课程门数"作为被解释变量,校园网建设及应用水平中各个指标作为解释变量,分析"使用网络考试平台/系统进行考试的课程门数"受"校园网建设"的影响情况。

第 11 章 教育研究数据的回归分析

> **小贴士**
>
> 回归分析中解释变量有多种筛选策略,其中,"Enter"表示所选变量强行进入回归方程,是 SPSS 默认的策略方法,在一元线性回归分析中常用此种方法;"Remove"表示从回归方程中剔除所选变量;"Stepwise"表示逐步筛选策略;"Backward"表示向后筛选策略;"Forward"表示向前筛选策略。

1. 强制进入策略模型案例解析

操作步骤

(1) 打开 SPSS 数据文件"高等教育信息化建设及应用水平.sav",选择菜单:【Analyze】→【Regression】→【Linear】,进入"Linear Regression"对话框。在对话框中将"使用网络考试平台的课程门数"拖入"Dependent"中,"全校网络接口(布线的网络接入点)总数(个)、校园网出口总带宽的平均利用率(%)、由学校统一部署的无线网覆盖学校公共区域(图书馆、操场、会议室、食堂等)的比例(%)、网络通达学生宿舍、教学、科研与管理楼宇的比例(%)、校园网主干带宽的平均利用率(%)、由学校统一部署的无线 AP 数(个)、校园网出口总带宽(Mbps)、校园网主干带宽(Mbps),其中教育网出口带宽(Mbps)"拖入"Independent"中,如图 11.3.1 所示。

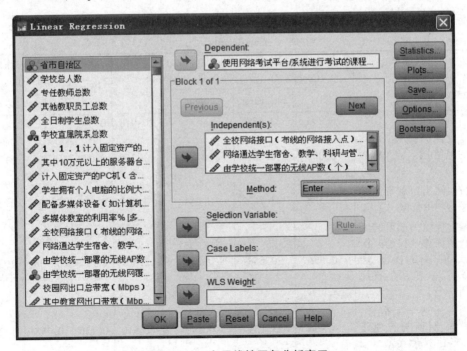

图 11.3.1 多元线性回归分析窗口

(2) 点击【statistics】按钮,打开对话框"Linear Regression:statistics",勾选对话框下的"R squared change"和"Collinearity diagnostics",然后点击【Continue】,如图 11.3.2 所示。

（3）点击【Plots】按钮，打开对话框"Linear Regression:Plots"，选择对话框下的"＊ZRESID"拖入 Y 中，选择"＊ZPRED"拖入 X 中，选择"Histogram"和"Normal probability plot"，然后点击【Continue】，如图 11.3.3 所示。

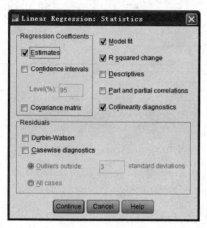

图 11.3.2　多元线性回归分析 statistics 窗口

图 11.3.3　多元线性回归的 Plots 窗口

（4）单击【Continue】按钮，返回"Linear Regression"对话框，单击【OK】按钮，即可得到回归分析结果，如表 11.3.1 所示。

表 11.3.1　回归分析结果

Coefficients[a]

Model		Unstandardized Coefficients		Standardized Coefficients	t	Sig.	Collinearity Statistics	
		B	Std. Error	Beta			Tolerance	VIF
1	(Constant)	26.293	28.638		0.918	0.362		
	全校网络接口（布线的网络接入点）总数（个）	0.002	0.001	0.521	3.265	0.002	0.269	3.723
	校园网出口总带宽的平均利用率(%)	11.528	24.766	0.044	0.465	0.643	0.760	1.316
	由学校统一部署的无线网覆盖学校公共区域（图书馆、操场、会议室、食堂等）的比例(%)	-50.596	20.558	-0.237	-2.461	0.017	0.738	1.355
	网络通达学生宿舍、教学、科研与管理楼宇的比例(%)	-34.966	23.153	-0.140	-1.510	0.136	0.798	1.254
	校园网主干带宽的平均利用率(%)	5.924	18.319	0.031	0.323	0.748	0.732	1.366
	由学校统一部署的无线 AP 数（个）	0.421	0.066	1.004	6.408	0.000	0.279	3.591

(续表)

Model	Unstandardized Coefficients		Standardized Coefficients	t	Sig.	Collinearity Statistics	
	B	Std. Error	Beta			Tolerance	VIF
校园网出口总带宽（Mbps）	-0.014	0.018	-0.168	-0.775	0.441	0.146	6.842
校园网主干带宽（Mbps）	-0.011	0.005	-0.482	-2.177	0.33	0.140	7.164
其中教育网出口带宽（Mbps）	-0.011	0.028	-0.107	-0.389	0.698	0.090	11.135

a. Dependent Variable. 使用网络考试平台/系统进行考试的课程门数

> **小贴士**
>
> 表 11.3.1 中，各列数据项的含义依次为：偏回归系数、偏回归系数的标准误差、标准化偏回归系数、回归系数显著性检验中 t 检验统计量的观测值、对应的概率 p 值、解释变量的容忍度及方差膨胀因子。可以看出：如果显著性水平 α 为 0.05，除全校网站接口总数、由学校统一部署的无线网覆盖学校公共区域（图书馆、操场、会议室、食堂等）的比例、由学校统一部署的无线 AP 数（个）、校园网主干带宽之外，其他变量的回归系数显著性 t 检验的概率 p 值都大于显著性水平 α，因此不应拒绝原假设，认为这些偏回归系数与 0 无显著差异，它们与被解释变量的线性关系是不显著的，不应保留在方程中。由于模型中保留了一些不应保留的变量，因此该模型目前是不可用的，应重新建模。同时，从容忍度和方差膨胀因子看，其中教育网出口带宽与其他解释变量的多重共线性很严重，在重新建模时可以考虑剔除该变量。

结果分析

（1）多元线性回归方程的拟合优度检验。表 11.3.2 反应的是一元线性回归模型拟合情况，相关系数 R 为 0.728，决定系数 R^2 为 0.530，而调整决定系数为 0.504。可见，模型拟合优度较好，说明被解释变量可以被模型解释的部分较多。

表 11.3.2 拟合优度检验结果

Model Summary[b]

Model	R	R Square	Adjusted R Square	Std. Error of the Estimate	Change Statistics				
					R Squate Change	F Change	df1	df2	Sig. F. Change
1	0.728[a]	0.530	0.504	38.072	0.530	20.541	4	73	0.000

a. Predictors:(Constanb),校园网主干带宽（Mbps），由学校统一部署的无线网覆盖学校公共区域（图书馆、操场、会议室、食堂等）的比例（%），全校网络接口（布线的网络接入点）总数（个），由学校统一部署的无线 AP 数（个）

（2）回归方程的显著性检验。从表11.3.3可以看出，离差平方和为224907.179，残差平方和为105810.744，而回归平方和为119096.436。回归方程的显著性检验中，统计量为F=20.541，对应的p值为0.000，远远小于0.05，被解释变量与解释变量的线性关系是显著的，可以建立线性模型。

表11.3.3　回归方程的显著性检验结果

ANOVA[b]

Model		Sum of Squares	df	Mean Square	F	Sig.
1	Regression	119096.436	4	29774.109	20.541	0.000[a]
	Residual	105810.744	73	1449.462		
	Total	224907.179	77			

a. Predictors：(Constant)，校园网主干带宽(Mbps)，由学校统一部署的无线网覆盖学校公共区域(图书馆、操场、会议室、食堂等)的比例(%)，全校网络接口(布线的网络接入点)总数(个)，由学校统一部署的无线AP数(个)

b. Dependent Variable：使用网络考试平台/系统进行考试的课程门数

（3）回归方程的系数以及对回归方程系数的检验结果(系数显著性检验采用t检验)。如图11.3.4所示，回归方程的常数项为9.808，表11.3.4中4个自变量的p值均小于0.05，因此都应该保留在方程中。由此可见，全校网络接口(布线的网络接入点)总数(个)、由学校统一部署的无线网覆盖学校公共区域的比例、由学校统一部署的无线AP数以及校园网主干带宽对学校使用网络考试平台进行考试的课程门数具有一定的影响，影响系数分别为0.002、-47.251、0.406、-0.014。假设Y为信息化应用水平，X_1、X_2、X_3、X_4为各个影响因素，由表11.3.4可以建立如下线性回归模型：$y = 9.808 + 0.002x_1 - 47.251x_2 + 0.406x_3 - 0.014x_4$。

表11.3.4　回归结果

Coefficients[a]

Model		Unstandardized Coefficients		Standardized Coefficients	t	Sig.	Collinearity Statistics	
		B	Std. Error	Beta			Tolerance	VIF
1	(Constant)	9.808	6.272		1.564	1.22		
	全校网络接口(布线的网络接入点)总数(个)	0.002	0.001	0.330	2.704	0.009	0.433	2.307
	由学校统一部署的无线网覆盖学校公共区域(图书馆、操场、会议室、食堂等)的比例(%)	-47.251	17.523	-0.233	-2.696	0.009	0.867	1.154
	由学校统一部署的无线AP数(个)	0.406	0.060	0.973	6.771	0.000	0.312	3.206
	校园网主干带宽(Mbps)	-0.014	0.004	-0.584	-3.644	0.000	0.251	3.984

a. Dependent Variable：使用网络考试平台/系统进行考试的课程门数

(4) 图 11.3.4 为标准化残差的直方图,用来表示残差的分布情况。

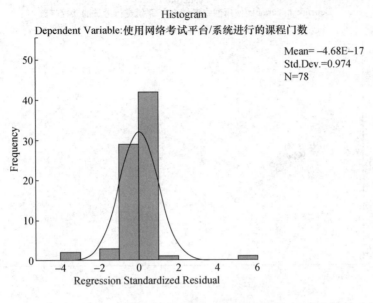

图 11.3.4　标准化残差的直方图

(5) 图 11.3.5 为正态分布图(P-P 图),由图 11.3.5 可以看出,标准化残差的分布符合正态分布。

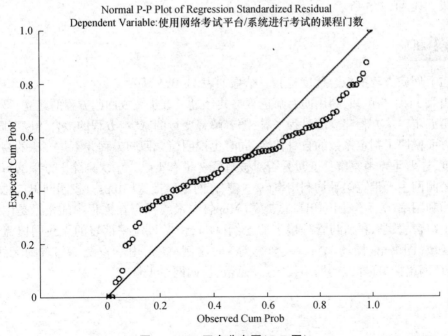

图 11.3.5　正态分布图(P-P 图)

(6) 图 11.3.6 为因变量、预测值间的散点图,用来反映因变量与预测值的关系。

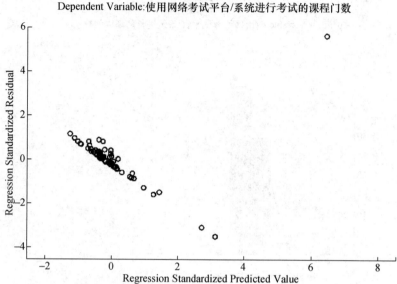

图 11.3.6　因变量、预测值之间的散点图

2. 向后筛选策略模型案例解析

将解释模型筛选策略改为向后筛选,其余的步骤与强制进入策略模型相同,其分析结果如表 11.3.5 所示。

结果分析

(1) 回归方程的拟合优度检验。结果如表 11.3.5 所示。

由表 11.3.5 可知,利用向后筛选策略共经过了五步完成回归方程的建立,最终模型为第五步。从方程建立的过程来看,随着解释变量的减少,方程的拟合优度下降了。这一方面说明了判定系数的自身特性,同时也说明建立回归方程并不是一味的高的拟合优度,还要重点考察解释变量是否对被解释变量有贡献。一次剔除出方程的解释变量是校园网主干带宽的平均利用率(%)、教育网出口带宽(Mbps)、校园网出口总带宽的平均利用率(%)、校园网出口总带宽(Mbps)。最终保存在方程中的变量是网络通达学生宿舍、教学、科研与管理楼宇的比例(%),由学校统一部署的无线网覆盖学校公共区域(图书馆、操场、会议室、食堂等)的比例(%),由学校统一部署的无线 AP 数,全校网络接口(布线的网络接入点)总数,校园网主干带宽。

表11.3.5 多元线性回归分析结果(一)

Model Summary

Model	R	R Square	Adjusted R Square	Std. Error of the Estimate	R Square Change	F Change	df1	df2	Sig. F. Change
					\multicolumn{5}{c}{Change Statistics}				
1	0.759[a]	0.576	0.514	39.208	0.576	9.355	9	62	0.000
2	0.758[b]	0.575	0.521	38.928	−0.001	0.105	1	62	0.748
3	0.758[c]	0.574	0.527	38.676	−0.001	0.175	1	63	0.677
4	0.755[d]	0.571	0.531	38.534	−0.003	0.522	1	64	0.472
5	0.747[e]	0.557	0.524	38.826	−0.013	2.004	1	65	0.162

a. Predictors:(Constant),校园网主干带宽的平均利用率(%),网络通达学生宿舍、教学、科研与管理楼宇的比例(%),由学校统一部署的无线网覆盖学校公共区域(图书馆、操场、会议室、食堂等)的比例(%),校园网出口总带宽的平均利用率(%),其中教育网出口带宽(Mbps),由学校统一部署的无线AP数(个),全校网络接口(布线的网络接入点)总数(个),校园网出口总带宽(Mbps),校园网主干带宽(Mbps)

b. Predictors:(Constant),网络通达学生宿舍、教学、科研与管理楼宇的比例(%),由学校统一部署的无线网覆盖学校公共区域(图书馆、操场、会议室、食堂等)的比例(%),校园网出口总带宽的平均利用率(%),其中教育网出口带宽(Mbps),由学校统一部署的无线AP数(个),全校网络接口(布线的网络接入点)总数(个),校园网出口总带宽(Mbps),校园网主干带宽(Mbps)

c. Predictors:(Constant),网络通达学生宿舍、教学、科研与管理楼宇的比例(%),由学校统一部署的无线网覆盖学校公共区域(图书馆、操场、会议室、食堂等)的比例(%),校园网出口总带宽的平均利用率(%),由学校统一部署的无线AP数(个),全校网络接口(布线的网络接入点)总数(个),校园网出口总带宽(Mbps),校园网主干带宽(Mbps)

d. Predictors:(Constant),网络通达学生宿舍、教学、科研与管理楼宇的比例(%),由学校统一部署的无线网覆盖学校公共区域(图书馆、操场、会议室、食堂等)的比例(%),由学校统一部署的无线AP数(个),全校网络接口(布线的网络接入点)总数(个),校园网出口总带宽(Mbps),校园网主干带宽(Mbps)

e. Predictors:(Constant),网络通达学生宿舍、教学、科研与管理楼宇的比例(%),由学校统一部署的无线网覆盖学校公共区域(图书馆、操场、会议室、食堂等)的比例(%),由学校统一部署的无线AP数(个),全校网络接口(布线的网络接入点)总数(个),校园网主干带宽(Mbps)

(2) 回归方程的显著性检验。结果如表11.3.6所示。

表11.3.6 多元线性回归分析结果(二)

ANOVA[f]

Model		Sum of Squares	df	Mean Square	F	Sig.
1	Regression	129432.447	9	14381.383	9.355	0.000[a]
	Residual	95309.206	62	1537.245		
	Total	224741.653	71			
2	Regression	129271.699	8	16158.962	10.663	0.000[b]
	Residual	95469.954	63	1515.396		
	Total	224741.653	71			

(续表)

Model		Sum of Squares	df	Mean Square	F	Sig.
3	Regression	129007.101	7	18429.586	12.320	0.000^c
	Residual	95734.551	64	1495.852		
	Total	224741.653	71			
4	Regression	128225.818	6	21370.970	14.393	0.000^d
	Residual	96515.835	65	1484.859		
	Total	224741.653	71			
5	Regression	125249.639	5	25049.928	16.617	0.000^e
	Residual	99492.014	66	1507.455		
	Total	224741.653	71			

  a. Predictors：(Constant)，校园网主干带宽的平均利用率(%)，网络通达学生宿舍、教学、科研与管理楼宇的比例(%)，由学校统一部署的无线网覆盖学校公共区域(图书馆、操场、会议室、食堂等)的比例(%)，校园网出口总带宽的平均利用率(%)，其中教育网出口带宽(Mbps)，由学校统一部署的无线 AP 数(个)，全校网络接口(布线的网络接入点)总数(个)，校园网出口总带宽(Mbps)，校园网主干带宽(Mbps)

  b. Predictors：(Constant)，网络通达学生宿舍、教学、科研与管理楼宇的比例(%)，由学校统一部署的无线网覆盖学校公共区域(图书馆、操场、会议室、食堂等)的比例(%)，校园网出口总带宽的平均利用率(%)，其中教育网出口带宽(Mbps)，由学校统一部署的无线 AP 数(个)，全校网络接口(布线的网络接入点)总数(个)，校园网出口总带宽(Mbps)，校园网主干带宽(Mbps)

  c. Predictors：(Constant)，网络通达学生宿舍、教学、科研与管理楼宇的比例(%)，由学校统一部署的无线网覆盖学校公共区域(图书馆、操场、会议室、食堂等)的比例(%)，校园网出口总带宽的平均利用率(%)，由学校统一部署的无线 AP 数(个)，全校网络接口(布线的网络接入点)总数(个)，校园网出口总带宽(Mbps)，校园网主干带宽(Mbps)

  d. Predictors：(Constant)，网络通达学生宿舍、教学、科研与管理楼宇的比例(%)，由学校统一部署的无线网覆盖学校公共区域(图书馆、操场、会议室、食堂等)的比例(%)，由学校统一部署的无线 AP 数(个)，全校网络接口(布线的网络接入点)总数(个)，校园网出口总带宽(Mbps)，校园网主干带宽(Mbps)

  e. Predictors：(Constant)，网络通达学生宿舍、教学、科研与管理楼宇的比例(%)，由学校统一部署的无线网覆盖学校公共区域(图书馆、操场、会议室、食堂等)的比例(%)，由学校统一部署的无线 AP 数(个)，全校网络接口(布线的网络接入点)总数(个)，校园网主干带宽(Mbps)

  f. Dependent Variable：使用网络考试平台/系统进行考试的课程门数

  表 11.3.6 中第五个模型为最终的方程。如果显著性水平为 0.05，由于回归方程显著性检验的概率 p 值小于显著性水平，因此被解释变量与解释变量间的共线性关系显著，建立线性模型是恰当的。

  (3) 回归方程的系数以及对回归方程系数的检验结果(系数显著性检验采用 t 检验)。结果如表 11.3.7 所示。

表 11.3.7 多元线性回归分析结果(三)

Model		Unstandardized Coefficients		Standardized Coefficients	t	Sig.
		B	Std. Error	Beta		
1	(Constant)	26.293	28.638		0.918	0.362
	全校网络接口(布线的网络接入点)总数(个)	0.002	0.001	0.521	3.265	0.002
	网络通达学生宿舍、教学、科研与管理楼宇的比例(%)	−34.966	23.153	−0.140	−1.510	0.136
	由学校统一部署的无线 AP 数(个)	0.421	0.066	1.004	6.408	0.000
	由学校统一部署的无线网覆盖学校公共区域(图书馆、操场、会议室、食堂等)的比例(%)	−50.596	20.558	−0.237	−2.461	0.017
	校园网出口总带宽(Mbps)	−0.014	0.018	−0.168	−0.775	0.441
	其中教育网出口带宽(Mbps)	−0.011	0.028	−0.107	−0.389	0.698
	校园网出口总带宽的平均利用率(%)	11.528	24.766	0.044	0.465	0.643
	校园网主干带宽(Mbps)	−0.011	0.005	−0.482	−2.177	0.033
	校园网主干带宽的平均利用率(%)	5.924	18.319	0.031	0.323	0.748
2	(Constant)	28.248	27.793		1.016	0.313
	全校网络接口(布线的网络接入点)总数(个)	0.002	0.001	0.518	3.274	0.002
	网络通达学生宿舍、教学、科研与管理楼宇的比例(%)	−35.071	22.985	−0.140	−1.526	0.132
	由学校统一部署的无线 AP 数(个)	0.422	0.065	1.009	6.512	0.000
	由学校统一部署的无线网覆盖学校公共区域(图书馆、操场、会议室、食堂等)的比例(%)	−52.304	19.727	−0.245	−2.651	0.010
	校园网出口总带宽(Mbps)	−0.013	0.017	−0.150	−0.722	0.473
	其中教育网出口带宽(Mbps)	−0.011	0.027	−0.114	−0.418	0.677
	校园网出口总带宽的平均利用率(%)	13.548	23.795	0.052	0.569	0.571
	校园网主干带宽(Mbps)	−0.012	0.005	−0.499	−2.335	0.023
3	(Constant)	26.220	27.189		0.964	0.339
	全校网络接口(布线的网络接入点)总数(个)	0.002	0.001	0.499	3.313	0.002
	网络通达学生宿舍、教学、科研与管理楼宇的比例(%)	−32.916	22.255	−0.132	−1.479	0.144
	由学校统一部署的无线 AP 数(个)	0.428	0.063	1.023	6.818	0.000

(续表)

Model		Unstandardized Coefficients		Standardized Coefficients	t	Sig.
		B	Std. Error	Beta		
	由学校统一部署的无线网覆盖学校公共区域(图书馆、操场、会议室、食堂等)的比例(%)	−51.599	19.527	−0.242	−2.642	0.010
	校园网出口总带宽(Mbps)	−0.017	0.013	−0.208	−1.351	0.181
	校园网出口总带宽的平均利用率(%)	16.378	22.663	0.063	0.723	0.472
	校园网主干带宽(Mbps)	−0.013	0.004	−0.552	−3.235	0.002
4	(Constant)	39.903	19.442		2.052	0.044
	全校网络接口(布线的网络接入点)总数(个)	0.002	0.001	0.509	3.403	0.001
	网络通达学生宿舍、教学、科研与管理楼宇的比例(%)	−35.032	21.980	−0.140	−1.594	0.116
	由学校统一部署的无线AP数(个)	0.419	0.061	1.000	6.845	0.000
	由学校统一部署的无线网覆盖学校公共区域(图书馆、操场、会议室、食堂等)的比例(%)	−49.151	19.161	−0.230	−2.565	0.013
	校园网出口总带宽(Mbps)	−0.018	0.013	−0.216	−1.416	0.162
	校园网主干带宽(Mbps)	−0.013	0.004	−0.547	−3.221	0.002
5	(Constant)	42.789	19.481		2.196	0.032
	全校网络接口(布线的网络接入点)总数(个)	0.002	0.001	0.403	3.090	0.003
	网络通达学生宿舍、教学、科研与管理楼宇的比例(%)	−39.433	21.924	−0.158	−1.799	0.007
	由学校统一部署的无线AP数(个)	0.415	0.062	0.990	6.732	0.000
	由学校统一部署的无线网覆盖学校公共区域(图书馆、操场、会议室、食堂等)的比例(%)	−54.681	18.900	−0.256	−2.893	0.005
	校园网主干带宽(Mbps)	−0.015	0.004	−0.615	−3.744	0.000

表11.3.7展示了每个模型中各解释变量的偏回归系数、偏回归系数显著性检验的情况。如果显著性水平为0.05,则前四个模型中都存在回归系数不显著的解释变量,因此这些方程都是不可用的。第五个模型为最终的方程,最终的回归方程为:

使用网络考试平台/系统进行考试的课程门数 = 42.789 + 0.002 × 全校网络接口(布线的网络接入点)总数 − 39.433 × 网络通达学生宿舍、教学、科研与管理楼宇的比例 + 0.415 × 由学校统一部署的无线AP数 − 54.681 × 由学校统一部署的无线网覆盖学校公共区域(图书馆、操场、会议室、食堂等)的比例 − 0.015 × 校园网主干带宽。

知识拓展

建立线性回归模型时有多种选择数据的方式,包括强制进入策略、向后筛选策略、逐步回归等,本章中只介绍了强制进入策略和向后筛选策略这两种方法,并且回归分析并不只是线性回归,还包括曲线回归、非线性迭代回归等,这些知识的学习还要靠大家通过查阅相关资料自行摸索。

活动任务

从本书的综合案例和附带的光盘中选择合适的问卷及问题,对 SPSS 研究数据做一元线性回归分析和多元线性回归分析。

参考文献

[1] 薛薇. 基于 SPSS 的数据分析[M]. 北京:中国人民大学出版社,2006.
[2] 张林泉. 相关分析与回归分析应用辨析[J]. 哈尔滨职业技术学院学报,2010(4):123-124.
[3] 谢幼如,李克东. 教育技术学研究方法基础[M]. 北京:高等教育出版社,2006.

第 12 章

基于结构方程模型的教育研究数据分析

学习目标

1. 能够阐述结构方程模型建模的基本思路、应用条件及优缺点。
2. 能够阐述结构方程模型的基本结构及模型中变量的类型和含义。
3. 能区分探索性因子分析和验证性因子分析的异同和应用条件。
4. 针对某一研究问题,能够应用建模软件建立相应的结构方程模型。
5. 能够应用 Lisrel 软件对研究数据进行验证性因子分析。
6. 能阐述路径分析的基本原理和建模思路。
7. 能够应用 Amos 软件对研究数据进行路径分析。

关键术语

结构方程模型　验证性因子分析　路径分析

知识导图

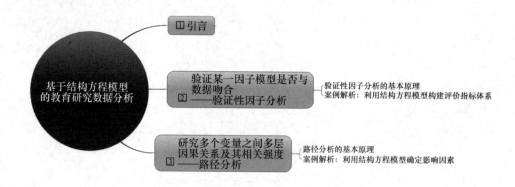

12.1 引　言

内容简介

在社会及心理研究领域中,部分变量不能直接运用准确的客观数据进行测量或表达,这些变量被称为潜变量,如智力、学业成就、学习动机、工作满意度等。这时只能退而求其次,用一些外显指标,去间接测量这些潜变量。如以学生语文、数学、英语三科成绩(外显变量),作为学业成就(潜变量)的指标。传统的统计分析方法很难同时妥善处理这些潜变量,而结构方程模型则能同时处理潜变量及其指标。

本章阐述了基于结构方程模型的教育研究数据建模方法,主要包括两部分内容:验证性因子分析和路径分析,以构建高等教育信息化评价体系为例介绍验证性因子分析的主要原理、操作步骤及结果分析,以确定高校信息化水平影响因素为例介绍基于结构方程模型的路径分析。本章的重点是结构方程模型的构建、解释和应用。

分析方法辨析

常用的统计方法,部分蕴含从属关系。例如:方差分析用以检验两组或更多组别的均值差异,但 t 检验只能处理两组,所以 t 检验是方差分析的特例。但方差分析又是回归分析的特例,因为理论上,方差分析所涉及的问题,都可在回归模型下处理,所以回归分析涵盖方差分析和 t 检验。

基本操作

结构方程模型(Structural Equation Model,简称 SEM),也称结构方程建模(Structural Equation Modeling),是社会科学研究中一个非常好的统计方法,也是近几十年来应用统计领域中发展最为迅速的一个分支,已被广泛地应用于教育、经济和管理等社会科学领域。结构方程模型构建的是一个包括一组自变量和一个或更多因变量的定量模型。通过寻找变量间内在的结构关系来验证某种结构关系或模型的假设是否合理、模型是否正确,并且如果模型存在问题,可以指出如何加以修改。它为研究者提供了一种定量验证理论的方法,并为抽象变量的表达和测量的准确性检验提供了方法。实际上,结构方程模型是多种统计分析方法的综合,因子分析、通径分析和多元回归等方法是结构方程模型的特例。

结构方程模型有两大类估计技术,一种是基于最大似然法的协方差结构分析方法,也被称为"硬模型"(Hard Modeling),以 Lisrel 方法为代表;另一种是基于偏最小二乘法的方差分析方法,被称为"软模型"(Soft Modeling),由赫尔曼·沃尔德(Herman Wold)提出。在结构方程模型中,根据变量是否能直接测量,可将变量分为显变量(Manifest Variable,简称 MV)与潜变量(Latent Variable,简称 LV)两类。潜变量是指在许多科学研究中具有重大意义的理论或假设的建构,是无法直接测量或观测的变量,它们的测量需要借助显变量来实现。显变量是可直接测量的变量,又称为指标变量(Indicator)。同时,根据变量间的因果关系,还可以把变量分为外生变量(Exogenous Variable)和内生变量(Endogenous Variable)两类,外生变量(即自变量)的取值由外界因素决定,内生变量(即因变量)的取值由外生变量决定。

一般的结构方程模型有两个模型,即测量模型和结构模型(也称为潜在变量模型)。它们由三个矩阵方程式组成:

$$\eta = B\eta + \Gamma\xi + \zeta \tag{12.1}$$

$$y = \Lambda_y \eta + \varepsilon \tag{12.2}$$

$$X = \Lambda_x \xi + \delta \tag{12.3}$$

方程(12.1)为结构模型,表示潜在变量之间的关系。式中 η、ξ 分别表示内生潜变量向量和外生潜变量向量,B、Γ 分别为 η 和 ξ 的结构系数矩阵,ζ 为潜在变量模型的误差向量。方程(12.2)和方程(12.3)为测量模型,表示潜在变量与观测变量之间的关系。y、X 分别为内生观测变量向量和外生观测变量向量,Λ_y、Λ_x 分别表示 y 对 η 的和 X 对 ξ 的回归系数矩阵即负荷矩阵。

结构方程模型相对于传统的统计分析方法具有以下优点。

第一,可同时考虑和处理多个因变量,能估计因子结构和因子关系。结构方程模型的通径分析中引入潜变量,利用因子分析方法,结合潜变量和观测变量,既能分析观测变量与潜变量之间的关系,又能够分析潜变量与潜变量之间的关系,并能找出变量间存在的内在结构关系或验证某种结构关系是否合理。

第二,能够考虑大多数学科研究中广泛存在的测量误差,同时考察变量间的直接作用与间接作用。

第三,与因子分析相似,结构方程模型容许潜变量由多个观察指标所构成,利用测量模型部分(即验证性因子分析)对量表进行信度和效度分析。

第四,容许更大弹性的测量模型,并能估计整个模型的拟合程度。如某个指标在 SEM 内可从属于两个潜变量,但传统方法中,一个指标大多只依附于某一个变量。研究者可设计出潜变量间的关系,并估计整个模式与数据的拟合程度。

有多种软件可以处理 SEM,包括 Lisrel、AMOS、EQS、Mplus 等。

12.2　验证某一因子模型是否与数据吻合——验证性因子分析

> **问题导入**
>
> 在量表或问卷编制的预试上,都会先进行探索性因子分析,不断尝试,以求得量表最佳的因素结构,建立问卷的建构效度。当研究者已经知道量表或问卷是由数个不同潜在因素所构成时,如何确认量表所包含的因素是否与最初探究的构念相符?怎样以不同的样本为对象对因素的结构模型进行验证呢?

数据统计要求

结构方程模型要求数据满足相关的前提条件,才能获得良好的估计量。

1. 变量是多元正态分布的

最大似然法(Maximum Likelihood,简称 ML)是结构方程分析最常用的估计方法,使用该方法时要求观测变量是多元正态分布的。在非正态分布下,用 ML 得出的 χ^2 和标准误差 SE,都不准确,可探索不同的技巧和方法,对模型参数进行校正。

2. 使用协方差矩阵作分析

结构方程模型(SEM)是基于变量的协方差矩阵来分析变量之间关系的一种统计方法。绝大部分结构方程模型分析是基于等距(Interval)或等比(Ratio)甚至等级(Rank)数据所计算的皮尔逊(Pearson)相关系数分析。

3. 样本 N 必须足够大

采用结构方程模型分析时,为获得稳定可靠、有意义的结果和准确的参数估计值,需要较大的样本保证。随着样本量的增大,协方差估计的准确性增强,使得 SEM 分析能够得到可靠的结果。样本量达到一定水平,各种拟合指标、分布、检验及其功效才有意义,才能对模型进行合理的评价。

样本量具体多大尚无统一规定,考虑样本代表性、模型估计和模型评价三个方面的需要,比较常见的建议是样本含量至少应该是观测变量或指标变量数目的 15 倍,若指标数为 15 时,样本量 N 需大于 150。本特勒(Bentler,1989)建议 N:t>5},即被试要有自由参数的 5 倍以上。

> **小贴士**
>
> **如何对非正态数据进行正态化处理?**
>
> 面对非正态分布的变量时,也可以事先对指标进行变换,将其正态化(Normalized)。不过这种正态化是有条件的,即原变量应该是正态化的,只不过由于抽样原因造成非正态。如果变量本身非正态而被正态化了则歪曲了事实。一般统计软件包(如 PRELIS、SPSS)都有数据变换功能。

12.2.1 验证性因子分析的基本原理

核心概念

在结构方程分析中,如果我们的兴趣只是因子间的相关,而不是因子间的因果效应,这类分析统称为验证性因子分析(Confirmatory Factor Analysis,简称 CFA)。验证性因子分析根据已有理论和研究成果,事前就能够对因素分析的结果做出合理的理论假设,研究目的在于从数据的角度检验这种假设(构想效度)的合理性。验证性因子分析在问卷编制中十分有用,它可以帮助我们了解问卷中各题目与维度(因子)的从属关系是否正确,有没有错误归属于没关系的维度。

验证性因子分析的前提假设是如下。

(1) 公共因素之间可以相关,也可以无关。

(2) 观测变量可以只受某一个或几个公共因素的影响,而不必受所有公共因素的影响。

(3) 特殊因素之间可以有相关,可以有不存在误差的观测变量。

(4) 公共因素与特殊因素相互独立。

> **知识卡片**
>
> 根据研究目的不同,因子分析可以分为探索性因子分析(Exploratory Factor Analysis,简称 EFA)和验证性因子分析(Confirmatory Factor Analysis,简称 CFA)。探索性因子分析结果,会提供每个因子对应的特征值(Eigenvalue),方差贡献百分比(Variance Explained),以及累积(Cumulative)方差贡献百分比等。在验证性因子分析中,我们心目中已有假设的模型,不仅知道有多少个因子,还知道变量与因子之间的从属关系。探索性因子分析与验证性因子分析的比较如表 12.2.1 所示。
>
> 表 12.2.1 探索性因子分析与验证性因子分析比较
>
> | 探索性因子分析(EFA) | 验证性因子分析(CFA) |
> | --- | --- |
> | 分析前,因子数目不确定,根据特征值的大小(如大于1的个数)、碎石图检查及因子含义等确定因子数目 | 预先确定模型的因子个数 |
> | 开始时不清楚变量与因子从属关系 | 预先确定变量与因子从属关系 |
> | 在最终的分析结果中,就算变量不从属某一因子,对应的负荷很小但一般不等于零 | 变量只在所从属的因子上才有负荷,在不从属因子的负荷上等于零 |

结构方程建模过程包括模型设定、模型识别、模型估计、模型评价以及模型修正等五个步骤,如图 12.2.1 所示。

1. 模型设定(Model Specification)

首先根据一定的理论或假设设定理论模型,形成一个关于一组变量之间相互关系的模型,用路径图等工具建立具体的因果模型。

2. 模型识别(Model Identification)

决定模型是否能够估计出参数。如果模型无法识别,则无法得到各个自由参数的唯一估计值。

3. 模型估计(Model Estimation)

结构方程模型最常用的估计方法是最大似然法和偏最小二乘法。

4. 模型评价(Model Evaluation)

在已有的证据与理论范围内,检查模型的解是否适当,参数与预设模型的关系是

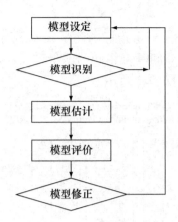

图 12.2.1 结构方程建模流程

否合理,综合考察所提出的模型拟合样本数据的程度。

5. 模型修正(Model Modification)

如果拟合不好,则需要依据拟合指数标准对模型中的参数进行修改,通过参数的再设定提高模型的拟合程度,重复上述步骤直到获得可以接受的模型拟合度。

验证性因子分析(CFA)属于结构方程模型(SEM)的一种次模型,是结构方程模型分析的一种特殊应用。一个由六个外显变量、两个因素构面的 CFA 路径图如图 12.2.2 所示。两个共同因素各有三个测量指标变量,每个指标变量均受一个潜在变量的影响,因而是一种单向度测量模型。在单向度测量模型中,如果观察变量 X_1、X_2、X_3 测量的潜在特质构念同质性很高,则观察变量 X_1、X_2、X_3 间的相关会呈现中高度关系,三个测量指标的因素负荷量会很大,观察变量 X_4、X_5、X_6 也会出现同样的情况。

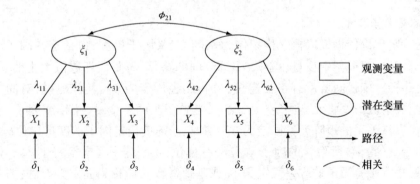

图 12.2.2 验证性因子分析模型图

图 12.2.2 所示的六个指标变量、两个构面因素,所建立的六个回归方程式如下:

$$X_1 = \lambda_{11}\xi_1 + \delta_1$$
$$X_2 = \lambda_{21}\xi_1 + \delta_2$$
$$X_3 = \lambda_{31}\xi_1 + \delta_3$$
$$X_4 = \lambda_{42}\xi_2 + \delta_4$$
$$X_5 = \lambda_{52}\xi_2 + \delta_5$$

$$X_6 = \lambda_{62}\xi_2 + \delta_6$$

在上述回归方程式中,六个测量指标的测量误差的回归系数均设定为1,表示限制潜在因素(构面)与测量误差间具有相同的测量量尺,模型只估计潜在因素的回归系数,以矩阵方式表示,如图12.2.3所示。

Confirmatory Factor Analysis(CFA)
Equational Representation of Path Model(LISREL Notation)

$$\begin{vmatrix} X_1 \\ X_2 \\ X_3 \\ X_4 \\ X_5 \\ X_6 \end{vmatrix} = \begin{vmatrix} \lambda_{11} & 0 \\ \lambda_{21} & 0 \\ \lambda_{31} & 0 \\ 0 & \lambda_{42} \\ 0 & \lambda_{52} \\ 0 & \lambda_{62} \end{vmatrix} \begin{vmatrix} \xi_1 \\ \xi_2 \end{vmatrix} + \begin{vmatrix} \delta_1 \\ \delta_2 \\ \delta_3 \\ \delta_4 \\ \delta_5 \\ \delta_6 \end{vmatrix}$$

图 12.2.3 验证性因子分析变量矩阵图

验证性因子分析可以分为一阶验证性因子分析和二阶验证性因子分析。二阶验证性因子分析是一阶验证性因子分析模型的特例,又称为高阶因子分析。之所以提出二阶验证性因子分析是因为在一阶验证性因子分析中发现原先的一阶因子构念间有中高度的关联程度,且一阶验证性因子分析与样本数据可以适配,此时研究者可进一步假定一阶因素构念在测量更高一阶的因素构念,即原先的一阶因素构念均受到一个较高阶潜在特质的影响,也可说某一高阶结构可以解释所有的一阶因子构念。

基本操作

1. 定义因子模型

根据特定理论依据或以概念构架作为基础,定义因子模型,包括选择因子个数和定义因子载荷。对模型中变量(题项或因子)间的路径,需要估计数值大小的,一般设定为自由路径。变量间若没有路径连接,可将路径固定为0。具体地说,对简单模型来讲,在两种情况下要将元素固定。情况一,是希望某两个变量(指标或因子)间没有关系,将代表该关系的矩阵元素固定为0。情况二,需要设定因子的度量单位(Scale)。因为观察变量(指标)所隐含的因子本身没有单位,不设定其单位无法计算。做法有两种:一种是将所有因子的方差固定为1(或其他常数),简称为固定方差法;另一种是在每个因子中选择一个负荷固定为1(或其他常数),简称为固定载荷法。通常情况下,模型中除了因设定因子的度量单位而固定的路径外,所有需要估计的参数,包括因子载荷、指标误差的方差、因子间的相关系数、因果路径系数等,都需要设定为自由。

2. 搜集数据

定义了因子模型以后,便是根据研究目的收集观测值。

3. 获得协方差矩阵或相关系数矩阵

在原始数据的基础上通过 SPSS 软件中的【Analyze】→【Correlate】→【Bivariate】可计算相关系数矩阵。

4. 模型估计

模型估计即选择一种方法来估计自由变化的因子载荷。在多元正态的条件下,最常用的是极大似然估计(ML),也可采用渐进分布自由估计。

5. 模型评价

这一步是验证性因子分析的核心。评价一个刚建构或修正的模型时,需要关注以下几个方面:(1) 结构方程的解是否适当,包括迭代估计是否收敛,各参数估计值是否在合理范围内(例如,相关系数在 +1 与 −1 之内);(2) 参数与预设模型的关系是否合理;(3) 检查多个不同的整体拟合指数,如 GFI、NNFI、CFI、RMSEA 和 χ^2 等,以衡量模型的拟合程度。

6. 模型修正

模型修正包括以下几个步骤(Joreskog & Sorbom,1993)。

(1) 依据理论或有关假设,提出一个或数个合理的先验模型。

(2) 检查潜变量(因子)与指标(题目)间的关系,建立测量模型,有时可能增删或重组题目。

(3) 若模型含多个因子,可以循序渐进地,每次只检查含两个因子的模型,确立测量模型部分的合理后,最后再将所有因子合并成预设的先验模型,做一个总体检查。

(4) 对每一个模型,检查标准误差、t 值、标准化残差、修正指数、参数期望改变值、χ^2 及各种拟合指数,据此修改模型并重复第(3)和(4)步骤。

(5) 最后的模型是依据某一个样本数据修改而成,最好用另一个独立样本交互确定(cross-validate)。

12.2.2 案例解析:利用结构方程模型构建评价指标体系

案例呈现

教育信息化是指在教育过程中普遍运用现代化信息技术,开发教育资源,优化教育过程,以培养和提高学生的信息素养,促进教育现代化的过程。具体包括教育信息网络基础设施建设、教育信息资源建设、信息资源的利用与信息技术的应用、信息化人才的培养和培训、教育信息产业、信息化政策、法规和标准建设等六个方面。但是如何验证教育信息化的概念框架的合理性呢?本节将以高等教育信息化水平评估为例,采用验证性因子分析来验证高等教育信息化的评估体系的合理性。

操作步骤

1. 基于 SEM 的高等教育信息化评估模型构建

尽管国内学者对高等教育信息化的评价指标体系进行了很多有益的探讨,但这些研究大多集中于指标体系的理论探讨和探索性因子分析阶段,有关评价指标体系的验证性因子分析鲜有看到。为此,本文在借鉴其他领域相关研究成果的基础上,结合我国教育信息化发展的六要素模型,建立我国高等教育信息化评价的概念模型并提出研究假设,其中我国高等教育信息化评估的结构模型,如图 12.2.4 所示。

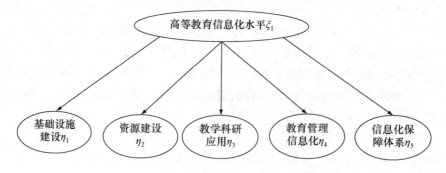

图 12.2.4　我国高等教育信息化评估结构模型

在该假设模型中,ξ_1 为外因潜在变量,代表高等教育信息化水平,η_1 至 η_5 为内生潜在变量,分别代表基础设施建设、资源建设、教学科研应用、教育管理信息化、信息化保障体系五个维度。根据该模型提出以下假设,

H_1:基础设施建设水平是衡量高等教育信息化水平的显著因素,即高校基础设施建设水平越高,则其整体教育信息化水平越高。

H_2:资源建设水平是衡量高等教育信息化水平的显著因素,即高校资源建设水平越高,则其整体教育信息化水平越高。

H_3:教学科研应用水平是衡量高等教育信息化水平的显著因素,即高校教学科研等应用水平越高,则其整体教育信息化水平越高。

H_4:教育管理信息化水平是衡量高等教育信息化水平的显著因素,即高校教育管理信息化水平越高,则其整体教育信息化水平越高。

H_5:信息化保障体系是衡量高等教育信息化水平的显著因素,即高校信息化保障体系水平越高,则其整体教育信息化水平越高。

该模型中信息化建设的五个维度由相应的外显指标测量,外显指标体系变量如表 12.2.2 所示。

表 12.2.2　模型中包含的变量

潜变量	显变量	显变量符号
基础设施建设水平 η_1	学生电脑拥有率	Y_1
	多媒体教室配置比率	Y_2
	全校网络接口总数	Y_3
	校园网覆盖率	Y_4
	无线 AP 数	Y_5
	校园网出口总带宽	Y_6

(续表)

潜变量	显变量	显变量符号
资源建设水平 η_2	图书馆电子图书量	Y_7
	多媒体光盘资源	Y_8
	教学资源库容量	Y_9
教学科研应用 η_3	电子邮箱用户总数	Y_{10}
	多媒体辅助教学课程比例	Y_{11}
	上网课程门数	Y_{12}
	网上发布科研相关信息条数	Y_{13}
教育管理信息化 η_4	业务流程信息化程度	Y_{14}
	信息共享水平	Y_{15}
	综合数据处理与决策支持水平	Y_{16}
信息化保障体系 η_5	年度信息化经费投入	Y_{17}
	参加信息化培训人次	Y_{18}
	从事信息化工作人数	Y_{19}

在该评价指标体系变量表中,基础设施建设、资源建设、教学科研应用、教育管理信息化、信息化保障体系五个维度为潜变量,具体的测量指标为显变量。基础设施建设水平的测量指标为 Y_1、Y_2、Y_3、Y_4、Y_5、Y_6 等 6 个指标,资源建设水平的测量指标为 Y_7、Y_8、Y_9 等 3 个指标,教学科研应用的测量指标为 Y_{10}、Y_{11}、Y_{12}、Y_{13} 等 4 个指标,教育管理信息化的测量指标为 Y_{14}、Y_{15}、Y_{16} 等 3 个指标,信息化保障体系的测量指标为 Y_{17}、Y_{18}、Y_{19} 等 3 个指标。

2. 我国高等教育信息化水平评估模型的估计

(1) 资料来源与数据描述。

本研究数据来自 2008 年"教育信息化建设与应用"课题组关于"中国高校信息化建设与应用水平"的调研,调研区域包括北京市、上海市、广东省、湖南省、湖北省、陕西省、甘肃省、内蒙古自治区、云南省、吉林省等全国 10 个省市自治区。调研范围为这些区域的全部高校,包括高等职业技术学院。调研回收的有效问卷为 337 份,样本数据按省份、区域和高校类型的分布如表 12.2.3 和表 12.2.4 所示。

表 12.2.3 调研高校样本描述

按省份的样本分布		
省份	样本数	比例(%)
北京市	20	5.9
上海市	42	12.5
广东省	42	12.5
湖北省	24	7.1
吉林省	25	7.4
湖南省	40	11.9
陕西省	47	13.9

(续表)

按省份的样本分布		
省份	样本数	比例(%)
内蒙古	33	9.8
甘肃省	17	5.0
云南省	47	13.9
总计	337	100.0

表12.2.4 按区域和高校类型的样本分布

按区域的样本分布			按高校类型的样本分布		
学校所在区域	样本数	比例(%)	高校类型	样本数	比例(%)
东部	129	38.3	985/211高校	36	10.7
中部	64	19.0	普通本科	121	35.9
西部	144	42.7	专科	180	53.4
总计	337	100.0	总计	337	100.0

(2) 缺失值处理。

在结构方程模型分析中,如果存在缺失值,则在执行模型估计时会出现警告信息,且模型的某些参数无法估计。为此,在进行结构方程模型分析前必须对缺失值进行处理。缺失值处理也是数据分析准备过程中的一个非常重要的环节。为了充分利用已有的样本数据,减少原始资料的信息损失,有必要对数据进行缺失值的分析和估计。缺失值是在问卷抽样调查中存在的漏填数据项,也称为无回答数据、缺失数据或不完全数据。从缺失的分布来讲,数据缺失的类型可以分为完全随机缺失(Missing Completely at Random,简称MCAR)、随机缺失(Missing at Random,简称MAR)和完全非随机缺失(Missing not at Random,简称MNAR)。完全随机缺失是指数据的缺失完全是随机发生的,不依赖于任何不完全变量或完全变量;随机缺失是指数据的缺失不是完全随机的,而是依赖于其他完全变量;完全非随机缺失是指数据的缺失依赖于不完全变量自身。

知识卡片

缺失值的处理方法有(1) Ad Hot 法:包括列删法(Listwise Deletion)、成对删法(Pairwise Deletion);(2) 插补法:包括均值插补法(Mean Imputation)、随机插补法、极大似然法(Max Likelihood,简称 ML)、多重插补法(Multiple Imputation,简称 MI)。

由于本文样本缺失数据的类型为随机缺失,所以本研究使用多重插补法来对缺失数据进行处理。多重插补的主要思想是给每个缺失值都构造 m 个插补值($m>1$),这样就产生出 m 个完全数据集,对每个完全数据集分别使用相同的方法进行处理,得到多个处理结果,再综合这些处理结果,最终得到对目标变量的估计。多重插补建立在贝叶斯理论基础之上,能弥补单一插补法(如均值插补法)的缺陷,为此多重插补通常被认为优于单一插补。

(3) 估计方法和非正定问题。

常用的结构方程模型的参数估计方法有极大似然法(Maximum Likelihood,简称 ML)、广义最小二乘法(Generalized Least Squares,简称 GLS)、加权最小二乘法(Weighted Least Squares,简称 WLS)、非加权最小二乘法(Unweighted Least Squares,简称 ULS)、对角线加权最小二乘法(Diagonally Weighted Least Squares,简称 DWLS)等,这些方法中 ML 最为稳定和精确,是模型估计中最常用的方法,也是 Lisrel 软件中默认的方法。但使用 ML 对模型进行估计时,需要变量为多元正态分布,而本研究中的变量并不能都满足这个条件,有些学者认为由于 ML 的健全性,除非变量峰度的绝对值超过 25 时,才会影响 ML 的估计,所以在多数情况下,即使变量不是正态分布,ML 估计仍然是合适的。

本研究在数据拟合过程中出现非正定问题,这是在结构方程模型分析中经常会出现的问题。产生非正定的主要原因有样本中缺失值过多、样本量过少、样本中存在极端值、变量间线性相关等。可以采用增加样本量、选择数据质量较高的样本、用其他方法插补缺失值等来解决非正定问题的方法。由于本样本进行结构方程模型分析前已进行缺失值处理,所以并未含缺失值,也无法在短时间内增加样本量,所以在本研究中,主要是对变量的筛选,删去与其他变量重叠的变量。

(4) 评估模型的验证性因子分析。

① 模型估计。

采用 Lisrel 8.7 版软件作为建构结构方程模型的工具,以相关矩阵为输入矩阵,对概念模型中的高等教育信息化基础设施建设、资源建设、教学科研应用、教育管理信息化和信息化保障体系等变量进行验证性因子分析,高等教育信息化评价体系相关矩阵如图 12.2.5 所示。

	A	B	C	D	E	F	G	H	I	J	K	L	M	N	O	P	Q	R	S
1	1																		
2	0.385	1																	
3	0.408	0.33	1																
4	0.319	0.321	0.338	1															
5	0.294	0.26	0.467	0.177	1														
6	0.284	0.118	0.45	0.222	0.334	1													
7	0.179	0.086	0.212	0.177	0.034	0.115	1												
8	0.154	0.171	0.22	0.166	0.086	0.103	0.284	1											
9	0.152	0.105	0.197	0.184	0.117	0.09	0.338	0.224	1										
10	0.216	0.146	0.271	0.218	0.123	0.167	0.309	0.218	0.311	1									
11	0.294	0.394	0.307	0.218	0.224	0.112	0.195	0.156	0.16	0.25	1								
12	0.169	0.192	0.121	0.1	0.018	0.039	0.137	0.159	0.144	0.349	0.153	1							
13	0.129	0.176	0.2	0.147	0.035	0.118	0.199	0.188	0.255	0.348	0.176	0.408	1						
14	0.252	0.23	0.429	0.308	0.286	0.185	0.376	0.348	0.248	0.386	0.253	0.219	0.282	1					
15	0.15	0.081	0.19	0.126	0.19	0.059	0.164	0.19	0.089	0.212	0.247	0.181	0.131	0.359	1				
16	0.205	0.133	0.144	0.059	0.123	0.132	0.079	0.189	0.08	0.173	0.185	0.044	0.189	0.288	0.497	1			
17	0.271	0.293	0.334	0.272	0.178	0.134	0.306	0.26	0.296	0.439	0.261	0.186	0.472	0.345	0.251	0.231	1		
18	0.092	0.135	0.094	0.131	0.063	0.047	0.17	0.081	0.153	0.187	0.091	0.127	0.24	0.157	0.119	0.178	0.447	1	
19	0.244	0.136	0.26	0.228	0.139	0.144	0.279	0.244	0.25	0.401	0.272	0.191	0.269	0.351	0.331	0.278	0.404	0.26	1

图 12.2.5 高等教育信息化指标体系相关矩阵

打开 Lisrel 程序,点击【File】→【New】→【Syntax Only】,新建一个 Lisrel 文件,如图 12.2.6 所示。

Confirmatory Factor Analysis
DA NI=19 NO=337
KM SY
1.000
0.385 1.000
0.408 0.330 1.000
0.319 0.321 0.338 1.000
0.294 0.260 0.467 0.177 1.000
0.284 0.118 0.450 0.222 0.334 1.000
0.179 0.086 0.212 0.177 0.034 0.115 1.000
0.154 0.171 0.220 0.166 0.086 0.103 0.284 1.000
0.152 0.105 0.197 0.184 0.117 0.090 0.338 0.224 1.000
0.216 0.146 0.271 0.218 0.123 0.167 0.309 0.218 0.311 1.000
0.294 0.394 0.307 0.218 0.224 0.112 0.195 0.156 0.160 0.250 1.000
0.169 0.192 0.121 0.100 0.018 0.039 0.137 0.159 0.144 0.349 0.153 1.000
0.129 0.176 0.200 0.147 0.035 0.118 0.199 0.188 0.255 0.348 0.176 0.408 1.000
0.252 0.230 0.429 0.308 0.286 0.185 0.376 0.348 0.248 0.386 0.253 0.219 0.282 1.000
0.150 0.081 0.190 0.126 0.190 0.059 0.164 0.190 0.089 0.212 0.247 0.181 0.131 0.359 1.000
0.205 0.133 0.144 0.059 0.123 0.132 0.079 0.189 0.080 0.173 0.185 0.044 0.189 0.288 0.497 1.000
0.271 0.293 0.334 0.272 0.178 0.134 0.306 0.260 0.296 0.439 0.261 0.186 0.472 0.345 0.251 0.231 1.000
0.092 0.135 0.094 0.131 0.063 0.047 0.170 0.081 0.153 0.187 0.091 0.127 0.240 0.157 0.119 0.178 0.447 1.000
0.244 0.136 0.260 0.228 0.139 0.144 0.279 0.244 0.250 0.401 0.272 0.191 0.269 0.351 0.331 0.278 0.404 0.261 1.000
MO NX=19 NK=5 LX=FU,FI PH=ST TD=DI,FR
PA LX
6(1 0 0 0 0)
3(0 1 0 0 0)
4(0 0 1 0 0)
3(0 0 0 1 0)
3(0 0 0 0 1)
PD
OU   MI   SS   SC

设计高等教育信息化一阶验证性因子分析的 Lisrel 程序。一个 Lisrel 程序由三个部分组成,数据输入(DA 开始)、模型建构(MO 开始)和结果输出(OU 开始)。下面是高等教育信息化一阶验证性因子分析的程序。

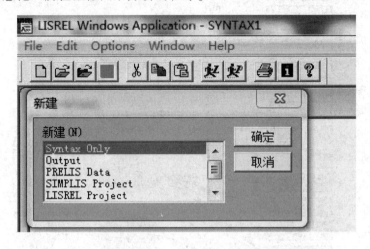

图 12.2.6　新建 Lisrel 文件

将上面的高等教育信息化一阶验证性因子分析的程序输入到 Lisrel 中,如图 12.2.7 所示。

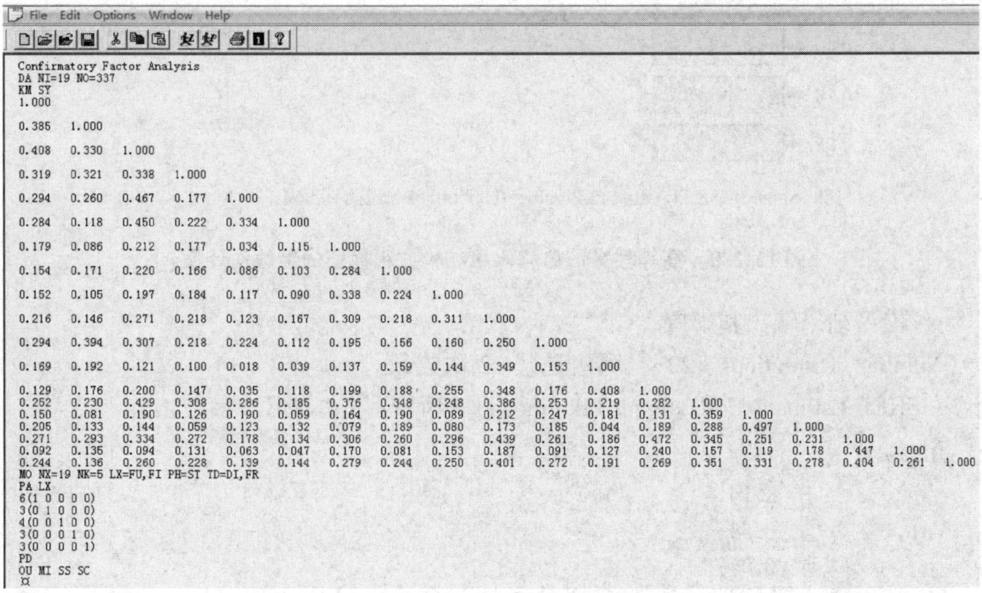

图 12.2.7　程序输入 Lisrel 界面

点击 ![icon],运行 Lisrel 程序,并选用极大似然法对模型进行估计,得到模型各参数估计值,即标准化路径系数如图 12.2.8 所示。

238　教育研究中定量数据的统计与分析

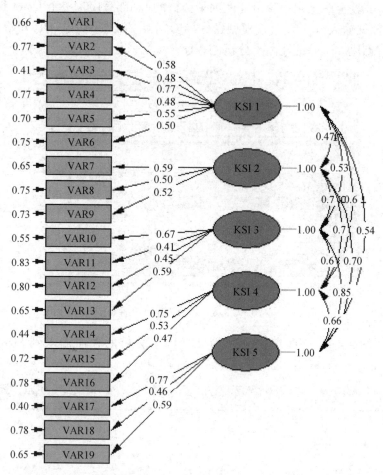

Chi-Square=335.34，df=142,P-value=0.00000，RMSEA=0.064

图 12.2.8　高等教育信息化水平结构方程模型的参数估计值

◎ 模型结果输出和解释

Number of Iterations =22　　解释:迭代 22 次收敛

LISREL Estimates (Maximum Likelihood)　　解释:最大似然法参数估计

LAMBDA-X

	KSI 1	KSI 2	KSI 3	KSI 4	KSI 5
VAR 1	0.58	—	—	—	—
	(0.06)				
	10.38				
VAR 2	0.48	—	—	—	—
	(0.06)				
	8.41				
VAR 3	0.77	—	—	—	—
	(0.05)				

VAR 4	14.61 0.48 (0.06) 8.36	—	—	—	—
VAR 5	0.55 (0.06) 9.73	—	—	—	—
VAR 6	0.50 (0.06) 8.78	—	—	—	—
VAR 7	—	0.59 (0.06) 9.39	—	—	—
VAR 8	—	0.50 (0.06) 7.88	—	—	—
VAR 9	—	0.52 (0.06) 8.24	—	—	—
VAR 10	—	—	0.67 (0.06) 11.83	—	—
VAR 11	—	—	0.41 (0.06) 6.93	—	—
VAR 12	—	—	0.45 (0.06) 7.59	—	—
VAR 13	—	—	0.59 (0.06) 10.35	—	—
VAR 14	—	—	—	0.75 (0.06) 12.67	—
VAR 15	—	—	—	0.53 (0.06) 8.99	—
VAR 16	—	—	—	0.47 (0.06) 7.81	—
VAR 17	—	—	—	—	0.77 (0.06) 14.02

VAR 18	—	—	—	—	0.46
					(0.06)
					8.00
VAR 19	—	—	—	—	0.59
					(0.06)
					10.51

解释：每个参数（自由估计的元素）估计对应三个数值，第一个是（未标准化的）参数估计值，第二个是标准误，第三个是 t 值。例如 LX(1,1)，参数估计值是 0.58，标准误是 0.06，要检验 LX(1,1) 是否显著地不等于 0，可看 t 值（这里 t 值等于 10.38），一般可取 t 值大于 2 为显著，所以可以下结论说 LX(1,1) 显著地不等于 0。

> **小贴士**
>
> 在大部分情况下，我们希望因子负荷及心目中相关的因子相关系数（或协方差）都是显著的；而误差方差则愈小愈好，不过误差方差通常也是显著的。

✎ 拟合优度统计量

$$\text{Goodness of Fit Statistics}$$

Degrees of Freedom = 142

Minimum Fit Function Chi-Square = 349.07 (P = 0.0)

Normal Theory Weighted Least Squares Chi-Square = 335.34 (P = 0.0)

Estimated Non-centrality Parameter (NCP) = 193.34

90 Percent Confidence Interval for NCP = (143.66 ; 250.72)

Minimum Fit Function Value = 1.04

Population Discrepancy Function Value (F0) = 0.58

90 Percent Confidence Interval for F0 = (0.43 ; 0.75)

Root Mean Square Error of Approximation (RMSEA) = 0.064

90 Percent Confidence Interval for RMSEA = (0.055 ; 0.072)

P-Value for Test of Close Fit (RMSEA < 0.05) = 0.0059

Expected Cross-Validation Index (ECVI) = 1.28

90 Percent Confidence Interval for ECVI = (1.14 ; 1.45)

ECVI for Saturated Model = 1.13

ECVI for Independence Model = 9.79

Chi-Square for Independence Model with 171 Degrees of Freedom = 3252.81

Independence AIC = 3290.81

Model AIC = 431.34

Saturated AIC = 380.00

Independence CAIC = 3382.39

Model CAIC = 662.70

Saturated CAIC = 1295.82

Normed Fit Index (NFI) = 0.89

Non-Normed Fit Index (NNFI) = 0.92
Parsimony Normed Fit Index (PNFI) = 0.74
Comparative Fit Index (CFI) = 0.93
Incremental Fit Index (IFI) = 0.93
Relative Fit Index (RFI) = 0.87
Critical N (CN) = 178.23
Root Mean Square Residual (RMR) = 0.062
Standardized RMR = 0.062
Goodness of Fit Index (GFI) = 0.90
Adjusted Goodness of Fit Index (AGFI) = 0.87
Parsimony Goodness of Fit Index (PGFI) = 0.68

知识卡片

哪一个拟合指数较好？可以参考表 12.2.5 给出的标准。

表 12.2.5 结构方程模型整体模型适配度检验标准

统计检验量		适配的标准或临界值
绝对适配指数	χ^2 值	P > 0.05（未达显著水平）
	RMR 值	< 0.05
	RMSEA 值	< 0.08（若 < 0.05 优良；< 0.08 良好）
	GFI 值	> 0.90 以上
	AGFI 值	> 0.90 以上
增值适配度指数	NFI 值	> 0.90 以上
	RFI 值	> 0.90 以上
	IFI 值	> 0.90 以上
	TLI 值（NNFI 值）	> 0.90 以上
	CFI 值	> 0.90 以上
简约适配度指数	PGFI 值	> 0.50 以上
	PNFI 值	> 0.50 以上
	PCFI 值	> 0.50 以上
	CN 值	> 200
	χ^2 自由度比	< 2.00
	AIC 值	理论模型值小于独立模型值,且同时小于饱和模型值
	CAIC 值	理论模型值小于独立模型值,且同时小于饱和模型值

❧ Modification Indices for LAMBDA-X 修正指数

	KSI 1	KSI 2	KSI 3	KSI 4	KSI 5
VAR 1	—	0.49	0.84	0.00	0.85
VAR 2	—	0.27	3.30	0.01	2.89
VAR 3	—	0.45	0.01	0.63	0.00
VAR 4	—	4.60	3.64	2.35	4.67
VAR 5	—	6.22	7.38	0.42	5.62
VAR 6	—	2.72	3.17	4.40	4.22
VAR 7	1.06	—	1.27	0.14	0.56
VAR 8	1.18	—	0.11	7.00	0.08
VAR 9	0.00	—	2.15	4.88	1.07
VAR 10	0.10	2.41	—	0.45	0.47
VAR 11	26.09	1.74	—	10.42	1.28
VAR 12	2.25	3.58	—	2.02	19.66
VAR 13	4.51	1.24	—	3.77	4.66
VAR 14	11.49	16.68	3.00	—	0.03
VAR 15	5.81	4.85	0.91	—	0.07
VAR 16	2.37	5.64	0.86	—	0.01
VAR 17	0.65	1.04	0.00	3.61	—
VAR 18	6.13	5.47	11.77	6.15	—
VAR 19	1.14	9.15	10.16	16.62	—

VAR11 在因子3中的负荷不高(0.41)，但在因子1中的修正指数MI是26.09，显示它可能归属因子1。

❧ Completely Standardized Solution 完全标准化解

LAMBDA-X

	KSI 1	KSI 2	KSI 3	KSI 4	KSI 5
VAR 1	0.58	—	—	—	—
VAR 2	0.48	—	—	—	—
VAR 3	0.77	—	—	—	—
VAR 4	0.48	—	—	—	—
VAR 5	0.55	—	—	—	—
VAR 6	0.50	—	—	—	—
VAR 7	—	0.59	—	—	—
VAR 8	—	0.50	—	—	—

VAR 9	—	0.52	—	—	—
VAR 10	—	—	0.67	—	—
VAR 11	—	—	0.41	—	—
VAR 12	—	—	0.45	—	—
VAR 13	—	—	0.59	—	—
VAR 14	—	—	—	0.75	—
VAR 15	—	—	—	0.53	—
VAR 16	—	—	—	0.47	—
VAR 17	—	—	—	—	0.77
VAR 18	—	—	—	—	0.46
VAR 19	—	—	—	—	0.59

PHI

	KSI 1	KSI 2	KSI 3	KSI 4	KSI 5
KSI 1	1.00				
KSI 2	0.47	1.00			
KSI 3	0.53	0.72	1.00		
KSI 4	0.61	0.70	0.68	1.00	
KSI 5	0.54	0.70	0.85	0.66	1.00

THETA-DELTA

VAR 6	VAR 1	VAR 2	VAR 3	VAR 4	VAR 5
0.75	0.66	0.77	0.41	0.77	0.70

THETA-DELTA

VAR 12	VAR 7	VAR 8	VAR 9	VAR 10	VAR 11
0.80	0.65	0.75	0.73	0.55	0.83

THETA-DELTA

VAR 13	VAR 14	VAR 15	VAR 16	VAR 17	VAR 18
0.78	0.65	0.44	0.72	0.78	0.40

THETA-DELTA

VAR 19
0.65

② 模型修正。

在仔细检查各指标参数标准化路径系数及模型修正指数后,发现多媒体辅助教学课程比例(VAR11)在因子1上的修正指数最大,为26.09。表明该指标可能属于因子1(基础设施建设水平),为此对模型进行修正,修正后的程序如下。

```
Confirmatory Factor Analysis
DA NI = 19  NO = 337
KM SY
1.000
0.385 1.000
0.408 0.330 1.000
0.319 0.321 0.338 1.000
0.294 0.260 0.467 0.177 1.000
0.284 0.118 0.450 0.222 0.334 1.000
0.179 0.086 0.212 0.177 0.034 0.115 1.000
0.154 0.171 0.220 0.166 0.086 0.103 0.284 1.000
0.152 0.105 0.197 0.184 0.117 0.090 0.338 0.224 1.000
0.216 0.146 0.271 0.218 0.123 0.167 0.309 0.218 0.311 1.000
0.294 0.394 0.307 0.218 0.224 0.195 0.156 0.159 0.250 0.160 1.000
0.169 0.192 0.121 0.100 0.018 0.039 0.137 0.188 0.144 0.349 0.153 1.000
0.129 0.176 0.200 0.147 0.035 0.118 0.199 0.255 0.255 0.348 0.176 0.408 1.000
0.252 0.230 0.429 0.308 0.286 0.185 0.376 0.348 0.248 0.386 0.253 0.219 0.282 1.000
0.150 0.081 0.190 0.126 0.190 0.059 0.164 0.190 0.089 0.212 0.247 0.181 0.131 0.359 1.000
0.205 0.133 0.144 0.059 0.123 0.132 0.079 0.189 0.080 0.173 0.185 0.044 0.189 0.288 0.497 1.000
0.271 0.293 0.334 0.272 0.178 0.134 0.306 0.260 0.296 0.439 0.261 0.186 0.472 0.345 0.251 0.231 1.000
0.092 0.135 0.094 0.131 0.063 0.047 0.170 0.081 0.153 0.187 0.091 0.127 0.240 0.157 0.119 0.178 0.447 1.000
0.244 0.136 0.260 0.228 0.139 0.144 0.279 0.244 0.250 0.401 0.272 0.191 0.269 0.351 0.331 0.278 0.404 0.261 1.000
MO NX = 19  NK = 5  LX = FU,FI  PH = ST  TD = DI,FR
PA LX
6(1 0 0 0 0)
3(0 1 0 0 0)
1(0 0 1 0 0)
1(1 0 0 0 0)
2(0 0 1 0 0)
3(0 0 0 1 0)
3(0 0 0 0 1)
PD
OU  MI  SS  SC
```

重新设计模型后,运行程序,拟合估计的结果如图12.2.9所示。

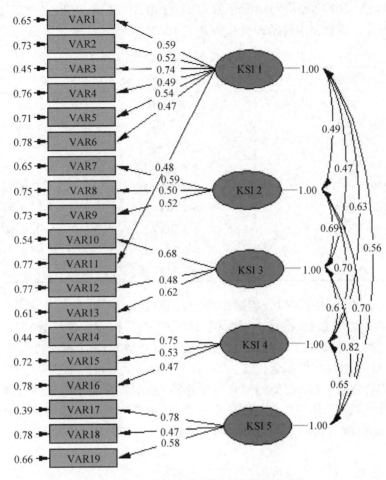

Chi-Squqre=322.84, df142, P-value=0.00000, RMSEA=0.062

图12.2.9 修正模型的参数估计值

可以看出模型修正后,整体拟合指数得到提高,修正前后模型拟合指数的比较如表12.2.6所示。

表12.2.6 修正前后模型的拟合指数比较

模型	df	χ^2	RMSEA	GFI	NFI	NNFI	CFI	IFI	PNFI	PGFI
原模型	142	335.34	0.064	0.90	0.89	0.92	0.93	0.93	0.74	0.68
修正模型	142	322.84	0.062	0.91	0.90	0.93	0.94	0.94	0.75	0.68

从表12.2.6中可知,修正模型相对于原模型χ^2减少12.5,各拟合指数稍有提高,表明修正模型比原模型要好。

③ 整体模型效度检验。

模型整体模式的拟合度检验旨在通过检验表明模型整体上具有效度。检验整体模型适配度的指标有绝对适配指标、增值适配指标和简约适配指标。绝对适配指标有

χ^2 值、RMR 值、RMSEA 值、GFI 值、AGFI 值,增值适配指标有 NFI 值、RFI 值、IFI 值、TLI 值(NNFI 值)、CFI 值,简约适配指数有 PGFI 值、PNFI 值、PCFI 值、CN 值 χ^2 自由度比、AIC 值等。本模型主要的拟合指数如表 12.2.7 所示。

表 12.2.7 整体模型适配度检验结果摘要

统计检验量	适配标准或临界值	检验结果数据
卡方值与自由度的比值(χ^2/df)	<3.00	2.37
RMSEA	<0.08	0.062
GFI	>0.90 以上	0.91
NFI	>0.90 以上	0.90
NNFI(即 TLI)	>0.90 以上	0.93
CFI	>0.90 以上	0.94
IFI	>0.90 以上	0.94
PNFI	>0.50 以上	0.75
PGFI	>0.50 以上	0.68

在表 12.2.7 显示的各拟合指数中,绝对拟合指数 χ^2/df 符合小于 0.3 的标准,RMSEA(近似误差均方根)符合小于 0.08 的标准,GFI(拟合优度指数)符合大于 0.9 的标准。在各相对拟合指数中 CFI(比较拟合优度指数)、NFI(正态拟合优度指数)、NNFI(等同 TLI)、IFI(增值拟合优度)都符合大于 0.9 的标准。简约适配度指数 PNFI(简约规范拟合指数)、PGFI(简约拟合优度指数)也都符合大于 0.5 的标准。由此可知,各潜变量及量表总体的拟合情况符合标准,计量模型具有整体的建构效度。本研究提出的假设模型与实际观察数据的拟合情况良好,可用以检验本文提出的理论假设。

④ 各个变量的信度和效度检验。

信度分析的主要目的是检验所使用的测量工具在测量相关变量时是否具有稳定性和一致性。目前学术界普遍采用的个项—总量的 Cronbach's a 系数进行信度检验,该值可由 SPSS 统计分析软件计算获得,但它有许多弱点,即当题数增加时,a 系数自然提高。在结构方程模型中也可用组合信度来检验。潜变量的组合信度为模型内在质量的判断准则之一,若是潜变量的组合信度值在 0.6 以上,表示模型的内在质量理想,部分学者也建议潜在变量的组合信度值高于 0.500 以上即可。

效度分析的主要目的是检验所使用的测量工具能够解释测量相关变量的有效程度,测量结果和要考察的内容越吻合则效度越高,反之则越低。效度检验包括内容效度检验和建构效度检验两个方面。本研究的问卷是经过相关理论和文献研究结果总结、专家意见征询以及问卷测试等阶段确定。评估量表既概括了目前我国高等教育信息化的建设现状,又结合了教育信息化建设和应用的最新趋势,并且经过了小样本测试,可确保问卷具有较好的内容效度。本研究采用验证性因子分析进行测度量表的建构效度检验。利用验证性因素分析结果来检查各测项的会聚效度。研究所得到的五个维度下变量的组合信度及各变量的 t 值如表 12.2.8 所示。

表 12.2.8 信度与效度分析结果

变量	标准化因子载荷	t 值	组合信度
基础设施建设水平 η_1			0.75
Y_1	0.59	10.69*	
Y_2	0.52	9.19*	
Y_3	0.74	14.15*	
Y_4	0.49	8.53*	
Y_5	0.54	9.58*	
Y_6	0.47	8.21*	
Y_{11}	0.48	8.33*	
资源建设水平 η_2			0.60
Y_7	0.59	9.35*	
Y_8	0.50	7.90*	
Y_9	0.52	8.24*	
教学科研等应用 η_3			0.62
Y_{10}	0.68	11.71*	
Y_{12}	0.48	7.96*	
Y_{13}	0.62	10.73*	
教育管理信息化 η_4			0.61
Y_{14}	0.75	12.63*	
Y_{15}	0.53	9.01*	
Y_{16}	0.47	7.85*	
信息化保障体系 η_5			0.65
Y_{17}	0.78	14.14*	
Y_{18}	0.47	8.07*	
Y_{19}	0.58	10.39*	

注：(1) 显著性中，* 表示 $p<0.05$。

(2) 组合信度，$\rho_c = \dfrac{(\sum \lambda)^2}{[(\sum \lambda)^2 + \sum(\theta)]}$，$\lambda$ 为指标变量在潜变量上的标准化参数估计值，θ 为观察变量的误差变异量。

表 12.2.8 中的数据分析结果表明，本模型中各潜变量的组合信度值均在 0.6 以上，表明本模型的信度达到要求，模型的内在质量理想。

从观察变量的标准化因子负荷值可知，所有参数的估计值都在 0.45～0.95 之间，所有显变量在潜变量上的因子载荷都比较显著（t 值大于 1.96），载荷的 t 值从 7.85 到 14.15，无负的误差变异数，表明模型基本符合拟合评价标准，测量工具具有良好的收敛效度。

(5) 评估模型的二阶因子分析。

为检验各潜变量即基础设施建设水平、资源建设水平、教学科研应用水平、教育管理信息化水平和信息化保障体系是否同属于高等教育信息化水平高阶因子，本研究使用 Lisrel 8.7 统计软件，以相关矩阵为输入矩阵，对这五个潜变量进行了二阶因子分析，高洁因子分析程序如下。

```
Higher order CFA
DA NI =19  NO =337
KMSY
1.000
0.385  1.000
0.408  0.330  1.000
0.319  0.321  0.338  1.000
0.294  0.260  0.467  0.177  1.000
0.284  0.118  0.450  0.222  0.334  1.000
0.179  0.086  0.212  0.177  0.034  0.115  1.000
0.154  0.171  0.220  0.166  0.086  0.103  0.284  1.000
0.152  0.105  0.197  0.184  0.117  0.090  0.338  0.224  1.000
0.216  0.146  0.271  0.218  0.123  0.167  0.309  0.218  0.311
0.294  0.394  0.307  0.218  0.224  0.112  0.195  0.156  0.160  0.144
0.169  0.192  0.121  0.100  0.018  0.039  0.137  0.159  0.255  0.248  1.000
0.129  0.176  0.200  0.147  0.035  0.118  0.199  0.188  0.144  0.089  0.349  0.153
0.252  0.230  0.429  0.308  0.286  0.185  0.376  0.348  0.255  0.080  0.348  0.176  1.000
0.150  0.081  0.190  0.126  0.190  0.059  0.164  0.190  0.248  0.296  0.386  0.253  0.282
0.205  0.133  0.144  0.059  0.123  0.132  0.079  0.189  0.089  0.153  0.212  0.247  0.131  0.359  1.000
0.271  0.293  0.334  0.272  0.178  0.134  0.306  0.260  0.080  0.250  0.173  0.185  0.189  0.288  0.497
0.092  0.135  0.094  0.131  0.063  0.047  0.170  0.081  0.296  0.439  0.261  0.472  0.345  0.251  1.000
0.244  0.136  0.260  0.228  0.139  0.144  0.279  0.244  0.153  0.187  0.091  0.240  0.157  0.119  0.231  0.778  0.447
                                                                  0.250  0.401  0.272  0.269  0.351  0.331  0.278  0.404  0.261  1.000
MO NK =1 NY =19 NE =5 PS =DI,FR TE =DI,FR GA =FU,FR
PA LY
6(1 0 0 0 0)
3(0 1 0 0 0)
1(0 0 1 0 0)
1(1 0 0 0 0)
2(0 0 0 1 0)
3(0 0 0 1 0)
3(0 0 0 0 1)
FI  LY1 1  LY7 2  LY10 3  LY 15 4  LY 17 5
VA 1  LY1 1  LY7 2  LY10 3  LY15 4  LY 17 5
PD
OU  MI  SS  SC
```

拟合后的标准化路径系数如图12.2.10所示。

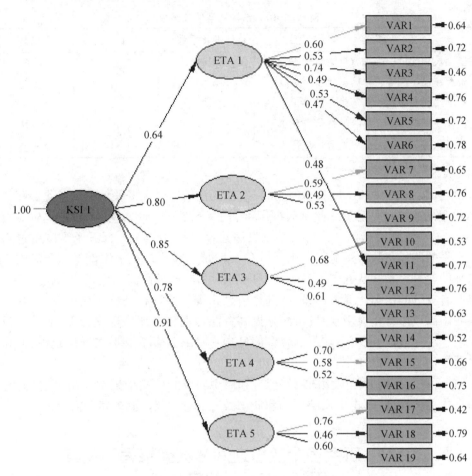

Chi-Square=335.23，df147，P-value=0.00000，RMSEA=0.062

图12.2.10　标准化估计值模型图

为了便于比较,将修正前后模型的拟合指数列成表12.2.9。

表12.2.9　修正前后及二阶因子模型的拟合指数比较

模型	df	χ^2	RMSEA	GFI	NFI	NNFI	CFI	IFI	PNFI	PGFI
原模型	142	335.34	0.064	0.90	0.89	0.92	0.93	0.93	0.74	0.68
修正模型	142	322.84	0.062	0.91	0.90	0.93	0.94	0.94	0.75	0.68
二阶因子模型	147	335.23	0.062	0.90	0.90	0.93	0.94	0.94	0.77	0.70

从表12.2.9中可知,修正模型相对于原模型χ^2减少12.5,各拟合指数稍有提高,表明修正模型比原模型要好。二阶因子模型与修正模型相比,自由度增加了5个,χ^2增加了12.39,查表可知相对于自由度的增加,卡方值增加不明显,表明二阶模型优于修正的模型,所以可以采用二阶因子模型进行模型假设检验。

各潜变量之间的结构模型拟合结果如表 12.2.10 所示。

表 12.2.10 结构模型估计结果

假设	标准化系数	t 值	结论
H_1:基础设施建设←高等教育信息化水平	0.64	7.85*	支持
H_2:资源建设←高等教育信息化水平	0.80	8.31*	支持
H_3:教学科研等应用←高等教育信息化水平	0.85	10.34*	支持
H_4:教育管理信息化←高等教育信息化水平	0.78	8.19*	支持
H_5:信息化保障体系←高等教育信息化水平	0.91	12.63*	支持

注:显著性中,*表示 $p<0.05$。

由表 12.2.10 中所示的拟合结果可知,在高校信息化水平评估中信息化保障体系(0.91)是影响高校信息化水平的首要因素,其次是教学科研等应用(0.85)、资源建设(0.80)、教育管理信息化(0.78)、基础设施建设水平(0.64)。且五个维度变量与信息化水平的路径系数均达显著性水平(t 值>1.96),表明该五个维度是衡量高校信息化水平的显著因素。从五个维度的标准化系数可知,要提高高等教育信息化水平首要的是要有充分的信息化保障体系,特别是信息化资金保障和信息化人员保障;其次是提高我国高校信息化应用水平;再次是提高资源建设和管理信息化水平,而基础设施建设因子载荷最低,说明当前影响教育信息化水平的因素重点不在硬件建设,而在于信息化应用水平的提升。

综上所述,结构方程模型的较好拟合和模型假设的检验结论都说明"我国高等教育信息化评估模型"基本上反映了当前我国教育信息化建设的现状和需求。

12.3 研究多个变量之间多层因果关系及其相关强度——路径分析

问题导入

在对中国高等教育信息化的调研中,获得了教育信息化建设的各个维度,包括基础设施建设、资源建设、应用、管理和保障体系等五个维度的指标数据,那么这些维度之间的关系如何?如何确定这几个维度之间的相互影响关系呢?

数据统计要求

路径分析的数据统计要求和结构方程模型的一样,均要求变量成多元正态分布,变量的样本量足够大,使用协方差矩阵或相关矩阵作分析。

12.3.1 路径分析的基本原理

核心概念

路径分析(Path Analysis),又称通径分析,是20世纪30年代初由美国群体遗传学家赖特(S. Wright)首先提出,主要用来分析变量间因果关系的定量分析方法。路径分析把自变量与因变量间的相关分解为该自变量对因变量的直接影响和通过其他相关的自变量对其因变量间接影响的分解过程。自变量对因变量的直接及间接影响的程度都可用通径系数来度量。

路径分析理论包括路径图、数学模型及路径系数的确定和模型的效应分解三部分内容。(1)路径图,是结构模型方程组的图形解释,包括误差项在内的所有变量间的关系。(2)路径分析的数学模型及路径系数的确定。它根据路径分析的假设和一些规则,通过模型的拟合、结构方程组的求解确定待定参数。(3)模型的效应分解。分析一个变量对另一个变量的直接效应、间接效应和总效应。其中间接效应必须通过至少一个中间变量传递因果关系,而总效应包括直接效应和间接效应的总和。

小贴士

> 习惯上把基于最小二乘法的传统的路径分析称作路径分析;把基于极大似然的路径分析称作结构方程式模型。本书中介绍的是基于极大似然的路径分析,可以分为观察变量路径分析和潜在变量路径分析。观察变量路径分析是指各自只有一个观察变量的潜在变量间的结构模型,它属于特殊的结构方程模型。含有潜在变量的路径分析,即完整的结构方程模型,包含测量模型(Measurement Model)与结构模型(Structured Model),结构模型为潜在变量间的关系,各潜在变量包含数个观察变量,包含观察变量的潜在变量即测量模型。

原理解析

路径分析的主要功能是研究变量之间关系的不同形式。与回归分析相比,路径分析是一种统计分析能力更强大的工具,它可以进一步揭示多元回归系数与简单回归系数之间的数量关系,其着眼点主要在变量之间作用系数的分解上。例如,进行两个变量之间的简单回归可以得到一个简单回归系数,如果我们根据理论,在这两个变量之间加上许多中介变量,形成复杂的因果结构,以路径模型来表示,就有可能将这个简单回归系数分解为不同因果链条上的作用,得到这一因果关系的更具体的形式。

> **知识卡片**
>
> 路径分析中有两种基本类型:递归模型与非递归模型。两者在分析时有所不同。递归模型可以直接通过常规最小二乘法回归(OLS)来取得通径系数回归值,而对于非递归模型则不能这么做。此外,递归模型的残差间并未假设有相关存在,而非递归模型的残差间则假设有相关存在,或是变量间具有回溯关系。

路径通常由单向、双向箭头表示。单向箭头表示自变量或潜在变量与因变量之间的因果关系,双向箭头表示两个自变量之间的相关关系。有时路径图中箭头的宽度与路径系数的大小成正比,以显示其直观性的特点。

路径分析法是简单相关分析的继续,旨在将简单相关系数分解为许多部分,以显示某一变量对因变量直接作用效果和通过其他变量对因变量的间接作用效果。分解简单相关系数是建立在多元回归分析的基础上。其主要方法为:对于一个相关联的系统,有一个因变量 y 与 n 个自变量 x_i($i=1,2,\cdots n$)间存在线性关系,回归方程为:

$$y = b_0 + b_1 x_1 + b_2 x_2 + \cdots b_n x_n \tag{12.4}$$

由通过数学变换,可建立正规矩阵方程:

$$\begin{bmatrix} r_1 x_1 & r_1 x_2 & \cdots & r_1 x_n \\ r_2 x_1 & r_2 x_2 & \cdots & r_2 x_n \\ & \cdots & & \\ r_n x_1 & r_n x_2 & \cdots & r_n x_n \end{bmatrix} \begin{bmatrix} P_{yx_1} \\ P_{yx_2} \\ \cdots \\ P_{yx_n} \end{bmatrix} = \begin{bmatrix} r_{x_1 y} \\ P_{x_2 y} \\ \cdots \\ P_{x_n y} \end{bmatrix} \tag{12.5}$$

(12.5)式中 $r_{x_i x_j}$ 为 x_i 和 x_j 的简单相关系数,解方程(12.5)即可求得路径系数 P_{yx_i},P_{yx_i} 表示 x_i 对 y 的直接路径系数,$P_{x_i y}$ 代表 x_i 对 y 的直接影响效应;而用 P_{yx_i}、$r_{x_i y}$ 表示 x_i 通过 x_j 对 y 的间接路径系数,代表 x_i 通过 x_j 对因变量 y 的间接影响。

基本操作

(1)确定研究问题,建立路径模型。可根据经验事实、变量间的逻辑关系借助主成分分析、因子分析及其他多元回归和相关分析方法选择模型中应包括的自变量、因变量及可能的潜在变量。也可结合专业知识设定自变量、因变量间的因果关系顺序,用路径线连接各变量构成路径图。

(2)采用【Amos Graphics】绘制路径分析模型图。

(3)按 【计算估计值】(Calculate estimates)工具图像钮,估计路径图的路径系数、决定系数等各种统计量。

(4)根据模型拟合结果,修正模型,直到获得较好的模型拟合效果。由于路径图的构建带有一定的主观性。对于无统计学意义的路径要考虑从模型中将其删去。经反复修改、比较后,选择最佳模型。

（5）按【View Text】（浏览文件）图像钮，开启"AMOS Output"对话窗口，分析路径分析模型拟合结果。对所有自变量的总作用大小、方向、作用方式进行分析，解释说明其现实意义。

> **小贴士**
>
> 评价总结构方程的优劣有两个相对重要的统计量：路径系数和决定系数。路径系数不同于偏回归系数，它是无单位的相对系数。多元回归中偏回归系数只能说明每一自变量的作用大小，而路径系数不仅起到偏回归系数的效果，而且彼此可以相互比较。决定系数可进一步说明自变量对因变量的决定程度。
>
> 根据路径系数计算结果，可进行如下分析。
>
> （1）按绝对值的大小排列路径系数，用以说明每一路径对因变量 y 的作用所占位置的相对重要性。
>
> （2）如果路径系数接近于相关系数，说明相关系数反映了自变量与因变量的真实关系，通过改变自变量的数量来改变因变量是有效的。
>
> （3）如果相关系数大于0，但路径系数小于0，则说明间接效应是相关的主要原因，直接通过自变量的改变是无效的，必须通过中介变量方有效。

12.3.2 案例解析：利用结构方程模型确定影响因素

> **案例呈现**
>
> 在前面的"利用结构方程模型建构评价指标体系"案例中我们从基础设施建设、资源建设、教学科研应用、教育管理信息化、信息化保障体系等五个维度构建了高等教育信息化的评价指标体系。但是高等教育信息化五个维度之间的相互影响关系如何？我们将用含潜变量的路径分析来进行分析。

操作步骤

1. 研究模型和假设

从高等教育信息化建设的六个维度出发，本研究根据实际获得的数据，选取高等教育信息化基础设施建设、资源建设、信息化应用、信息化保障体系等四个维度来探讨高校信息化应用的影响因素。基于前期的文献研究，提出如下的理论模型，如图12.3.1所示。

依据理论模型，提出如下假设。

H_1：高校信息化保障体系建设促进高校基础设施建设

H_2：高校信息化保障体系建设促进高校资源建设

H_3：高校信息化保障体系建设促进高校信息化应用

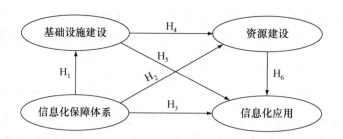

图 12.3.1 高等教育信息化应用影响因素理论模型

H_4:高校信息化基础设施建设促进高校资源建设
H_5:高校信息化基础设施建设促进高校信息化应用
H_6:高校资源建设促进高校信息化应用

2. 模型绘制和模型估计

(1) 在 AMOS 中绘制一个结构方程模型。打开【AMOS Graphics】应用软件窗口。

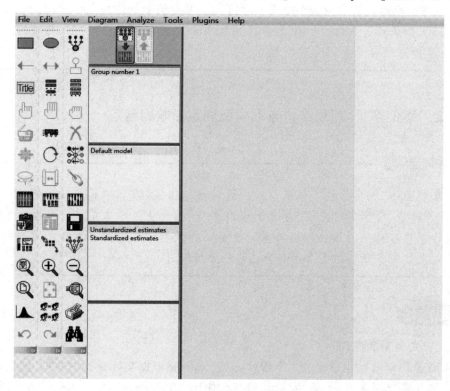

图 12.3.2 AMOS Graphics 软件窗口

(2) 选取【描绘潜在变量或增列潜在变量的指标变量】图像钮 ,在绘图区按一下会先呈现一个椭圆形,接着在椭圆形下连按八下,椭圆形的上方会出现八组测量指标与误差项,第一组测量指标的路径系数默认值为1,这样一个测量模型图绘制完成。选中【保留对称性】图像钮和【旋转潜在变量的指标变量】图像钮，得到图 12.3.3 所示的测量模型图。

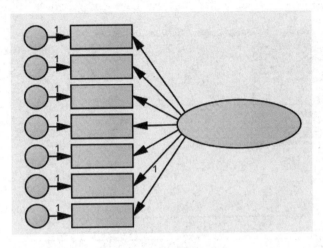

图 12.3.3　测量模型图

（3）用同样的方法再绘制 3 个测量模型图。选取【单向箭头】和【双向箭头】图像钮绘制变量间的因果关系。点选【增列误差变量到已有的误差变量中】图像钮在内因变量上增列误差变量，绘制好后的图形如图 12.3.4 所示。

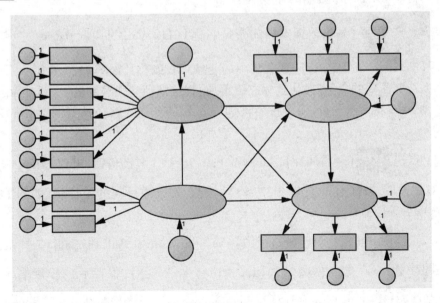

图 12.3.4　增列误差变量后的模型图

(4) 开启数据文件。点击 【选择数据文件】(Select Data Files)工具图像钮,出现【数据文件】(Data Files)对话窗口,按【File Name】(文件名称)钮选取数据文件,如图 12.3.5 所示。

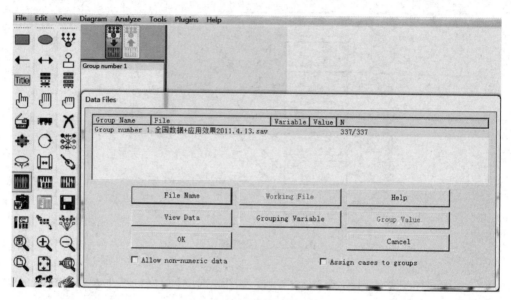

图 12.3.5 选取数据文件

选取数据文件后,在【数据文件】(Data Files)的对话窗口中会出现文件名称及数据文件的样本数,本例中数据的样本数是 337。

(5) 点选 【列出数据集内的变量名称】(List Variables in Dataset)工具图像钮,出现【Variables in Dataset】(数据集中的变量)对话窗口,如图 12.3.6 所示。

(6) 选取需要的变量,按住鼠标左键不放,直接拖动到观察变量中,同时为潜在变量命名,加入观察变量名称、潜变量名称和误差变量名称的路径模型图,如图 12.3.7 所示。

(7) 点选 【分析属性】(Analysis Properties)工具图像钮,出现【Analysis Properties】对话窗口,按【Output】(输出结果)标签钮,勾选要呈现的统计量,如图 12.3.8 所示,选中后关闭对话窗口。

(8) 点选 【保存目前的路径图】(Save the Current Path Diagram)工具钮,将模型路径图存盘,保存的文件类型为【Input file(＊.amw)】,保存后的扩展名为"＊.amw",点选 【计算估计值】(Calculate Estimates)工具图像钮估计路径图的各种统计量。

第 12 章 基于结构方程模型的教育研究数据分析 257

图 12.3.6 选取变量

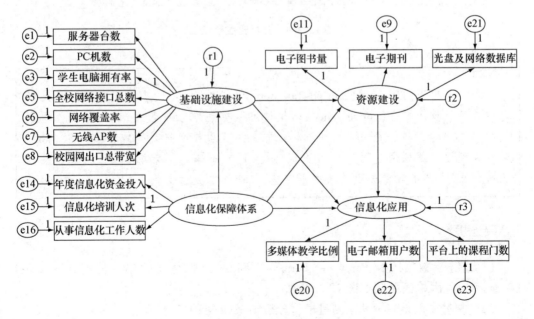

图 12.3.7 路径模型图

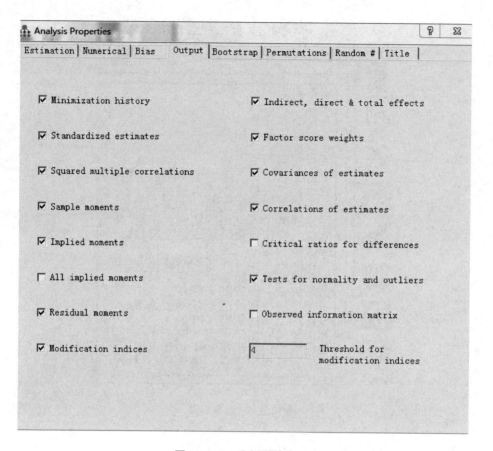

图 12.3.8　分析属性窗口

> **小贴士**
>
> 　　若没有出现【非正定】(non-positive definition)的提示语,表示观察数据能让程序估计参数获得聚合(convergence)。模型可以梳理聚合收敛或识别,不代表理论模型的适配度或契合度一定良好,必须进一步参考各适配度的统计量加以判别。通常模型无法顺利聚合而产生非正定问题,可能是模型界定有问题,或变量为非正态分布,或样本数据提供的数据不完整,或是样本数过少等。

结果分析

　　(1) 在【参数格式】(Parameter Formats)窗口中选取标准化估计值(Standardized Estimates),其因果模型图如图 12.3.9 所示。

　　(2) 测量模型结果分析。测量模型分析结果如表 12.3.1 所示。

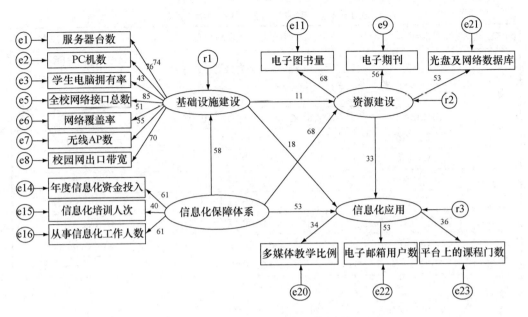

图 12.3.9　含有标准化估计值的路径图

表 12.3.1　教育信息化各维度之间相互影响的测量模型 AMOS 分析结果

观测变量	潜变量	标准化因子载荷	显著性	Cronbach's α
服务器台数	基础设施建设	0.745	***	0.808
PC 机数		0.759	***	
学生电脑拥有率		0.431	***	
全校网络接口总数		0.849	***	
网络覆盖率		0.507	***	
无线 AP 数		0.550	***	
校园网出口总带宽		0.696	***	
电子图书量	资源建设	0.681	***	0.612
电子期刊		0.561	***	
光盘及网络数据库		0.529	***	
年度信息化资金投入	信息化保障体系	0.608	***	0.555
信息化培训人次		0.401	***	
从事信息化工作人数		0.613	***	
多媒体教学比例	信息化应用	0.336	***	0.362
电子邮箱用户数		0.531	***	
平台上的课程门数		0.360	***	

注：* 表示 $p<0.05$，** 表示 $p<0.01$，*** 表示 $p<0.001$

3. 模型拟合与假设验证

（1）整体模型适配度检验。

整体模型适配度检验结果如表 12.3.2 所示。

表12.3.2　整体模型适配度检验摘要表

统计检验量		适配的标准或临界值	检验结果数据
绝对适配指数	χ^2 值	$p > 0.05$（未达显著水平）	122.966（$p = 0.045 < 0.05$）
	RMR 值	< 0.05	0.027
	RMSEA 值	<0.08（若<0.05优良；<0.08良好）	0.028
	GFI 值	>0.90 以上	0.957
	AGFI 值	>0.90 以上	0.940
增值适配度指数	NFI 值	>0.90 以上	0.912
	IFI 值	>0.90 以上	0.981
	TLI 值（NNFI 值）	>0.90 以上	0.976
	CFI 值	>0.90 以上	0.981
简约适配度指数	PGFI 值	>0.50 以上	0.690
	PNFI 值	>0.50 以上	0.745
	χ^2 自由度比	< 2.00	1.255

模型拟合指数如表所示，综合各项指标的判断，理论模型的整体模型拟合度较好，可以用以检验本文提出的理论假设。

（2）结构模型分析结果。

结构模型分析结果如表12.3.3所示。

表12.3.3　结构模型分析结果

变量间的关系	路径系数	显著性	对应假设	检验结果
信息化保障体系→基础设施建设	0.581	***	H1	支持
信息化保障体系→资源建设	0.677	***	H2	支持
信息化保障体系→信息化应用	0.532	*	H3	支持
基础设施建设→资源建设	0.112	0.289	H4	不支持
基础设施建设→信息化应用	0.185	0.129	H5	不支持
资源建设→信息化应用	0.328	0.124	H6	不支持

注：路径系数即为标准化因子载荷值，* 表示 $p < 0.05$，** 表示 $p < 0.01$，*** 表示 $p < 0.001$

由表12.3.3可以看出，信息化保障体系到基础设施建设的路径系数为0.581（$p < 0.001$），信息化保障体系到资源建设的路径系数为0.677（$p < 0.001$），信息化保障体系到信息化应用的路径系数为0.532（$p < 0.05$），由 p 值可以看出影响达到显著水平，提出的假设 H_1、H_2、H_3 得到支持，表明信息化保障体系显著地影响高等教育信息化的基础设施建设、资源建设和信息化应用，且对资源建设的影响最大。而基础设施建设对资源建设的影响、基础设施建设对信息化应用的影响、资源建设对信息化应用的影响均未达到显著水平，表明基础设施建设与资源建设、基础设施建设与信息化应用、资源建设与信息化应用之间的关联都不显著，也表明目前高校信息化应用的效

益是通过信息化保障体系来实现,基础设施和资源建设对高校信息化应用的促进影响不显著。

为了更加直观了解结构模型中潜变量之间的直接效应、间接效应以及总效应,在此将计算结果汇总于表12.3.4。

表12.3.4 潜变量之间直接效应、间接效应和总效应

变量关系	直接效应	间接效应	总效应
信息化保障体系→基础设施建设	0.581	—	0.581
信息化保障体系→资源建设	0.677	0.065	0.742
信息化保障体系→信息化应用	0.533	0.350	0.883
基础设施建设→资源建设	0.112	—	0.112
基础设施建设→信息化应用	0.185	0.037	0.221
资源建设→信息化应用	0.328	—	0.328

注:总效应 = 直接效应 + 间接效应

由表12.3.4可知,在该结构模型中,外因潜在变量"信息化保障体系"对内因潜在变量"基础设施建设"的直接效果值为0.581,间接效果值为0.000,总效果值为0.581 + 0.000 = 0.581;外因潜在变量"信息化保障体系"对内因潜在变量"资源建设"的直接效果值为0.677,间接效果值为0.065,总效果值为0.677 + 0.065 = 0.742;外因潜在变量"信息化保障体系"对内因潜在变量"信息化应用"的直接效果值为0.533,间接效果值为0.350,总效果值为0.533 + 0.350 = 0.883;外因潜在变量"基础设施建设"对内因潜在变量"资源建设"的直接效果值为0.112,间接效果值为0.000,总效果值为0.112 + 0.000 = 0.112;外因潜在变量"基础设施建设"对内因潜在变量"信息化应用"的直接效果值为0.185,间接效果值为0.037,总效果值为0.185 + 0.037 = 0.221;外因潜在变量"资源建设"对内因潜在变量"信息化应用"的直接效果值为0.328,间接效果值为0.000,总效果值为0.328 + 0.000 = 0.328。

知识拓展

路径分析模型有两种:一种为观察变量的路径分析,一种为潜在变量的路径分析。观察变量的路径分析即传统回归分析的路径分析程序,其实质是潜在变量路径分析的一种特例。路径分析模型的结构模型中若同时包括显性变量及潜在变量,则此种路径分析模型称为混合模型的路径分析,混合路径分析模型的结果模型图中同时包含方形和椭圆形对象。研究者可以探索不同的路径模型在实际问题解决中的应用。

活动任务

在本章案例数据的基础上,选取两个维度、三个维度分别进行潜变量的路径分析,要求给出分析结果,并分析模型拟合结果,解释分析结果。

参考文献

[1] 侯杰泰,温忠麟,成子娟.结构方程模型及其应用[M].北京:教育科学出版社,2010.

[2] 吴明隆.结构方程模型——AMOS 的操作与应用[M].第二版.重庆:重庆大学出版社,2010.

[3] 何晓群.多元统计方法[M].北京:中国人民大学出版社,2004.

[4] 周平红,杨宗凯,张屹,等.基于结构方程模型的我国高等教育信息化水平综合评价研究——来自"中国高校信息化建设与应用水平"的调研[J].电化教育研究,2011(11):5-10.

[5] 赵富强.基于 PLS 路径模型的顾客满意度测评研究[D].天津:天津大学,2010.

[6] 乔丽华,傅德印.缺失数据的多重插补方法[J].统计教育,2006,87(12):4-7.

[7] Raykov T., George A. A First Course in Structural Equation Modeling [M]. Psychology Press, 2006.

[8] Barbara M. B. A Primer of Lisrel: Basic Applications and Programming for Confirmatory Factor Analytic Models[M]. New York: Springer.

[9] Bentler H. L., & Kano, Y. Structural Equation Modeling: Concepts, issues, and applications [M]. Thousand Oaks, CA: Sage. 1992.

[10] Olsson, U. H., Foss T., Troye, S. V. The performance of ML, GLS, and WLS estimation in structural equation modeling under conditions of misspecification and nonnormality [J]. Structural Equation Modeling, 2000, 7(4):557-559.

[11] Olsson U. H., Troye S. V., Howell R. D. Theoretic Fit and Empirical Fit: The Performance of Maximum Likelihood versus Generalized Least Squares Estimation in Structural Equation Models [J]. 1999, 34(1):31-58.

[12] Raine-Eudy, R. Using structural equation modeling to test for differential reliability and validity: A empirical demonstration[J]. Structural Equation Modeling, 2000, 7(1):124-141.

第 13 章

教育测量与评价的质量特性分析
——信度和效度分析

学习目标

1. 能够阐述信度分析的相关概念和基本思路。
2. 掌握信度分析的基本原理,能够应用SPSS软件进行相应的操作,并对其结果进行合理的解释。
3. 能够阐述效度分析的相关概念和基本思路,分析它与信度分析的区别。
4. 掌握效度分析的基本原理,并将其应用到实际操作中。
5. 掌握量表或试卷质量分析的基本方法。

关键术语

信度 信度系数 克龙巴赫系数 效度分析 效标关联效度

知识导图

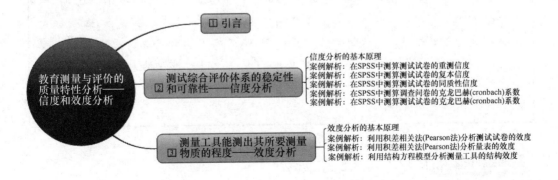

13.1 引　言

　　教育测量与评价的质量特性分析包括对整个测验的质量分析及测验中各个项目的质量分析。整个测试的质量特性分析通过信度分析和效度分析来衡量与评价。本章基于 SPSS 软件采用不同的信度分析方法阐述了信度分析的基本过程和结果分析，如重测信度、复本信度、分半信度等对课程测试成绩的稳定性和一致性进行了分析；通过测算克龙巴赫系数分别对"网络文化安全"问卷和课程成绩的可靠性和稳定性进行了分析。同时，介绍了三种效度分析的方法，即内容效度、结构效度和效标关联效度，分析量表或某门课程期末测试试卷的有效性和正确性。本章的重难点是理解采用不同方法进行信度、效度分析的基本原理和结果分析。

方法解读

　　信度分析是一种测度综合评价体系是否具有一定的稳定性和可靠性的有效分析方法。通过编制量表的方式对被评估对象实施综合评估，而量表编制的合理性和有效性将决定着评价结果的可信性和可用性，信度分析正是对量表的有效性（信度）进行研究。效度分析是指测验能够测出它欲测特质的程度，如试卷准确地测量了考试欲测内容的多少，也就是覆盖面和权重在多大程度上体现了教学大纲的要求，能否有效检验考试能力水平和反映教学大纲完成的情况。

13.2　测度综合评价体系的稳定性和可靠性——信度分析

问题导入

　　在日常生活和学习中，我们需要对某个体或某事物进行综合评价。例如，汽车驾驶培训学校在学习结束后要对学员的汽车驾驶能力进行综合考核；在学期末的时候会对学生掌握某门课程的程度进行测试；心理咨询中心要对咨询者的心理状况进行综合评分等。综合评价问题必然会涉及如何对被评估对象实施综合评估的问题。那么如何测量评价体系的可靠性和有效性呢？如何理解信度分析结果对评价体系的意义？

数据统计要求

　　一般地，信度分析是对整个测验进行的分析，具体来说是针对某次测试试卷成绩数据或某次调查问卷数据进行分析。

13.2.1 信度分析的基本原理

核心概念

信度: 广义上是指教育测量与评价结果的可信程度;狭义上是指重复测量结果间的一致性程度,即依靠测量提供稳定的、非模棱两可的信息的程度。

信度分析: 一种测度综合评价体系是否具有一定的稳定性和可靠性的有效分析方法。

重测信度: 指用同一个量表(测验或评价表)对同一组被试施测两次所得结果的一致性程度,其大小等于同一组被试在两次测验上所得分数的相关系数。

复本信度: 指两个平行测验测量同一批被试所得结果的一致性程度,其大小等于同一批被试在两个复本测验上所得分数的相关系数。

同质性信度: 也叫内部一致性信度,它是指测验内部所有题目间的一致性程度。这里,题目间的一致性含有两层意思,其一是指所有题目测的是同一种心理特质;其二是指所有题目得分之间都具有较高的正相关。

分半信度: 是将一个测验分成对等的两半后,所有被试在这两半上所得分数的一致性程度。它反映了测验内两半题目间的一致性,所以属于同质性信度。

信度系数: 通常以相关系数表示,即用同一被试样本所得的两组资料的相关系数作为测量一致性的指标。信度系数愈高即表示该测验的结果愈一致、愈稳定与可靠。用符号 R 表示。

原理解析

1. 重测信度:稳定性系数

统计学上,通常把对同一组被试实施的两次等值测验的成绩的相关系数作为这一测验的信度。

$$r = \frac{N\sum XY - \sum X \sum Y}{\sqrt{N\sum X^2 - (\sum X)^2}\sqrt{N\sum Y^2 - (\sum Y)^2}}$$

式中,X:第一次测验所得分数;Y:第二次测验所得分数;N:被试人数。

2. 复本信度:等值性系数

在同一时间、对同一组人施测同一测验的两个或多个复本,各复本之间的相关值即为等值性系数。为了减少迁移或练习效应的影响,一半学生先做复本1再做复本2,而另一半学生则先做复本2后做复本1。复本之间分数的相关即等值性系数。

3. 同质性信度:内部一致性系数

同质性信度也叫内部一致性信度,它是指测验内部所有题目间的一致性程度。这里,题目间的一致性含有两层意思:其一是指所有题目测的是同一种心理特质;其二是指所有题目得分之间都具有较高的正相关。

(1) 分半信度。

分半的方法:按题号的奇偶分半、按题目的难度分半、按题目的内容分半等。

分半信度的计算方法和等值复本信度的方法类似,只不过分半信度计算的是两个"半测验"上得分的相关系数,只是半个测验的信度,还必须用斯皮尔曼—布朗公式加以校正: $r_{xx} = 2r_{hh}/(1 + r_{hh})$,式中,$r_{xx}$ 为整个测验的信度系数;r_{hh} 为两个"半测验"上得分的相关系数。

(2) 克龙巴赫(Cronbach)α系数。

克龙巴赫α系数的计算方法是:

- 计算各评估项目的相关系数矩阵,并计算相关系数的均值。
- 计算克龙巴赫α系数,其计算公式为:

$$\alpha = \frac{k\bar{r}}{1 + (k-1)\bar{r}}$$

其中 k 为评估项目数,$\bar{r}$ 为 k 个项目相关系数的均值。

克龙巴赫α系数的取值范围在 0~1 之间,受评估项目数 k 及相关系数均值 $\bar{r}$ 的影响。当 k 一定时,如果 $\bar{r}$ 较高,说明项目的内在信度较高,则克龙巴赫α系数也较高,接近于 1;如果 $\bar{r}$ 较低,说明项目的内在信度较低,则克龙巴赫α系数也较低,接近于 0。经验上,如果克龙巴赫α系数大于 0.9,则认为量表的内在信度很高;如果克龙巴赫α系数大于 0.8,小于 0.9,则认为内在信度是可接受的;如果克龙巴赫α系数大于 0.7,小于 0.8,则认为量表设计存在一定问题,但仍有一定参考价值;如果克龙巴赫α系数小于 0.7,则认为量表设计存在很大问题应考虑重新设计。

知识卡片

克龙巴赫 α 系数的取值范围

取值范围	评价结果
α ≥ 0.9	信度好
0.8 ≤ α < 0.9	可以接受
0.7 ≤ α < 0.8	修订量表
α < 0.7	不能接受

4. 信度系数判定原则

根据信度系数进行判定的原则有以下几点。

第一,多年的研究结果,一般的能力测验和成就测验的信度系数都在 0.90 以上,有的可以达到 0.95;而人格测验、兴趣、态度、价值观等测验的信度一般在 0.80~0.85 之间或更高些。

第二,R<0.70 时测验不能用于对个人做出评价或预测,而且不能作团体比较;

$0.70 \leq R < 0.85$ 时可用于团体比较;$R \geq 0.85$ 时才能用来鉴别或预测个人成绩或能力。

第三,新编测验信度应大于原有的同类测验或相似测验。

基本操作

信度分析方法的主要操作步骤。

1. 采用相关系数计算试卷的信度

如:计算某一试卷的信度系数的主要操作步骤如下。

(1) 选择菜单:【Analyze】→【Correlate】→【Bivariate】,进入"Bivariate Correlation"对话框。

(2) 把将要测算相关系数的变量(评估指标)选入"Variables"框中。

(3) 单击【OK】,输出结果。

2. 采用克龙巴赫 α 系数计算某一个评价体系的信度

如:计算某一个量表或试卷的信度系数的主要操作步骤如下。

(1) 选择菜单:【Analyze】→【Scale】→【Reliability】,进入"Reliability Analysis"对话框。

(2) 把将要测算相关系数的变量(评估指标)选入"Items"框中。

(3) 在"Model"框中选择需计算的信度系数。

(4) 在"Reliability Analysis"窗口中单击【Statistics】按钮,打开"Reliability Analysis:Statistics"对话框,选择"Inter-Item"框中的"Correlations",点击【Continue】。

(5) 单击【OK】,输出结果。

小贴士

> ✑ Descriptives for 框中:Item 表示输出各评估指标的基本描述统计量;Scale 表示输出各评估指标之和(总分)的基本描述统计量;Scale if Item Deleted 表示输出剔除某评估指标后的基本描述统计量,以便对评估指标进行逐个评价。
>
> ✑ Inter-Item 框中:Correlations 表示输出各评估指标的相关系数矩阵;Covariances 表示各评估指标的协方差矩阵。
>
> ✑ Summaries 框中:Means 表示输出 k 个评估指标平均分的基本描述统计量;Variance 表示输出 k 个评估指标方差的基本描述统计量;Covariances 表示输出协方差矩阵的基本描述统计量;Correlations 表示输出相关系数矩阵的基本描述统计量。
>
> ✑ ANOVA Tables 框中提供了多种方法,用于检验同一被评估对象在各评估指标上的得分是否具有一致性。其中 None 表示不做检验;F test 表示进行重复测量的方差分析,适合于定距性正态分布数据;Friedman chi-square 表示进行多配对样本的 Friedman 检验,适合于非正态分布数据或定序型数据;Cocharan chi-square 表示进行多配对样本的 Cocharan 检验,适合于二值型数据。后两种为非参数检验方法。

13.2.2 案例解析：在 SPSS 中测算测试试卷的重测信度

案例呈现

用一个算术四则的速度测验 12 个小学生，得分记为 X，为了考察测量结果的可靠性，于 3 个月后再测一次，得分记为 Y，问测验结果是否可靠？

操作步骤

（1）打开数据文件"算术四则的速度测验成绩.sav"，选择【Analyze】→【Correlate】→【Bivariate】，将"X 成绩"和"Y 成绩"拖入"Variables"中，分析 12 个小学生两次测验的相关关系，如图 13.2.1 所示。

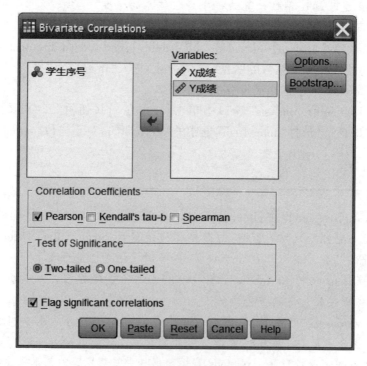

图 13.2.1　速度测验成绩的相关分析窗口

（2）选择"Correlations Coefficients"框下面的"Pearson"检验方法，计算"X 成绩"与"Y 成绩"之间的相关系数，利用积差相关法求信度（Pearson 法），如表 13.2.1 所示。

表 13.2.1　相关分析结果

Correlations

		X 成绩	Y 成绩
X 成绩	Pearson Correlation	1	0.941**
	Sig. (2-tailed)	0.000	
	N	12	12
Y 成绩	Pearson Correlation	0.941**	1
	Sig. (2-tailed)	0.000	
	N	12	12

**. Correlation is significant at the 0.01 level (2-tailed).

结果分析

由表 13.2.1 可以得到 12 个学生的 X 成绩与 Y 成绩的相关系数为 0.941,说明 3 个月后进行测验得到的 Y 成绩与 X 成绩的相关性较强,即本次测验的结果具有较好的可靠性。

13.2.3　案例解析:在 SPSS 中测算测试试卷的复本信度

问题导入

以 A、B 英语复本测验对初中三年级 10 个学生施测,为避免由测验施测顺序所造成的误差,其中 5 个学生先做 A 型测验,休息 15 分钟后,再做 B 型测验;而另 5 个学生先做 B 型测验,休息 15 分钟后,再做 A 型测验。10 个学生 A 型测验结果记为 X,B 型测验结果记为 Y,其测验的复本信度如何?

操作步骤

(1) 打开数据文件"英语测验成绩.sav",选择【Analyze】→【Correlate】→【Bivariate】,将"X 成绩"和"Y 成绩"拖入"Variables"中,分析复本测验的相关关系,如图 13.2.2 所示。

(2) 选择"Correlations Coefficients"框下面的"Pearson"检验方法,计算成绩"X"与"Y"之间的相关系数,利用积差相关法求信度(Pearson 法),如表 13.2.2 所示。

表 13.2.2　相关分析结果

Correlations

		X	Y
X	Pearson Correlation	1	0.900**
	Sig. (2-tailed)		0.000
	N	10	10
Y	Pearson Correlation	0.900**	1
	Sig. (2-tailed)	0.000	
	N	10	10

**. Correlation is significant at the 0.01 level (2-tailed).

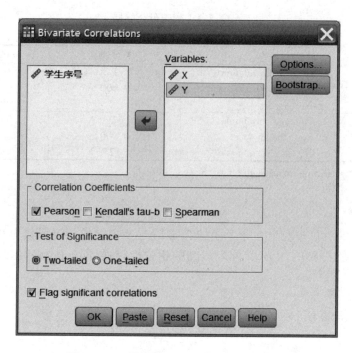

图 13.2.2 英语测验成绩的相关分析窗口

结果分析

由表 13.2.2 可以看出进行复本测验得到的成绩 X 与 Y 的相关系数为 0.900,说明测验的复本可靠性较好。

13.2.4 案例解析:在 SPSS 中测算测试试卷的同质性信度

问题导入

一个测验向 15 名被试施测,被试在奇偶分半测验上的得分如表 13.2.3 所示,计算该测验的分半信度系数,并说明本次测验的可靠性如何?

表 13.2.3 15 名被试在奇偶分半测验上的得分

被试	1	2	3	4	5	6	7	8	9	10	11	12	13	14	15
奇数题(X)	20	18	23	21	17	18	20	17	16	13	14	13	12	8	8
偶数题(Y)	20	22	19	22	18	15	14	17	15	16	14	12	10	7	6

操作步骤

(1) 打开数据文件"数学成绩.sav",选择【Analyze】→【Correlate】→【Bivariate】,将"奇数题成绩(X)"和"偶数题成绩(Y)"拖入"Variables"中,分析分半测验得到的成绩 X、Y 的相关关系,如图 13.2.3 所示。

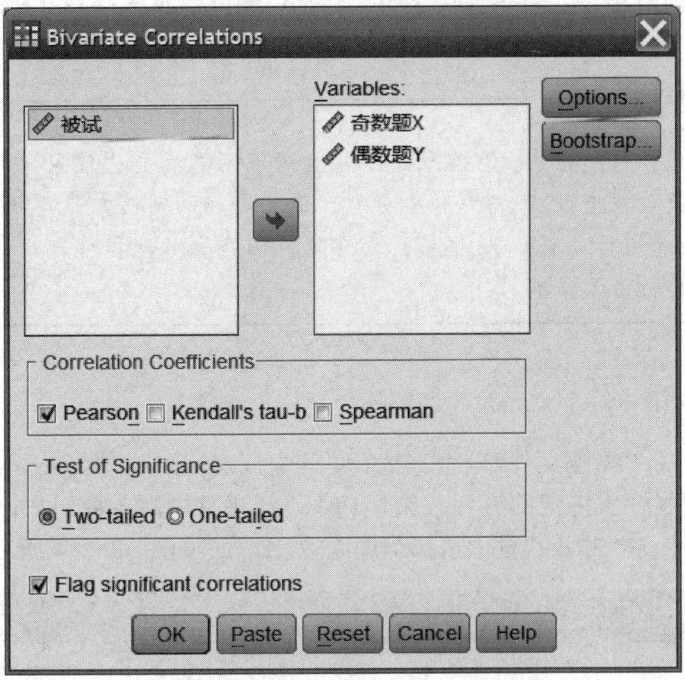

图 13.2.3　英语测验成绩的相关分析窗口

(2) 选择"Correlations Coefficients"框下面的"Pearson"检验方法,计算成绩"X"与"Y"之间的相关系数,利用积差相关法求本次测验的分半信度(Pearson 法),如表 13.2.4 所示。

表 13.2.4　相关分析结果
Correlations

		奇数题 X	偶数题 Y
奇数题 X	Pearson Correlation	1	0.855**
	Sig. (2-tailed)		0.000
	N	15	15
偶数题 Y	Pearson Correlation	0.855**	1
	Sig. (2-tailed)	0.000	
	N	15	15

**. Correlation is significant at the 0.01 level (2-tailed).

结果分析

由表 13.2.4 可以得出,两个"半测验"得分的积差相关系数为 0.855,代入公式 $r_{xx} = 2r_{hh}/(1+r_{hh})$,得到 $r_{xx} = (2*0.855)/(1+0.855) = 0.922$。所以该测验的分半信度系数为 0.922。说明该测验的信度较好。

13.2.5 案例解析:在 SPSS 中测算调查问卷的克龙巴赫(Cronbach)系数

案 例 呈 现

网络文化作为一种社会存在反映的社会意识形态的文化现象,对当前和未来人类的生存极具冲击力、影响力和渗透力。为了解我国网络文化现状,编写"网络文化安全"问卷进行调查研究。为了检验该问卷的稳定性和可靠性,根据调查问卷数据对其进行信度分析。

操作步骤

(1) 打开 SPSS 数据文件"网络文化安全问卷调查.sav",选择【Analyze】→【Scale】→【Reliability】,将"宣传党的方针政策…(B11)到恶意攻击各种门户网站(C76)"拖入"Variables"中,在"Model"框中选择信度系数"Alpha"如图 13.2.4 所示。

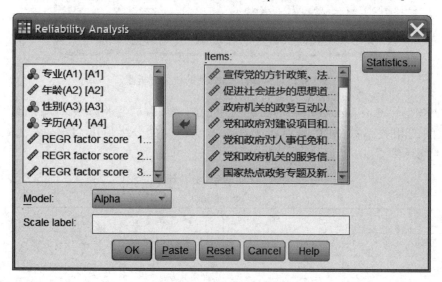

图 13.2.4　案例的信度分析窗口

(2) 点击【Statistics】按钮,选择图 13.2.5 所示的各个分析选项。
(3) 单击"Statistics"对话框中的【Continue】,然后点击信度分析主对话框中的【OK】,即得到输出结果,如表 13.2.5、13.2.6 和 13.2.7 所示。

表 13.2.5　信度分析结果(一)
Reliability Statistics

Cronbach's Alpha	Cronbach's Alpha Based on Standardized Items	N of Items
0.924	0.945	62

第 13 章 教育测量与评价的质量特性分析——信度和效度分析

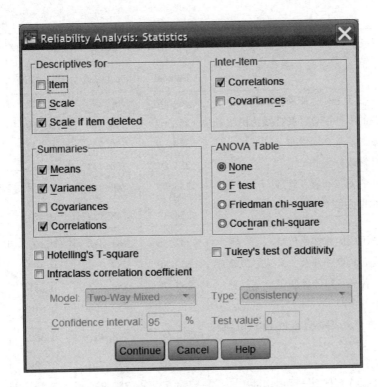

图 13.2.5 信度分析分析选项窗口

表 13.2.6 信度分析结果（二）
Summary Item Statistics

	Mean	Minimum	Maximum	Range	Maximum/Minimum	Variance	N of Items
Item Means	4.160	3.756	4.615	0.859	1.229	0.039	62
Item Variances	1.147	0.522	20.467	19.944	39.179	6.249	62
Inter-Item Correlations	0.216	−0.116	0.712	0.828	−6.146	0.015	62

表 13.2.7 信度分析结果（三）
Item-Total Statistics

	Scale Mean if Item Deleted	Scale Variance if Item Deleted	Corrected Item-Total Correlation	Cronbach's Alpha if Item Deleted
宣传党的方针政策、法律法规	254.08	754.971	0.417	0.922
促进社会进步的思想道德、科学技术和文化知识	253.60	756.570	0.440	0.922
政府机关的政务互动以及民意调查和民主测评	253.78	762.846	0.320	0.923
党和政府对建设项目和采购的招投标和民主监督	253.98	753.201	0.455	0.922

(续表)

	Scale Mean if Item Deleted	Scale Variance if Item Deleted	Corrected Item-Total Correlation	Cronbach's Alpha if Item Deleted
党和政府对人事任免和工作动态的发布	254.07	760.174	0.312	0.923
党和政府机关的服务信息及其在线为民服务	253.67	754.104	0.469	0.922
国家热点政务专题及新闻发布	253.69	750.753	0.541	0.922
政府机关的日常政务公开	254.01	750.731	0.465	0.922
政府突发事件的发布和应急管理	253.59	749.245	0.574	0.921
弘扬中国新时期主旋律,倡导社会主义精神文明	254.14	748.122	0.483	0.922
倡导发扬中华民族优秀文化传统	253.56	761.488	0.403	0.923
对公民进行爱心教育和社会主义荣辱观教育	253.80	754.952	0.469	0.922
政府以及社会各界发布各种便民公益信息	253.78	756.473	0.451	0.922
生活咨询及服务查询	253.73	753.036	0.518	0.922
张扬个性、促进交流、展现才能的BBS、BLOG、社区等	253.93	758.481	0.380	0.923
各种社会公益活动	253.82	755.446	0.488	0.922
健康向上的公益电子书、影视动画作品	253.72	759.995	0.392	0.923
商品服务信息查询	253.93	751.645	0.514	0.922
国内外商品电子商务贸易	254.05	752.184	0.501	0.922
客户服务信息查询	253.99	751.709	0.524	0.922
招商投资指南和招标信息	254.07	755.107	0.433	0.922
商务在线资讯	253.90	757.735	0.438	0.922
教育培训和社区服务	253.71	749.953	0.577	0.921
生产安全教育与防护	253.84	760.013	0.382	0.923
商品质量检验检疫信息	253.61	757.254	0.450	0.922
消费者权益投诉与维护	253.49	752.625	0.532	0.922
损害国家荣誉和利益	253.66	748.346	0.564	0.921
煽动民族仇恨、民族歧视,破坏民族团结	253.64	753.128	0.479	0.922
侵害民族风俗、习惯	253.99	751.940	0.504	0.922
破坏国家宗教政策,宣扬邪教和封建迷信	253.81	752.510	0.486	0.922
散布谣言,扰乱社会秩序,破坏社会稳定	253.73	760.063	0.358	0.923
危害社会公德或者民族优秀文化传统	253.69	756.186	0.448	0.922
违反宪法所确定的基本原则	253.59	711.855	0.197	0.944
煽动抗拒、破坏宪法和法律、行政法规实施	253.76	761.231	0.365	0.923
容易使人曲解和误解法律、法规的信息	253.88	755.792	0.474	0.922
含有法律、行政法规禁止的其他内容	253.81	752.525	0.563	0.922

（续表）

	Scale Mean if Item Deleted	Scale Variance if Item Deleted	Corrected Item-Total Correlation	Cronbach's Alpha if Item Deleted
散布淫秽、色情、赌博、暴力、凶杀、恐怖或者教唆犯罪	253.40	757.406	0.511	0.922
虚假欺骗内容	253.60	762.764	0.389	0.923
容易使人上瘾、产生依赖和幻想的网络游戏和娱乐软件	253.84	761.928	0.353	0.923
容易使人道德弱化的网络信息和软件	253.88	762.329	0.363	0.923
带有挑逗性和引诱不良行为的信息和软件	253.84	752.615	0.535	0.922
容易使人引起歧义的网络内容	254.08	767.852	0.212	0.924
危害国家安全	253.53	749.400	0.586	0.921
泄露国家秘密	253.44	758.651	0.465	0.922
颠覆国家政权	253.70	749.971	0.487	0.922
破坏国家统一、主权和领土完整	253.49	757.132	0.403	0.922
损害国家经济利益	253.56	752.040	0.530	0.922
侮辱或者诽谤他人，侵害他人合法权益	253.77	758.805	0.427	0.922
未经同意擅自获取、更改、发布他人隐私信息	253.68	759.637	0.468	0.922
窃取、擅自发布商业秘密	253.56	760.397	0.478	0.922
剽窃、盗用他人知识产权	253.59	753.691	0.543	0.922
散布虚假信息，扰乱正常的金融秩序	253.66	755.301	0.589	0.922
商业欺诈信息	253.60	758.093	0.481	0.922
破坏他人商业信誉和商品声誉	253.72	757.234	0.479	0.922
擅自使用或仿制他人的商标、名号	253.81	757.555	0.451	0.922
销售虚假产品、对商品和服务做虚假宣传	253.51	760.371	0.446	0.922
各种网络病毒	253.28	760.293	0.461	0.922
垃圾邮件	253.96	761.879	0.346	0.923
网络蠕虫	253.53	765.565	0.325	0.923
恶意进行信息耗费的网络信息和软件	253.63	770.295	0.198	0.924
各种流氓软件	253.55	767.727	0.271	0.923
恶意攻击各种门户网站的黑客行为	253.36	759.158	0.497	0.922

结果分析

由表 13.2.5 的信度分析结果表得知，本调查问卷中进行信度分析的指标有 62 个，信度系数为 0.924，大于 0.9，说明该问卷的信度甚佳，可靠性和稳定性极好。

如表 13.2.6 所示，Item Means 行表示 62 个评估指标（N of Items）平均分的基本描述,包括:均值(4.416)、最小值(3.756)、最大值(4.615)、全距(0.859)、最大值与最小值的比(1.229)、方差(0.039)。同理,Item Variances 行和 Inter-Item Correlations 行分别表示对 62 个评估指标方差和相关系数的均值、最小值、最大值、全距、最大值与最小值的比、方差基本描述。

表 13.2.7 显示了剔除某评估指标后的情况。其中,Scale Mean if Item Deleted 是剔除某评估指标后剩余评估指标的总平均分,Scale Variance if Item Deleted 是剔除某评估指标后剩余评估指标的总平均的方差,Corrected Item-Total Correlation 是某评估指标与其余评估指标总分的简单相关系数,Cronbach's Alpha if Item Deleted 是剔除某评估指标后的信度系数。例如,如果剔除指标"宣传党的方针政策、法律法规",则被调查者在其余 61 个指标上总分的均值为 254.08,在其余 61 个指标上总分的方差为 754.971,剩余指标的信度系数为 0.922。该指标与其他指标总分的简单相关系数为 0.417。从剔除指标后的信度系数可以判断出影响整体信度系数的指标,进而对该指标进行调整或修改。

知识卡片

可以根据"Cronbach's Alpha if Item Deleted"这一列的数据大小剔除影响信度分析结果的指标,进而得到较好的信度分析结果。例如,在上述表 13.2.7 中,假设剔除指标"促进社会进步的思想道德、科学技术和文化知识",则被调查者在其余 61 个指标的信度系数为 0.938,比此问卷的信度系数(0.924)高,则应该剔除此指标,得到更好的信度分析结果。通过这种方式可以不断剔除分析结果较差的指标,达到更好的信度分析结果。

13.2.6 案例解析:在 SPSS 中测算测试试卷的克龙巴赫(cronbach)系数

案例呈现

某门课程结束后,教师对学生这学期对本门课程的掌握程度进行了测验,并得到了测验结果。为了检验测验结果是否具有可靠性,从整体上反映学生的学习状况,对其进行了信度分析。

操作步骤

(1) 打开 SPSS 数据文件"课程成绩(信度分析).sav",选择【Analyze】→【Scale】→【Reliability】,将"选择题""填空题"等变量拖入"Variables"中,在"Model"框中选择信度系数"Alpha"如图 13.2.6 所示。

(2) 点击【Statistics】按钮,选择图 13.2.7 所示的各个分析选项。

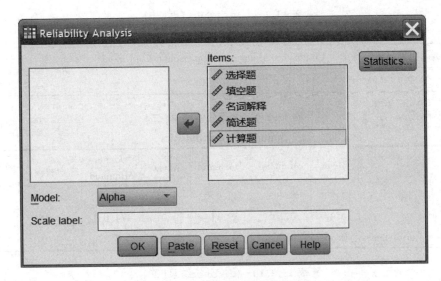

图 13.2.6　案例的信度分析窗口

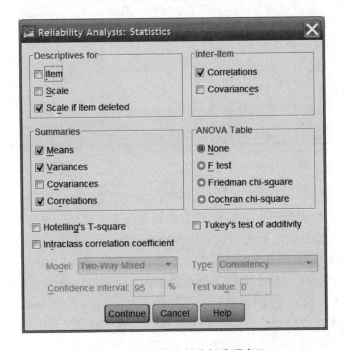

图 13.2.7　信度分析分析选项窗口

（3）单击"Statistics"对话框中的【Continue】,然后点击信度分析主对话框中的"OK",即得到输出结果,如表 13.2.8、13.2.9 和 13.2.10 所示。

表 13.2.8　信度分析结果（一）

Reliability Statistics

Cronbach's Alpha	Cronbach's Alpha Based on Standardized Items	N of Items
0.499	0.476	5

表 13.2.9　信度分析结果（二）

Summary Item Statistics

	Mean	Minimum	Maximum	Range	Maximum/Minimum	Variance	N of Items
Item Means	15.056	8.444	24.056	15.611	2.849	37.662	5
Item Variances	11.471	0.105	39.114	39.010	374.031	252.361	5
Inter-Item Correlations	0.154	−0.264	0.549	0.812	−2.079	0.050	5

表 13.2.10　信度分析结果（三）

Item-Total Statistics

	Scale Mean if Item Deleted	Scale Variance if Item Deleted	Corrected Item-Total Correlation	Squared Multiple Correlation	Cronbach's Alpha if Item Deleted
选择题	66.83	89.324	0.154	0.238	0.507
填空题	65.00	59.882	0.553	0.451	0.265
名词解释	59.39	95.546	−0.023	0.300	0.534
简述题	58.67	74.824	0.311	0.101	0.431
计算题	51.22	24.301	0.520	0.369	0.332

结果分析

由表 13.2.8 的信度分析结果表得知，本调查问卷中进行信度分析的指标有 5 个，信度系数为 0.499，小于 0.7，说明该问卷的信度较低，可靠性和稳定性不佳。

如表 13.2.9 所示，Item Means 行表示 5 个评估指标（N of Items）平均分的基本描述，包括：均值（15.056）、最小值（8.444）、最大值（24.056）、全距（15.611）、最大值与最小值的比（2.849）、方差（37.662）。同理，Item Variances 行和 Inter-Item Correlations 行分别表示对 62 个评估指标方差和相关系数的均值、最小值、最大值、全距、最大值与最小值的比、方差的基本描述。

表 13.2.10 显示了剔除某评估指标后的情况。其中，Scale Mean if Item Deleted 是剔除某评估指标后剩余评估指标的总平均分，Scale Variance if Item Deleted 是剔除某评估指标后剩余评估指标的总平均的方差，Corrected Item-Total Correlation 是某评估指标与其余评估指标总分的简单相关系数，Cronbach's Alpha if Item Deleted 是剔除某评估指标后的信度系数。从 Cronbach's Alpha if Item Deleted 这一列可以看出，当剔除"名词解释"这一变量时，本次测验的信度系数达到最大，为 0.534。通过这种方法可以对测验已有的题目选项进行修正、删除等，进而提高整个测验的信度。

知识卡片

影响信度系数的最常见因素是评分的客观性、被测群体的变异性、题目的数量、测验的难度水平,以及系数误差和随机误差的效应。

评分的客观性由评分者信度决定,评分者信度是指在对一套同样的测验进行评分时,观察者或评分者彼此之间的一致性程度。一致性越高,评分者信度就越高。

测验的题目越多,信度越高。

难度很低或很高的测验都不能测量个体间的差异,因为被试的回答都倾向于一致。

13.3 测量工具能测出其所要测量特质的程度——效度分析

问题导入

在进行教学研究的时候,我们会运用问卷调查法来进行调研,或会运用试卷检测教学效果。在运用问卷或试卷的时候是否考虑过它们的有效性和正确性,也就是说所运用的问卷或试卷能否达到问卷或试卷测量的目的?通过什么方法可以验证测量工具(如问卷、试卷等)能测出达到所要测量目的的程度?

数据统计要求

效度分析主要是对类似于调查问卷或者测试试卷等整体数据进行的测量和评价分析。

13.3.1 效度分析的基本原理

核心概念

效度:指测量结果的准确性和有效性的程度,即测量是否达到了预期的目的。

效标:即效度标准(Validity Criterion),是指衡量测验有效性的外在标准,通常是指我们所要预测的行为。

原理解析

在测量理论中,效度被定义为在一系列测量中,与测量目的有关的真变异数(即有效变异)与总变异数之比:$r_{xy}^2 = \dfrac{S_v^2}{S_x^2}$。其中,$r_{xy}^2$ 表示测量的效度系数,S_v^2 代表有效变异数,S_x^2 代表总变异数。

1. 内容效度的分析方法

(1)逻辑分析法(定性的方法)。

☞ 依据教材内容、教学大纲的范围以及教学目标分析测验内容,检查测验内容究竟在体现教材内容和教学目标方面达到多大程度。

☞ 对每一道题目逐一进行审查,以此形成"题目双向细目表"。

☞ 与"命题双向细目表"加以对照,以确定试卷的效度。

这里不妨先提供一份测验的命题双向细目表,如表 13.3.1 所示。

表 13.3.1 测验的命题双向细目表

教材内容	教学目标	知识	理解	应用	分析	综合	评价	总计	百分比
加法	选择	1	2					8 题	20%
	填充			1	1				
	计算		1	1					
	应用						1		
减法	选择	1	1					8 题	20%
	填充			1		1			
	计算	1	1				1		
	应用				1				
乘法	选择	2	1	1				12 题	30%
	填充		1			1			
	计算	2		1			1		
	应用			1		1			
除法	选择	2	1	1				12 题	30%
	填充		1		1		1		
	计算	1	1		1		1		
	应用			1		1			
总计		10 题	10 题	8 题	4 题	4 题	4 题	40 题	100%
百分比		25%	25%	20%	10%	10%	10%		100%

(2) 统计分析法(定量的方法)。

- 两套测验试题,对相同被试实施测试后,计算得分的相关系数。
- 评分者一致性考查法(不同评分者之间评分的一致性程度,即考查评分者信度)。
- 前后对比法(根据前后两次测验的差异显著性,确定测验的内容效度)。

2. 效标关联效度的分析方法

估计效标关联效度可以用相关法,就是计算测验分数与效标测量的相关系数,具体方法有:积差相关、等级相关、点二列相关等。在使用过程中,该选择何种计算方法,应根据测验分数与效标测量数据资料的形式而定。

知识卡片

影响效标关联效度的因素有以下几个。
(1) 预测源测量与效标测量之间的时间越长,相关就可能越低。
(2) 无论是预测源还是效标,其信度越低,相关就可能越低。
(3) 测验分数的变异性越大,相关性就可能越高。
(4) 项目数越多,相关就可能越高。

3. 结构效度的分析方法

(1) 考察测验的同质性。

这种方法是以测验的内在一致性系数(如 K-R20,K-R21,以及 α 系数等)为指标,判断测验测的是单一特质还是多种特质,从而确定测验结构效度的高低。目前学术界普遍采用的个项—总量的 Cronbach's a 系数进行信度检验,该值可由 SPSS 统计分析软件计算获得,也可用组合信度来检验。

组合信度 $\rho_c = \dfrac{(\sum \lambda)^2}{[(\sum \lambda)^2 + \sum(\theta)]}$,$\lambda$ 为指标变量在潜变量上的标准化参数估计值,θ 为观察变量的误差变异量。

(2) 区分效度(Discriminant Validity)。

一个有效的测验不仅应与其他测量同一结构的测验有关,而且还必须与测量不同结构的测验无关。用此种方法确定的效度称区分效度。一般通过计算结构模型的平均方差抽取量和因素负荷量的显著性来判断结构模型的区分效度。

平均方差抽取量 $\rho_v = \dfrac{(\sum \lambda^2)}{[(\sum \lambda^2) + \sum(\theta)]}$,$\lambda$ 为指标变量在潜变量上的标准化参数估计值,θ 为观察变量的误差变异量。

> **小贴士**
>
> 　　潜变量的组合信度为模型内在质量的判断准则之一,若是潜变量的组合信度值在 0.6 以上,表示模型的内在质量理想,部分学者也建议潜在变量的组合信度值高于 0.5 以上即可。
> 　　潜变量平均方差抽取量的值大小若是在 0.5 以上,表示模型具有较好的效度。

（3）因素效度(Factorial Validity)。

通过对一组测验进行因素分析,找到影响测验分数的共同因素,每个测验在共同因素上的负荷量,即每个测验与共同因素的相关,称作测验的因素效度。

> **小贴士**
>
> 　　效度的取值范围在 0 至 1 之间。一般来说,效度系数在 0.4~0.7 之间,值越大效度越高。有的效度系数达到 0.35 就符合要求,有的要达到 0.65 才能被认为是有效的测验。

基本操作

计算效标关联效度的主要操作步骤以分析某一试卷效度为例。
（1）选择菜单:【Analyze】→【Correlate】→【Bivariate】,进入"Bivariate Correlations"对话框。
（2）把将要测算的变量选入"Variables"框。
（3）选择"Correlations Coefficients"框下面的"Pearson"检验方法。
（4）单击【OK】,即得到输出结果。

> **知识卡片**
>
> **效度的类型**
>
> 　　**内容效度**:指测验项目在多大程度上测量了特定的目标并反映了任务的范围或领域。主要应用于成就测验、学科测验、选拔和分类职业测验。
> 　　**效标关联效度**:指测验分数与某一外部效标之间的相关,即测验结果能够代表或预测效标行为的有效性和准确性程度。
> 　　**结构效度**:指一个测量能实际测量出理论上的构想或心理特性的程度。它的目的在于从心理学的理论观点就测验的结果加以解释和探讨。主要应用于智力测验、人格测验等一些心理测量。

13.3.2 案例解析：利用积差相关法（Pearson 法）分析测试试卷的效度

案例呈现

某位教师在课堂教学过程中通过评价量规对学生的平时表现进行了过程性评价，并记为学生的"平时成绩"，在课程结束后通过试卷对学生进行了总结性评价，记为学生的"总成绩"。教师想了解平时成绩是否对学生的总成绩有影响，采用效标关联效度分析法进行分析。

操作步骤

（1）打开数据文件"课程成绩（效度分析）.sav"，选择【Analyze】→【Correlate】→【Bivariate】，将"平时成绩"和"总成绩"拖入"Variables"中，其中"平时成绩"作为效标，分析其与"总成绩"的相关关系，如图 13.3.1 所示。

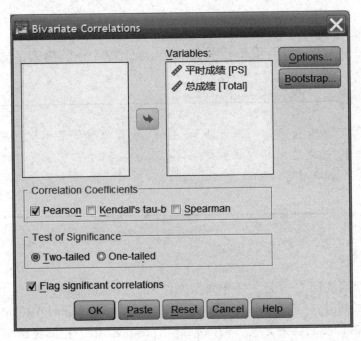

图 13.3.1 课程成绩的相关分析窗口

（2）选择"Correlations Coefficients"框下面的"Pearson"检验方法，计算效标"平时成绩"与"总成绩"之间的相关系数，利用积差相关法求效度（Pearson 法），如表 13.3.2 所示。

表 13.3.2　相关分析结果

Correlations

		平时成绩	总成绩
平时成绩	Pearson Correlation	1	0.865**
	Sig.（2-tailed）		0.000
	N	18	18
总成绩	Pearson Correlation	0.865**	1
	Sig.（2-tailed）	0.000	
	N	18	18

**. Correlation is significant at the 0.01 level (2-tailed).

结果分析

由表 13.3.2 可以得到平时成绩与总成绩的相关系数为 0.865,说明本次考试与平时成绩的相关性较强,即本次考试反映了学生的真实水平,有效性和准确性较好,符合效度要求。

13.3.3　案例解析:利用积差相关法(Pearson 法)分析量表的效度

案例呈现

在本学期"教育技术学研究方法"课程中,教师采用了基于交互式电子双板的混合式教学,并通过问卷在课程学习前、后对学生的学习态度与动机进行了测验。为了测量该问卷的有效性和正确性,采用效标关联效度分析法对问卷进行分析。

操作步骤

(1) 计算前测问卷得分。打开数据文件"前测问卷.sav",选择【Transform】→【Compute Variable】,打开"Compute Variable"数据窗口,在"Target Variable"框中填写新变量的名称"前测问卷得分",在"Numeric Expression"框中将测量指标相加再除以指标个数,如图 13.3.2 所示。

(2) 同理,打开数据文件"后测问卷.sav",通过上面操作步骤计算后测问卷得分。

(3) 新建数据文件"问卷效标关联效度",插入三个变量:学生序号、前测问卷得分和后测问卷得分。

(4) 打开数据文件"问卷效标关联效度.sav",选择【Analyze】→【Correlate】→【Bivariate】,将"前测问卷得分"和"后测问卷得分"拖入"Variables"中,其中"前测问卷得分"作为效标,分析其与"后测问卷得分"的相关关系,如图 13.3.3 所示。

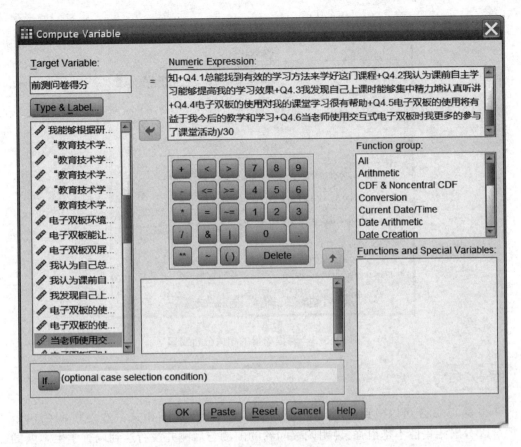

图 13.3.2　前测问卷总分计算窗口

（5）选择"Correlations Coefficients"框下面的"Pearson"检验方法，计算效标"前测问卷得分"与"后测问卷得分"之间的相关系数，利用积差相关法求效度（Pearson 法），如表 13.3.3 所示。

表 13.3.3　相关分析结果

Correlations

		前测问卷得分	后测问卷得分
前测问卷得分	Pearson Correlation	1	0.414**
	Sig.（2-tailed）		0.002
	N	54	54
后测问卷得分	Pearson Correlation	0.414**	1
	Sig.（2-tailed）	0.002	
	N	54	54

**. Correlation is significant at the 0.01 level (2-tailed).

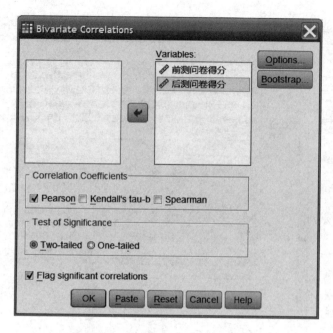

图 13.3.3 课程成绩的相关分析窗口

结果分析

由表 13.3.3 可以得到前测问卷得分与后测问卷得分的相关系数为 0.414，由数据可以看出相关性不是很强，说明调查问卷的前测与后测并没有达到调查学生态度的最大程度，即本次调查没有反映调查的真正目的，有效性和准确性较差。

13.3.4 案例解析：利用结构方程模型分析测量工具的结构效度

案例呈现

在第 12 章中我们介绍了结构方程模型的构建方法，并通过案例构建了结构方程模型，但是构建的结构模型是否能有效反映测量工具的有效性？测量工具的效度如何？本节中将陈述利用结构方程模型分析测量工具的结构效度。

操作步骤

1. 研究模型的构建与假设

本研究结合教学中实际获取的数据，从认知内驱力、自我提高内驱力和附属内驱力三个方面来探讨学生的学习动机，并提出如下的理论模型，如图 13.3.4 所示。

在该假设模型中，学习动机为外因潜在变量，认知内驱力、自我提高内驱力和附属内驱力为内生潜在变量，根据该模型提出以下假设：

H_1：认知内驱力是衡量学习动机的显著因素，即认知内驱力越高，则其学习动机越高。

H_2：自我提高内驱力是衡量学习动机的显著因素，即自我提高内驱力越高，则其学习动机越高。

H_3：附属内驱力是衡量学习动机的显著因素，即附属内驱力越高，则其学习动机越高。

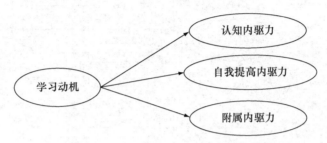

图 13.3.4　学习动机影响因素理论模型

在该评价指标体系中，认知内驱力、自我提高内驱力和附属内驱力三个维度为潜变量，具体的测量指标为显变量。认知内驱力的测量指标为 VA1、VA2、VA3、VA4 等 4 个指标，自我提高内驱力的测量指标为 VB1、VB2、VB3、VB4 等 4 个指标，附属内驱力的测量指标为 VC1、VC2、VC3、VC4 等 4 个指标。

2．模型绘制和模型估计

在 AMOS 中绘制一个结构方程模型，并通过【计算估计值】（Calculate Estimates）工具图像钮估计路径图的各种统计量。（具体操作步骤见第 12 章 12.3.2 节中的"操作步骤"——"模型绘制和模型估计"）

结果分析

（1）计算得到标准化估计值模型图，如图 13.3.5 所示。

（2）测量模型的结构效度分析。

根据组合信度 $\rho_c = \dfrac{(\sum \lambda)^2}{[(\sum \lambda)^2 + \sum(\theta)]}$，平均方差抽取量 $\rho_v = \dfrac{(\sum \lambda^2)}{[(\sum \lambda^2) + \sum(\theta)]}$ 的公式，（λ 为指标变量在潜变量上的标准化参数估计值，θ 为观察变量的误差变异量）计算各潜在变量的组合信度和平均方差抽取量。

测量模型结构效度分析结果如表 13.3.4 所示。

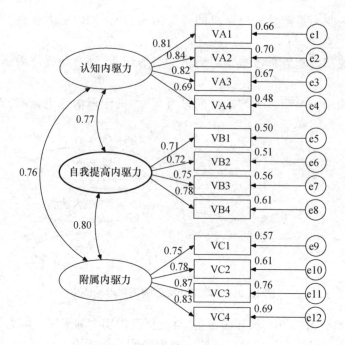

图 13.3.5　标准化估计值模型结构图

表 13.3.4　学习动机结构模型的结构效度 AMOS 分析结果

观测变量	潜变量	标准化因子载荷	显著性	组合信度	平均方差抽取量
VA1	认知内驱力	0.815		0.871	0.628
VA2		0.839	***		
VA3		0.818	***		
VA4		0.690	***		
VB1	自我提高内驱力	0.707		0.827	0.546
VB2		0.717	***		
VB3		0.747	***		
VB4		0.781	***		
VC1	附属内驱力	0.752		0.884	0.657
VC2		0.781	***		
VC3		0.870	***		
VC4		0.834	***		

注：* 表示 $p<0.05$，** 表示 $p<0.01$，*** 表示 $p<0.001$

表 13.3.4 的数据分析结果表明，本模型中各潜变量的组合信度值均在 0.6 以上，表明本模型的信度达到要求，模型的内在质量理想，具有较好的内容效度。各潜变量的平均方差抽取量均在 0.5 以上，该模型的建构效度较好。从观察变量的标准化因子负荷值可知，所有参数的估计值都在 0.45~0.95 之间，所有显变量在潜变量上的因子载荷都达到显著水平（$p<0.001$），无负的误差变异数，表明模型基本符合拟合评价标准，测量工具具有良好的收敛效度。

知识拓展

利用 SPSS 进行信度分析,在"Model"框中选择需计算的信度系数时,除了选择"Alpha:计算信度系数 Cronbach α 值",还可以选择(1) Split half:分半信度的分析;(2) Guttman:真实可靠性的 Guttman 低界;(3) Parallel:并行模型假定下的极大似然可靠性估计;(4) Strict parallel:严格并行模型假定下的极大似然可靠性估计这四种方法。

活动任务

从本书的综合案例和附带的光盘中选择合适的 SPSS 数据文件,对 SPSS 研究数据进行质量特性分析,包括信度分析、效度分析,得出相应的结论。

参考文献

[1] 张屹. 教育技术学研究方法[M]. 北京:北京大学出版社,2010.
[2] 张屹,周平红. 教育技术学研究方法[M]. 第二版. 北京:北京大学出版社,2013.
[3] 薛薇. 基于 SPSS 的数据分析[M]. 北京:中国人民大学出版社,2006.
[4] 吴明隆. 结构方程模型——AMOS 的操作与应用[M]. 第二版. 重庆:重庆大学出版社,2010.
[5] 吉尔伯特·萨克斯,詹姆斯·W. 牛顿. 教育和心理的测量与评价原理[M]. 第四版. 王昌海,等译. 南京:江苏教育出版社,2011.

第 14 章

教育测量与评价的质量特性分析
——难度、区分度分析

学习目标

1. 能够阐述教育测量与评价中题目难度分析的相关概念和基本思路。
2. 掌握试卷题目难度分析的基本方法。
3. 能够阐述教育测量与评价中题目区分度分析的相关概念和基本思路。
4. 掌握试卷题目区分度分析的基本方法。
5. 熟练应用 SPSS 软件执行难度分析、区分度分析的数据操作,并能对结论进行合理的解释和总结。
6. 能熟练运用总结试卷题目的质量分析方法。

关键术语

难度分析　难度系数　区分度分析　题目区分度

知识导图

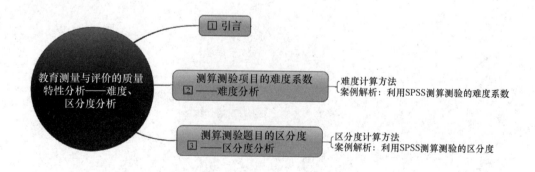

14.1 引　　言

内容简介

教育测量与评价的质量特性分析包括对整个测验的质量分析以及测验中各个项目的质量分析。整个测验中各个项目的质量特性分析是通过难度分析和区分度分析进行衡量与评价。本章介绍了几种测算难度系数的方法,并以学生的课程成绩为例,分析了试卷中测试题目的难易程度,并对结果进行了分析。分析试卷中题目的区分度也是本章内容的一个重点,同样的,以课程成绩为例,分析测试题目的区分度。本章的重难点是掌握测试题目进行难度分析、区分度分析的基本方法及操作步骤。

方法解读

实质上,区分度分析和难度分析是项目分析的内容。在难度分析中,只要知道了正确回答该题项的人数与参加测验的总人数,就可以求得难度系数。因此,项目分析主要是区分度的计算。区分度是指测验题目对学业水平不同的学生的区分程度或鉴别能力,具有良好区分度的测验,实际水平高的被试应得高分,水平低的被试应得低分,是筛选试题的主要指标与依据。

14.2　测算测验项目的难度系数——难度分析

问题导入

假如你是一名教师,快到学期末了,需要设计一份试卷检测学生对你所教授这门课程的掌握程度。过难或过易的测验试题会使测验分数的分布相对集中于高分段和低分段,缩小分数的分布范围,进而影响试卷信度。基于此情况,你在设计试卷题目时是如何考虑题目的难易程度的?通过什么方法可以客观地反映测验分数的分布较广,可以提高试卷的信度?

数据统计要求

难度分析是针对测量量表或测试试卷中单个项目进行的分析方法。

14.2.1 难度计算方法

核心概念

难度系数:定量刻画被试作答一个题目所遇到的困难程度的量数,就叫题目的难度系数,也常称为难度值,用符号 P 表示。

原理解析

难度系数的计算方法有以下三种。

1. 以全体被试得分率为难度系数

用得分率作为难度系数的指标,其计算公式为:

$$P = \frac{\overline{X}}{X_{\max}}$$

式中 P 代表题目难度,$\overline{X}$ 为被试者在某题目上的平均得分,$X_{\max}$ 为该题目的满分。

2. 以全体被试通过率为难度系数

对于二值评分题,只有答对与答错之分。因此,其难度系数在本质上是正确作答人数的比例,也叫通过率。直接建立在通过率基础上的难度系数,其取值范围在 0.00(即无人做对)和 1.00(即全部做对)之间,其计算公式是:

$$P = K/N$$

K 为答对人数,N 为全体被试人数。

3. 以两端组被试得分率的均值为难度系数

该方法是分别计算高分组被试和低分组被试的得分率,然后求取二者的平均值作为难度系数,公式为:

$$P = \frac{P_H + P_L}{2}$$

式中 P 代表难度系数,P_H 和 P_L 分别表示高分组和低分组被试者的得分率,即该两组被试在同一个题目上的难度系数。

具体计算步骤如下。

(1) 按被试者的总分,将全体被试从高到低进行排序。

(2) 从高分往下找,找出高分组;由低分往上找,找出低分组。两组人数分别占总人数的比例。

(3) 分别计算高分组、低分组的被试在该题目上的平均得分。

(4) 代入公式 $P = \frac{\overline{X}}{X_{\max}}$ 分别计算高分组和低分组被试在同一个题目上的难度系数,即 P_H 和 P_L。

（5）把 P_H 和 P_L 代入公式 $P=\dfrac{P_H+P_L}{2}$，求得该题目的难度系数。

4. 项目难度分布与信度的关系

✎ 测验分数分布适中,分数分布范围就会相对分散,范围越广,信度越高;分数分布范围越小,信度越小。

✎ 一般能力测验和成就测验的平均难度在 0.50 左右为宜。

> 基本操作

计算难度系数的主要操作步骤以分析某一试卷题目的难度为例。

（1）选择菜单:【Analyze】→【Descriptive Statistics】→【Descriptive】,进入"Descriptive"对话框。

（2）把将要测算的变量选入"Variables"框。

（3）选择【Options…】按钮,打开对话框"Descriptives：Options",选中对话框下的"Mean",然后点击【Continue】,表示输出各变量的均值。

（4）单击"Descriptive"主对话框中的【OK】,即得到输出结果。

（5）新建 SPSS 数据文件,录入均值结果。

（6）选择菜单:【Transform】→【Compute Variable】,进入"Compute Variable"对话框。

（7）在"Target Variable"中输入要计算的难度系数 P,在"Numeric Expression"中输入公式"Mean(均值)/W(满分值)"。

（8）单击【OK】,即得到输出结果。

14.2.2 案例解析:利用 SPSS 测算测验的难度系数

> 案例呈现

学期末,教师采用期末试卷考试的方式了解学生对"教育心理学"这门课程的掌握程度,试卷题目包括选择题、填空题、名词解释、简述题和计算题。考试后,教师对试卷测试题的难易程度进行了分析,以此更好地规范试卷的合理性,增强试卷的信度。

> 操作步骤

（1）打开数据文件"课程成绩(难度分析).sav",选择【Analyze】→【Descriptive Statistics】→【Descriptive】,将"选择题""填空题""名词解释""简述题"和"计算题"拖入"Variables"中,如图 14.2.1 所示。

（2）点击【Options…】按钮,打开对话框"Descriptives：Options",选中对话框下的"Mean",然后点击【Continue】,分析英语成绩的均值如图 14.2.2 所示。

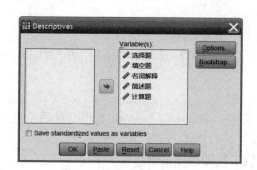

图 14.2.1　课程成绩的基本描述的统计分析窗口

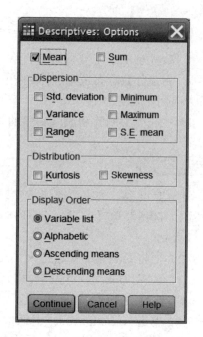

图 14.2.2　选择基本描述统计分析窗口

（3）单击"Descriptive"主对话框中的【OK】，即得到输出结果，如表 14.2.1 所示。

表 14.2.1　均值输出结果

Descriptive Statistics

	N	Mean
选择题	18	8.44
填空题	18	10.28
名词解释	18	15.89
简述题	18	16.61
计算题	18	24.06
Valid N（listwise）	18	

（4）新建 SPSS 数据文件，命名为"课程期末测试题难度系数"，分别录入各个题目的均值（见图 14.2.3）和满分值，均值变量名定义为"Mean"，满分值变量名定义为"W"，如图 14.2.3 所示。

（5）选择【Transform】→【Compute Variable】，进入"Compute Variable"对话框。

（6）在"Target Variable"中输入要计算的难度系数 P，在"Numeric Expression"中输入公式"Mean（均值）/W（满分值）"。单击【OK】，即得到难度系数的值，如图 14.2.4 所示。

第 14 章 教育测量与评价的质量特性分析——难度、区分度分析

Mean	W
8.44	15.00
10.28	15.00
15.89	20.00
16.61	20.00
24.06	30.00

图 14.2.3 数据录入

Mean	W	P
8.44	15.00	.56
10.28	15.00	.69
15.89	20.00	.79
16.61	20.00	.83
24.06	30.00	.80

图 14.2.4 难度系数结果

结果分析

由图 14.2.4 可以得到课程期末测试各题的难度系数，如表 14.2.2 所示。

表 14.2.2 课程期末测试各题难度系数

题型	难度系数
选择题	0.56
填空题	0.69
名词解释	0.79
简述题	0.83
计算题	0.80

由表 14.2.2 中的各个题目的难度系数可以看出，选择题和填空题偏难，应该适当地降低难度，而名词解释、简述题和计算题属于比较简单的题目，需适当地增加难度。

知识卡片

试题难度的评价

题目难度	评价结果
P ≧ 0.7	较易题
0.4 ≦ P < 0.7	中等难度题
P < 0.4	较难题

14.3 测算测验题目的区分度——区分度分析

> **问题导入**
>
> 期末考试结束后,教师需要对学生的成绩进行分析,通过难度分析可以了解试卷中题目的难易程度,进行修改或调整。但是关于区分学生成绩的优劣情况也是教师需要关注的一个问题,通过区分学生成绩优劣可以鉴别学生的能力水平,对教师的教学改进有一定的帮助。那么通过什么方法区别学生的成绩优劣呢?怎样鉴别学生的实际能力水平呢?

数据统计要求

区分度主要是针对测量量表或测试试卷中的单个题目的鉴别度进行的分析。

14.3.1 区分度计算方法

核心概念

区分度:又称鉴别力,是指试题对所要测量的心理特性的识别程度也就是项目的效度。反映一个题目的鉴别能力,由此可得到三方面的信息:题目能否有效地测量或预测所要了解的某些特性或正态;题目能否与其他题目一致地分辨被试;被试在该题的得分和测验总分数间的一致性如何。区分度取值介于(-1,+1),常记为 D。

原理解析

计算区分度的方法有以下几种。

1. 项目鉴别指数法(高低分组法)

这是项目区分度分析的一种简便方法,比较测验总分高分组和低分组在某一项目上的通过率的差异,作为项目鉴别指数(高分组、低分组人数比例各占总人数的27%)。计算公式为:

$$D = P_H - P_L$$

其中 D 为鉴别指数,P_H 为高分组在该项目上的通过率,P_L 为低分组在该项目上的通过率。D 值越大,项目的区分度越大,反之亦然。

为计算方便,还可采用公式:

$$D = \frac{\overline{X}_H - \overline{X}_L}{F}$$

式中 D 代表题目鉴别度指数,$\overline{X}_H$ 表示高分组在特定题目上的平均得分,$\overline{X}_L$ 表示低分组

第14章 教育测量与评价的质量特性分析——难度、区分度分析

在该题目上的平均得分，F 表示该题目的满分值。

2. 相关分析法——点二列相关

这种方法适用题目是 0、1 记分（或二分变量），而测验总分是连续变量的数量资料，其计算公式为：

$$r_{pb} = \frac{\overline{X}_p - \overline{X}_q}{S_t} \sqrt{pq}$$

式中，r_{pb}：点二列相关系数。

$\overline{X}_p$：答对该题的被试在总分上（或效标分数上）的平均得分。

$\overline{X}_q$：答错该题的被试在总分上（或效标分数上）的平均得分。

S_t：全体被试的总分（或效标分数）的标准差。

P：为答对该题的人数百分比。

Q：答错该题的人数百分比，$q = 1 - p$。

知识卡片

题目区分度评价标准

区分度值	对题目的评价与处理
0.40 以上	优良
0.30 ~ 0.39	合格
0.20 ~ 0.29	尚可，稍作修改更好
0.19 以下	必须修改或淘汰

注：美国测验专家艾贝尔（R. L. Ebel）提出

基本操作

题目区分度分析方法的主要操作步骤以分析学生某门课程成绩的区分度为例。

（1）选择菜单【Data】→【Sort Cases】，进入"Sort Cases"对话框。

（2）将变量（"总分"）选入"Sort by"框，在"Sort Order"框中选择"Descending"选择变量排序方式为从大到小，单击【OK】按钮。

（3）将变量（"总分"）选入"Sort by"框，在"Sort Order"框中选择"Ascending"选择变量排序方式为从小到大，单击【OK】按钮。

（4）选择菜单【Transform】→【Record into Different Variables】，进入"Record into Different Variables"对话框。

（5）将变量（"总分"）选入"Numeric Variable → Output Variable"框，在右边的"Output Variable"框中输入新的变量名（本例中为"总成绩"）。

（6）单击【Change】按钮。

（7）单击【Old and New Values】按钮，进入"Record into Different Variables: Old and New Values"对话框。

（8）在左边"Old Value"框中的"Range，value through HIGHEST"下面输入高分组限定分数，在左边"New Value"框中的 Value 空格中输入 1。

（9）单击【Add】按钮。

（10）在左边"Old Value"框中的"Range，LOWEST through value"下面输入低分组限定分数，在左边"New Value"框中的 Value 空格中输入 2。

（11）单击【Add】按钮。

（12）单击【Continue】按钮，回到"Record into Different Variables"对话框，单击【OK】按钮。

（13）选择菜单【Analyze】→【Compare Mean】→【Independent-Samples T Test】，进入"Independent-Samples T Test"对话框。

（14）将变量（测试题目）选入"T Test Variables"框，将定义的新变量（总成绩）选入"Grouping Variable"框中。

（15）单击【Defines Groups】按钮，弹出"Defines Groups"对话框，在"Use Specified Values"框的 Group1、Group2 中分别输入 1 和 2。

（16）单击【Continue】按钮，回到"Independent-Samples T Test"对话框，单击【OK】按钮。

14.3.2　案例解析：利用 SPSS 测算测验的区分度

> **案例呈现**
>
> 　　学期末，教师采用期末试卷考试的方式了解学生对"教育心理学"这门课程的掌握程度。考试后，教师通过对试卷测试题的区分度分析，区别试卷题目成绩的优劣，更好地了解学生实际能力水平的区分情况。

> **操作步骤**

（1）打开 SPSS 数据文件"课程成绩（区分度分析）.sav"，选择选择菜单【Data】→【Sort Cases】，将"总分"拖入"Sort by"框中，在"Sort Order"框中选择"Descending"，"总分"按照从大到小排序，单击【OK】按钮，如图 14.3.1 所示。

（2）在数据窗口中，总分是按照从大到小排列的，将总人数乘以 27% 处的分数记下（本例中共有 18 名学生，高分组的第 5 名学生的分数为 81）。

（3）将"总分"拖入"Sort by"框中，在"Sort Order"框中选择"Ascending"，"总分"按照从小到大排序，单击【OK】按钮，如图 14.3.2 所示。

（4）在数据窗口中，总分是按照从小到大排列的，将总人数乘以 27% 处的分数记下（本例中共有 18 名学生，低分组的第 5 名学生的分数为 73）。

第 14 章 教育测量与评价的质量特性分析——难度、区分度分析　　299

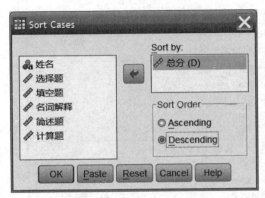

图 14.3.1　数据排序窗口

图 14.3.2　数据排序窗口

（5）选择菜单【Transform】→【Record into Different Variables】,将变量("总分")选入"Numeric Variable → Output Variable"框,在右边的"Output Variable"框中输入新的变量名(本例中为"总成绩"), 单击【Change】按钮。如图 14.3.3 所示。

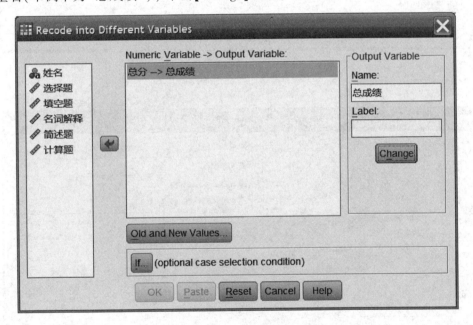

图 14.3.3　变量转换窗口

（6）单击【Old and New Values】按钮,进入"Record into Different Variables:Old and New Values"对话框,在左边"Old Value"框中的"Range, value through HIGHEST"下面输入高分组限定分数(本例中为 81),在左边"New Value"框中的 Value 空格中输入 1,表示成绩总分在 81 分以上者为第一组,单击【Add】按钮,如图 14.3.4 所示。

（7）在左边"Old Value"框中的"Range, LOWEST through value"下面输入低分组限定分数(本例中为 73),在左边"New Value"框中的 Value 空格中输入 2,表示成绩总分在 73 分以下者为第二组,单击【Add】按钮,如图 14.3.5 所示。单击【Add】按钮。

（8）单击【Continue】按钮,回到"Record into Different Variables"对话框,单击

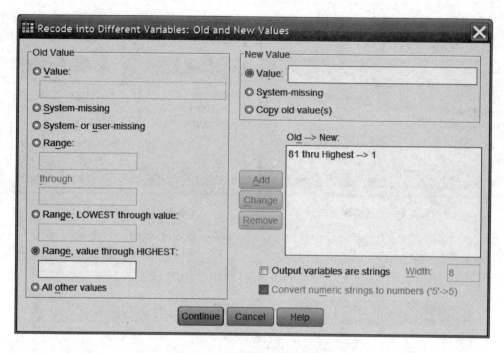

图 14.3.4 高分组定义组别

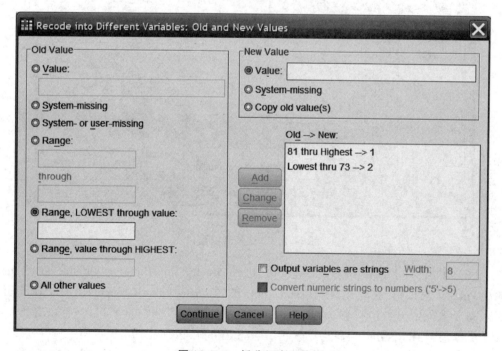

图 14.3.5 低分组定义分组

【OK】按钮。总成绩按照高低分组的情况如图 14.3.6 所示。

(9) 选择菜单【Analyze】→【Compare Mean】→【Independent-Samples T Test】,将变

第14章 教育测量与评价的质量特性分析——难度、区分度分析　301

总分	总成绩
50	2.00
55	2.00
69	2.00
72	2.00
73	2.00
74	.
74	.
75	.
76	.
77	.
78	.
79	.
81	1.00
81	1.00
82	1.00
84	1.00
86	1.00
89	1.00

图 14.3.6　高、低分组情况

量"选择题""填空题""名词解释""简述题"和"计算题"选入"T Test Variables"框,将定义的新变量(总成绩)选入"Grouping Variable"框中,对变量进行两独立样本 T 检验,如图 14.3.7 所示。

（10）单击【Defines Groups】按钮,弹出"Defines Groups"对话框,在"Use Specified Values"框的 Group1、Group2 中分别输入 1 和 2,如图 14.3.8 所示。

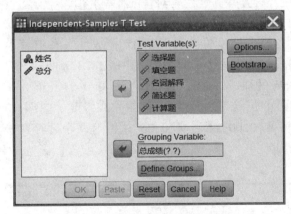

图 14.3.7　两独立样本 T 检验窗口

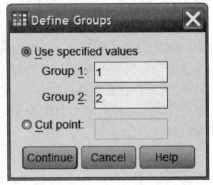

图 14.3.8　定义组别变量值

（11）单击【Continue】按钮,回到"Independent-Samples T Test"对话框,单击【OK】按钮,输出 T 检验结果,如表 14.3.1 所示。

表 14.3.1 两独立样本 T 检验结果

Independent Samples Test

		Levene's Test for Equality of Variances		t-test for Equality of Means						
		F	Sig.	t	df	Sig. (2-tailed)	Mean Difference	Std. Error Difference	95% Confidence Interval of the Difference	
									Lower	Upper
选择题	Equal variances assumed	8.530	0.017	1.494	9	0.169	1.133	0.759	−0.583	2.850
	Equal variances not assumed			1.628	5.881	0.156	1.133	0.696	−0.578	2.845
填空题	Equal variances assumed	3.645	0.089	2.850	9	0.019	4.367	1.532	0.900	7.833
	Equal variances not assumed			2.657	5.230	0.043	4.367	1.644	0.197	8.536
简述题	Equal variances assumed	1.784	0.214	1.320	9	0.219	2.133	1.616	−1.523	5.790
	Equal variances not assumed			1.249	5.930	0.259	2.133	1.708	−2.058	6.325
计算题	Equal variances assumed	5.923	.038	6.107	9	0.000	12.400	2.031	7.807	16.993
	Equal variances not assumed			5.625	4.719	0.003	12.400	2.205	6.630	18.170

结果分析

由表 14.3.1 分析结论分为两步,分别是方差齐性检验和 T 检验。Levene's Test for Equality of Variances 为方差齐性检验,若方差齐性检验对应的概率 p 值大于显著性水平 0.05,则表明方差无显著差异,应看第一行(Equal variances assumed)的 T 检验结果;反之,若方差齐性检验对应的概率 p 值小于显著性水平 0.05,则表明方差有显著差异,则看第二行(Equal variances not assumed)的 T 检验结果。由表 14.3.1 两独立样本 T 检验结果得知选择题与简述题对应的概率 p 值分别是 0.156 和 0.219,都大于 0.05,说明不存在显著性差异,表明这两个题没有区分度,应该删除或修改。同理,填空题和计算题对应的概率 P 值为 0.019 和 0.003,都小于 0.05,说明这两个题存在显著性差异,区分度较高,可以保留。

小贴士

案例中"名词解释"题没有两独立样本 T 检验结果是因为此题目的标准差在高、低分组上都为 0,不能进行两独立样本 T 检验。

知识拓展

试题区分度的计算方法很多,在此介绍一种比较方便的方法。对于客观题来说,使用等级相关分析,使用斯皮尔曼(Spearman)等级相关分析,即求总分与每个试题得分间的相关系数;对于主观题来说,看成是非等间距测度的连续变量,并且样本数大于30,采用皮尔逊(Pearson)相关分析来对试题进行分析,即求总分与每个试题得分间的积差相关系数作为试题的区分度。

活动任务

从本书的综合案例和附带的光盘中选择合适的 SPSS 数据文件,对 SPSS 研究数据进行质量特性分析,包括难度分析和区分度分析,得出相应的结论。

参考文献

[1] 张屹. 教育技术学研究方法[M]. 北京:北京大学出版社,2010.

[2] 张屹,周平红. 教育技术学研究方法[M]. 第二版. 北京:北京大学出版社,2013.

[3] 薛薇. 基于 SPSS 的数据分析[M]. 北京:中国人民大学出版社,2006.

[4] 谢幼如,李克东. 教育技术学研究方法基础[M]. 北京:高等教育出版社,2006.

[5] 李克东. 教育技术学研究方法[M]. 北京:北京师范大学出版社,2003.

[6] 杨承根,杨琴. SPSS 项目分析在问卷设计中的应用[J]. 高等函授学报,2010(3):107-109.

[7] 董喆. 利用统计软件 SPSS 进行试卷质量分析[J]. 中国科技信息,2009(15):100-102.